직독직해로 읽는

작은 아씨들

Little Women

직독직해로 읽는

작은 아씨들

Little Women

개정판 1쇄 발행 2019년 4월 10일
초판 1쇄 발행 2010년 8월 30일

원작 루이자 메이 올컷
역주 더 콜링(김정희, 박윤수, 김명은)
디자인 DX
일러스트 정은수
발행인 조경아
발행처 랭귀지북스
주소 서울시 마포구 포은로2나길 31 벨라비스타 208호
전화 02.406.0047 **팩스** 02.406.0042
이메일 languagebooks@hanmail.net
홈페이지 www.languagebooks.co.kr
등록번호 101-90-85278 **등록일자** 2008년 7월 10일
ISBN 979-11-5635-111-5 (13740)
가격 12,000원

blog.naver.com/languagebook에서 MP3 파일을 다운로드할 수 있습니다.

이 도서의 국립중앙도서관 출판예정도서목록(CIP)은 서지정보유통지원시스템 홈페이지(http://seoji.nl.go.kr)와 국가자료공동목록시스템(http://www.nl.go.kr/kolisnet)에서 이용하실 수 있습니다. (CIP제어번호 : CIP2019011581)

직독직해로 읽는

작은 아씨들

Little Women

루이자 메이 올컷 원작

더 콜링 역주

Language Books

머리말

"어렸을 때 누구나 갖고 있던 세계명작 한 질.
그리고 TV에서 하던 세계명작 만화에 대한 추억이 있습니다."

"친숙한 이야기를 영어 원문으로 읽어 봐야겠다고 마음 먹고 샀던 원서들은
이제 애물단지가 되어 버렸습니다."

"재미있는 세계명작 하나 읽어 보려고 따져 보는 어려운 영문법,
모르는 단어 찾느라 이리저리 뒤져 봐야 하는 사전.
몇 장 넘겨 보기도 전에 지칩니다."

영어 독해력을 기르려면 술술 읽어가며 내용을 파악하는 것이 중요합니다. 현재 수능 시험에도 대세인 '직독직해' 스타일을 접목시킨 〈**직독직해로 읽는 세계명작 시리즈**〉는 세계명작을 영어 원작으로 쉽게 읽어갈 수 있도록 안내해 드릴 것입니다.

직독직해' 스타일로 읽다 보면, 영문법을 들먹이며 따질 필요가 없으니 쉽고, 끊어 읽다 보니 독해 속도도 빨라집니다. 이 습관이 들여지면 어떤 글을 만나도 두렵지 않을 것입니다.

명작의 재미를 즐기며 영어 독해력을 키우는 두 마리의 토끼를 잡으세요!

PREFACE

<직독직해로 읽는 세계명작 시리즈>의 두 번째 책에서도 변함없이 함께해 준 오랜 친구 윤수와 신속정확한 작업으로 빠른 진행의 도움을 준 명은 씨, 끊임없는 부탁에도 흔쾌히 멋진 일러스트를 보내준 은수 씨, 좋은 디자인으로 예쁜 책이 될 수 있도록 마음 써 주시는 디자인 DX, 이 책이 출판될 수 있도록 늘 든든하게 지원해 주시는 랭귀지북스에 감사의 마음을 전합니다.

마지막으로 내 삶의 주관자 되시는 하나님께 영광을 올려 드립니다.

더 콜링 김정희

목차

CONTENTS

1

A Merry Christmas
메리 크리스마스

Jo was / the first to wake / in the gray dawn / of Christmas
조였다 제일 먼저 일어난 것은 동이 틀 무렵에 크리스마스 아침의.

morning. No stockings hung / at the fireplace, / and for
양말이 걸려 있지 않자 벽난로에,

a moment / she felt / as much disappointed / as she did
잠시 동안 느꼈다 비슷한 실망을 오래 전에 느꼈던,

long ago, / when her little sock fell down / because it
양말이 떨어져버렸을 때

was so crammed with goodies. Then / she remembered
선물로 가득 차서. 순간 조는 기억해냈다

/ her mother's promise / and, slipping her hand / under
엄마의 약속이 그리고, 손을 넣어서

her pillow, / drew out a little crimson-covered book. She
베개 밑으로, 작은 진홍색 표지의 책을 꺼냈다.

knew it very well, / for it was that beautiful old story /
그녀는 그 책을 잘 알았다, 그것은 아름다운 옛날 이야기였고

of the best life ever lived, / and Jo felt / that it was a true
훌륭한 삶을 살았던 인물의, 조는 느꼈다 이것은 진실한 안내서라고

guidebook / for any pilgrim / going the long journey. She
순례자에게 긴 여행을 떠나는. 그녀는

woke Meg / with a "Merry Christmas," / and bade her
메그를 깨웠다 "메리크리스마스"라고 하면서, 그리고 보라고 했다

see / what was under her pillow. A green-covered book
베개 아래에 무엇이 있는지. 녹색 표지의 책이 나왔는데,

appeared, / with the same picture inside, / and a few
안쪽에는 같은 그림이 그려져 있고, 짧은 글이 있는

words / written by their mother, / which made / their one
엄마가 써 주신, 그것은 만들어졌다 그들에게 하나뿐인

present / very precious in their eyes. Presently / Beth and
선물을 그들의 눈에는 매우 소중한 것으로. 곧이어 베스와 에이미도

fireplace 벽난로 | cram ~을 억지로 밀어 넣다 | slip 슬며시 넣다 | draw out ~을 꺼내다 | crimson 진홍색 | pilgrim 순례자 | bade bid의 과거형, ~하라고 명령하다

Amy woke / to rummage and find / their little books / also
일어나서 뒤지고 찾아냈다 그들의 작은 책을 마찬가지로

/ — one dove-colored, / the other blue / — and all set
— 하나는 비둘기색, 또 하나는 파란색이었다 — 그리고 모두 둘러 앉아

looking at and talking / about them, / while the east grew
이야기를 나눴다 책에 관해서, 동녘 하늘이 장미빛으로 물들며

rosy / with the coming day.
날이 밝아ㄹ오는 동안.

rummage ~을 뒤지다, 샅샅이 찾다 | rosy 장미빛의

In spite of her small vanities, / Margaret had / a sweet
허영심이 약간 있었지만, 메그는 가지고 있었다

and pious nature, / which unconsciously influenced / her
상냥하고 신앙심 깊은 성격을, 그것은 무의식적으로 전해졌다 그녀의 동

sisters, / especially Jo, / who loved her very tenderly, / and
생들에게, 특히 조에게, 메그를 매우 사랑하고,

obeyed her / because her advice was so gently given.
잘 따랐던 그녀의 상냥한 충고를 잘 받아들였기 때문에.

"Girls," / said Meg seriously, / looking / from the tumbled
"얘들아," 메그는 진지하게 말했다, 바라보며, 옆에 있는 헝클어진 머리의 조

head beside her / to the two little night capped ones / in
부터 작은 나이트 캡을 쓴 두 사람까지

the room beyond, / "Mother wants us / to read and love
방 저쪽에 있는, "엄마는 우리에게 원하셔 읽고 사랑하고 기억하라고

and mind / these books, / and we must begin / at once. We
이 책들을, 그러니 우리는 시작해야 해 곧.

used to be faithful about it / but since Father went away /
우리는 예전에 충실히 해 왔지만 아버지가 떠나신 후로

and all this war trouble / unsettled us, / we have neglected
그리고 전쟁으로 엉망이 되어, 우리는 간과하고 있었어

/ many things. You can do / as you please, / but / I shall
많은 것들을 말이야. 너희는 해도 돼 자기가 좋을 대로, 하지만

keep my book / on the table here / and read a little / every
난 내 책을 둘 거야 여기 테이블에 그리고 조금씩 읽을 거야

morning / as soon as I wake, / for I know / it will do me
매일 아침에 일어나자마자, 나는 확신하니까 그건 내게 유익할 것이고

good / and help me / through the day."
도와줄 거라고 하루 종일."

Then / she opened her new book / and began to read. Jo
그리고 나서 그녀는 새 책을 펴고 읽기 시작했다.

put her arm round her and, / leaning cheek to cheek, / read
조는 메그에게 팔을 두르며, 뺨과 뺨을 맞대고, 같이 읽

also, / with the quiet expression / so seldom seen / on her
었다, 진지한 표정으로 거의 좀처럼 보기 힘든

restless face.
덜렁대는 그녀에게서는.

"How good Meg is! Come, Amy, / let's do / as they do. I'll
"메그는 역시 대단해! 이리 와, 에이미, 우리도 읽자 언니들이 하는 것처럼.

help you / with the hard words, / and they'll explain things
내가 도와줄게 어려운 단어들은, 그리고 언니들이 설명해 줄 거야

/ if we don't understand," / whispered Beth, / very much
우리가 이해하기 어려우면," 베스는 속삭였다, 몹시 감동받아서

impressed / by the pretty books / and her sisters' example.
이 아름다운 책들과 언니들의 태도에.

"I'm glad / mine is blue," / said Amy. And then / the
"난 좋아 내 건 파란색이라," 에이미가 말했다. 그리고는

rooms were very still / while the pages were softly turned,
그 방은 매우 훌륭했다 책장이 부드럽게 넘어가는 소리만 들릴 뿐,

/ and the winter sunshine / crept in to touch the bright
그리고 겨울 햇살이 빛나는 머리카락을 비추었다

heads / and serious faces / with a Christmas greeting.
또 진지한 얼굴들에도 크리스마스 인사로.

"Where is Mother?" / asked Meg, / as she and Jo ran
"엄마는 어디 계시지?" 메그가 물었다, 조와 뛰어 내려오면서

down / to thank her for their gifts, / half an hour later.
선물에 대해 고맙다고 인사하기 위해, 삼십 분쯤 지나서.

Key Expression

in spite of

'~에도 불구하고'라는 뜻으로 뒤에 명사 혹은 동명사와 함께 쓰여요.
전치사구 in spite of 는 despite 도 이와 같은 의미입니다. despite는 뒤에 문장이 와요.

ex) In spite of the traffic, we arrived on time.
교통체증에도 불구하고, 우리는 제 시간에 도착했다.

vanity 허영(심) | pious 신앙심이 깊은 | unconsciously 무의식적으로 | influence 영향을 주다 | gently 다정하게 | tumble 구르다 | go away (떠나) 가다 | unsettle ~을 뒤흔들다, ~을 불안하게 하다 | lean 기대다 | restless 가만히 못 있는 | crept creep의 과거, 느릿느릿 움직이다

"Goodness only knows. Some poor creeter come a-beggin',
"모르겠어요. 어떤 불쌍한 사람이 구걸하러 왔었는데,

/ and your ma went straight off / to see / what was needed.
그리고 엄마가 곧장 나가셨죠 알아보기 위해 무엇이 필요한지.

There never was such a woman / for givin' away / vittles
그런 분은 정말 없어요 선뜻 내어 주시는 음식물과,

and drink, / clothes and firin'," / replied Hannah, / who
옷감 그리고 땔감을," 한나는 대답했다,

had lived with the family / since Meg was born, / and was
이 가족들과 함께 살아왔고 메그가 태어났을 때부터,

considered by them all / more as a friend / than a servant.
가족 모두에게 여겨지고 있는 좀 더 친구로서 가정부라기 보다는.

"She will be back soon, / I think, / so fry your cakes, /
"엄마는 곧 돌아오실 거야, 내 생각엔, 그러니 빵을 굽고,

and have everything ready," / said Meg, / looking over the
모든 걸 빠짐없이 준비하자," 메그가 말했다, 선물 있는 쪽을 보면서

presents / which were collected in a basket / and kept under
바구니 안에 챙겨서 소파 밑에 감춰둔,

the sofa, / ready to be produced / at the proper time. "Why,
꺼낼 수 있도록 적당한 때에. "어머,

/ where is Amy's bottle of cologne?" / she added, / as the
에이미의 향수병은 어디 있니?" 그녀가 다시 말했다,

little flask did not appear.
작은 병이 보이지 않았기 때문에.

"She took it out / a minute ago, / and went off with it / to
"그녀가 꺼내서 조금 전에, 갖고 나가버렸어

put a ribbon on it, / or some such notion," / replied Jo, /
거기에 리본을 달거나, 하고 싶은 말을 쓰겠다고," 조가 말했다,

dancing about the room / rot eke the first stiffness off the
방안에서 춤추듯 돌면서 딱딱한 새 슬리퍼를 부드럽게 한답시고.

new army slippers.

vittles =victual 음식, 식량 | proper 적당한, 어울리는 | cologne 오드콜로뉴(향수의 일종) | flask (금속, 유리제의 납작한) 휴대용 병 | notion 의견, 견해 | eke 부드럽게 만들다 | stiffness 단단함, 완고함 | somewhat 어느 정도 | uneven 불규칙한 | initial 머리글자 | sensible 현명한, 이해가 빠른 | frown 얼굴을 찌푸리다

"How nice my handkerchiefs look, / don't they? Hannah
"내 손수건 정말 멋있지, 그렇지 않니?

washed and ironed them / for me, / and I marked them / all
한나가 빨아서 다림질해 줬어 날 위해서, 그리고 수놓은 거야

myself," / said Beth, / looking proudly / at the somewhat
내가 직접," 베스가 말했다, 만족한 듯이 바라보며 약간 삐뚤어진 글자를

uneven letters / which had cost her such labor.
자신이 그렇게 공들였던.

"Bless the child! She's gone / and 'Mother' on them /
"어머 얘!" 어떻게 됐나 봐 그 위에 '엄마'로 해 버렸으니

instead of 'M. March.' How funny!" / cried Jo, / taking up
'M.March.' 대신에. 우습잖아!" 조가 큰 소리로 말했다,

one.
한 장을 들고.

"Isn't it right? I thought / it was better to do it so, / because
"이상해? 난 생각했어 이렇게 하는 편이 더 좋다고, 왜냐하면 메

Meg's initials are M. M., / and I don't want / anyone to use
그의 머리글자는 M.M.이니까, 그리고 나는 원하지 않아 누군가 그렇게 사용하는 걸

these / but Marmee," / said Beth, / looking troubled.
엄마 외에," 베스가 말했다, 난처한 얼굴로.

"It's all right, dear, / and a very pretty idea / — quite
"괜찮아, 그리고 아주 좋은 생각이야 — 게다가, 참 재치가

sensible, too, / for / no one can ever mistake now. It will
있어, 그렇게 하면 아무도 헷갈리지 않을 거야.

please her very much, / I know," / said Meg, / with a frown
엄마도 기뻐하실 거야, 분명히," 메그가 말했다, 조에게는 인상을 쓰며

for Jo / and a mile for Beth.
베스에게는 웃는 얼굴로.

Key Expression

비교급…than~ : ~보다 더 …한

비교급을 만드는 법은 1,2음절의 짧은 단어 혹은 -y로 끝나는 단어는 -er을 붙여서 만들고, 2음절 이상의 긴 단어 혹은 -ly로 끝나는 부사는 앞에 more를 붙여서 만들면 된답니다.

ex) He works more diligently than his brother does.
그는 그의 동생보다 더 부지런히 일한다.

"There's Mother. Hide the basket, quick!" / cried Jo, / as a
"엄마가 오셔. 바구니를 숨겨, 빨리!" 조가 큰 소리로 말했다,

door slammed / and steps sounded / in the hall.
문이 쾅 닫히고 발소리가 들려오자 현관에서.

Amy came in hastily, / and looked rather abashed / when
에이미가 서둘러 들어왔는데, 멋쩍은 표정이었다

she saw her sisters all / waiting for her.
언니들을 보고는 그녀를 기다리던.

"Where have you been, / and what are you hiding behind
"어디 갔었니, 그리고 뒤에 숨기는 건 뭐야?"

you?" / asked Meg, / surprised to see, / by her hood and
메그가 물었다, 보고 깜짝 놀라보며, 모자와 외투를 걸치고,

cloak, / that lazy Amy had been out so early.
게으름뱅이 에이미가 일찍 외출했다는 사실에.

"Don't laugh at me, Jo! I didn't mean anyone should know
"웃지 마, 조! 아무에게도 알리고 싶지 않았어

/ till the time came. I only meant to change / the little
때가 되기 전까지. 그저 바꾸러 다녀온 것 뿐이야 그 작은 병을

bottle / for a big one, / and I gave all my money / to get it, /
큰 것으로, 그래서 내가 가진 돈을 모두 써 버렸어 이걸 사려고,

and I'm truly trying / not to be selfish anymore."
그리고 나는 정말 노력할 거야 더 이상 이기적이지 않도록 말이야."

As she spoke, / Amy showed the handsome flask / which
그렇게 말하면서, 에이미는 그 아름다운 병을 내보였다

replaced the cheap one, / and looked so earnest and
싸구려 향수와 바꿔 온, 그리고 매우 진지하고 신중하게 보였다

humble / in her / and Jo pronounced her / "a trump," /
그녀의 얼굴은 그리고 조는 그녀에게 말했다 "착한 아이야,"라고

while Beth ran to the window, / and picked her finest rose /
베스는 창가로 뛰어가서, 가장 예쁜 장미를 꺾어 왔다

to ornament the stately bottle.
훌륭한 병을 장식하기 위해서.

abashed 부끄러워하는 | cloak 소매 없는 외투(망토, 케이프와 비슷한 겉옷) | replace ~을 대신하다 | ornament ~을 장식하다 | stately 품위가 있는 | in minute ~하자마자 | eager for ~을 갈망하는

"You see / I felt ashamed of my present, / after reading and
"있잖아 나는 내 선물이 부끄러워졌어, 읽고 얘기한 후에

talking / about being good / this morning, / so I ran round
착한 사람이 되는 것에 관해 오늘 아침에, 그리고 나는 모퉁이 가게까

the corner / and changed it / the minute I was up: and I'm
지 가서 이것과 바꿔 왔어 일어나자마자: 그리고 나는 아주 기뻐,

so glad, / for mine is the handsomest / now."
내 선물이 제일 훌륭하니까 이제."

Another bang of the street door / sent the basket under the
다시 한 번 현관문 소리가 울리자 바구니를 소파 밑에 숨겼다,

sofa, / and the girls to the table, / eager for breakfast.
그리고 소녀들은 테이블로 모여들었다, 아침 식사를 하려고.

"Merry Christmas, Marmee! Many of them! Thank you for
"메리 크리스마스, 엄마! 선물해 주신 전부 다요!

our books; we read some, / and mean to every day," / they
주신 책들 고마워요; 벌써 조금 읽었어요, 그리고 매일 읽을 거예요," 그들은 말

cried, / in chorus.
했다, 입을 맞춰.

Key Expression

as

'~이므로, ~하기 때문에'처럼 원인을 나타내기도 하고, '~할 때, ~하는 동안에'와 같이 시간을 나타내기도 해요.

ex) As it was a holidays, all the stores were closed.
연휴였기 때문에, 모든 가게는 문을 닫았었다.
As they walked into the street, it was rainy.
그들이 거리를 걷고 있었을 때, 비가 오고 있었다.

"Merry Christmas, little daughters! I'm glad you began at
"메리 크리스마스, 애들아! 벌써 읽기 시작했다니 기쁘구나.

once, / and hope you will keep on. But / I want to say one
그리고 앞으로도 계속 읽도록 하렴. 그런데 한 가지 말하고 싶은 게 있단다

word / before we sit down. Not far away from here / lies a
우리가 앉기 전에. 여기에서 그리 멀지 않은 곳에 불쌍한 여인

poor woman / with a little newborn baby. Six children are
이 누워 있어 갓 태어난 아기와 함께. 여섯 명의 아이들은 모여 있어

huddled / into one bed / to keep from freezing, / for they
한 침대에서 얼어붙을 것 같은 추위를 피해서, 난로도 없으니까.

have no fire. There is nothing to eat / over there, / and the
먹을 것이 아무것도 없단다 거기에는, 가장 큰 애가

oldest boy came / to tell me / they were suffering / hunger
왔었어 말하려고 고생하고 있다고 배고픔과 추

and cold. My girls, / will you give them / your breakfast /
위로. 얘들아, 그들에게 주는 것이 어떨까 너희들의 아침을

as a Christmas present?"
크리스마스 선물로?"

They were all unusually hungry, / having waited nearly an
그들은 어느 때보다 배가 고팠다, 한 시간 가까이 기다렸었기 때문에,

hour, / and for a minute / no one spoke / — only a minute,
그리고 잠시 동안 아무 말도 없었다 — 그것도 잠깐,

/ for Jo exclaimed impetuously, / "I'm so glad you came /
조가 힘차게 말했다, "엄마가 오셔서 다행이에요

before we began!:
우리가 아침을 먹기 전에! :

"May I go and help / carry the things / to the poor little
"제가 가서 도울까요 음식을 나르는 것을 그 불쌍한 아이들에게?"

children?" / asked Beth eagerly.
베스가 간절하게 말했다.

"I shall take / the cream and the muffins," / added Amy, /
"나는 가지고 갈래 크림이랑 머핀을," 에이미는 말했다,

heroically giving up / the articles she most liked.
기특하게도 단념하며 그녀가 가장 좋아하는 것을.

newborn 갓 태어난 | huddled (수동형으로) 마구 끌어 모으다 | impetuously 성급하게, 맹렬하게 | eagerly 간절히, 열심히 | heroically 영웅적인 | articles (복수형으로) 물건

Meg was already covering the buckwheats, / and piling
메그는 이미 밀가루를 포장하고 빵을 쌓아 올리고

the bread / into one big plate.
있었다 큰 쟁반에.

"I thought / you'd do it," / said Mrs. March, / smiling as
"난 생각했단다 너희들이 그렇게 하리라고," 마치 부인은 말했다, 만족한 듯이 웃으며.

if satisfied. "You shall all go and help me, / and when we
"모두 가서 도와주자, 그리고 돌아와서

come back / we will have bread and milk / for breakfast,
빵과 우유로 하자 아침 식사는,

/ and make it up / at dinnertime."
그리고 맛있는 것을 많이 먹자 저녁 식사 때."

They were soon ready, / and the procession set out.
모두 준비를 하고, 행렬을 이루며 출발했다.

Fortunately / it was early, / and they went through back
다행히도 이른 아침이었고, 그들은 골목으로 지나가서,

streets, / so few people saw them, / and no one laughed /
그들을 본 사람은 적었고, 그래서 웃는 사람도 없었다

at the queer party.
이 이상한 행렬을 보고.

Key Expression

for

'~대해서' 외에도 '~때문에'라는 의미를 가지고 있습니다.

ex) Thanks for your help. 네 도움에 대해 고마워 하고 있어.
For the reason, I couldn' t get there. 그 이유 때문에, 난 거기에 갈 수 없었어.

buckwheat 메밀 | pile ~을 쌓아 올리다 | procession 행렬, 진행 | party 단체

A poor, bare, miserable room / it was, / with broken
빈약하고, 텅 빈, 초라한 방 그 자체였다, 깨진 유리창에,

windows, / no fire, / ragged bedclothes, / a sick mother,
난로는 꺼진 채, 누더기 이불과, 아픈 어머니,

/ wailing baby, / and a group of pale, hungry children /
울고 있는 아기, 그리고 창백하고, 굶주린 아이들이

cuddled / under one old quilt, / trying to keep warm.
부둥켜 앉고 있었다 한 장의 낡은 이불 밑에서, 몸을 녹이려고.

How the big eyes stared / and the blue lips smiled / as the
눈이 커지고는 파란 입술에 미소를 띄었다

girls went in!
소녀들이 들어서자!

"Ach, mein Gott! It is good angels come to us!" / said the
"오, 하나님! 천사들이 우리 집에 오셨네요!" 가엾은 어머니

poor woman, / crying for joy.
가 말했다, 기뻐서 울먹이며.

"Funny angels / in hoods and mittens," / said Jo, / and set
"우스꽝스러운 천사들이네요 모자와 벙어리 장갑을 낀," 조가 말했다,

them laughing.
그리고 모두들 웃었다.

In a few minutes / it really did seem / as if kind spirits had
얼마쯤 지나자 그들은 정말 그렇게 보였다 마음씨 착한 요정들이 일하는 것처

been at work there. Hannah, / who had carried wood, /
럼. 한나는, 땔나무를 가지고 온,

made a fire, / and stopped up the broken panes / with old
불을 피우고, 깨진 유리창을 막았다 낡은 모자와 자

hats and her own cloak. Mrs. March gave the mother / tea
신의 외투로. 마치 부인은 어머니에게 주었다 차와

and gruel, / and comforted her / with promises of help, /
죽을, 그리고 그녀를 위로했다 도와주겠다는 약속과 함께,

while she dressed the little baby / as tenderly / as if it had
갓난아이의 옷을 갈아 입히면서 매우 친절하게 그 아기가 자기 자

been her own. The girls / meantime / spread the table,
식인 양. 소녀들은 그 동안 식탁에 앉아,

bare 텅 빈 | miserable 비참한 | ragged 누더기의 | bedclothes 침구, 이부자리 | wail 울부짖다 | cuddle 껴안다 | gruel 묽은 죽, 오트밀 죽 | tenderly 상냥하게 | meantime 짬, 그동안 | blaze 활활 타다 | agreeable 기분 좋은, 마음에 드는

/ set the children round the fire, / and fed them/ like so
아이들을 난로 주위에 앉히고, 음식을 먹였다 굶주린 작은 새들과

many hungry birds / — laughing, talking, / and trying to
같은 아이들에게 — 웃고, 이야기하고, 그리고 이해하려고 노력

understand / the funny broken English.
했다 문법에 맞지 않는 말들을.

"Das ist gut!" "Die Engel-kinder!" / cried the poor things
"이거 맛있어!" "천사 누나!" 불쌍한 아이들이 외쳤다

/ as they ate / and warmed their purple hands / at the
먹으면서 그들의 보랏빛 띤 손을 녹였다

comfortable blaze.
난롯불 앞에서.

The girls had never been called angel children / before, /
소녀들은 천사라고 불린 일이 한 번도 없었다 전에는,

and thought it very agreeable, / especially Jo, / who had
그래서 몹시 기뻤다, 특히 조는, 취급받아 왔던

been considered / a "Sancho" ever / since she was born.
"산초"라고 태어났을 때부터.

That was a very happy breakfast, / though they didn't get
그것은 매우 즐거운 아침 식사였다, 비록 그들은 아무것도 먹지 못했지만;

any of it; and when they went away, / leaving comfort
그리고 그들이 떠날 때, 안심하는 마음으로,

behind, / I think / there were not / in all the city / four
나는 생각했다 아무도 없을 거라고 그 도시 전체에 즐거운 네 명의

merrier people / than the hungry little girls / who gave
사람들은 배고픈 어린 소녀들보다 자신들의 아침 식사를 남

away their breakfasts and contented themselves / with
에게 주고 만족스러워 했던 빵과 우유만으로

bread and milk / on Christmas morning.
크리스마스의 아침에.

Key Expression

전치사 in

여러 가지 의미 중 '~ 안에'라는 뜻과 '~후에, ~동안' 등 시간의 경과를 나타내는 의미를 가지고 있어요.

ex) The book is in a bag. 그 책은 가방 안에 있어.
They will be ready in two weeks. 그들은 2주일 있으면 준비가 될 것이다.

"That's loving our neighbor / better than ourselves, / and
"이게 이웃을 사랑한다는 거구나 우리 자신보다도,

I like it," / said Meg, / as they set out their presents / while
정말 좋은 걸," 메그가 말했다, 자매들이 준비할 때

their mother was upstairs / collecting clothes / for the poor
엄마는 위층에 있는 동안 옷을 챙기기 위해

Hummels.
불쌍한 후멜 가족에게 줄.

Not a very splendid show, / but there was a great deal of
결코 화려한 쇼는 아니었지만, 넘치는 사랑이 있었다

love / done up in the few little bundles, / and the tall vase /
작은 꾸러미 안에 가득 담긴, 그리고 큰 꽃병은

of red roses, white chrysanthemums, / and trailing vines, /
빨간 장미와, 흰 국화, 그리고 키 큰 덩굴풀을 꽂아,

which stood in the middle, / gave quite an elegant air to the
한 가운데 놓였고, 테이블 위에서 우아한 분위기를 풍겨 냈다.

table.

"She's coming! Strike up, Beth! Open the door Amy! Three
"엄마가 오셔! 피아노를 쳐, 베스! 문을 열어 에이미!

cheers for Marmee!" / cried Jo, / prancing about while /
엄마를 위해 만세 삼창!" 조가 소리쳤다, 과장되게

Meg went / to conduct Mother / to the seat of honor.
메그는 나갔다 엄마를 안내하기 위해 상석으로.

Beth played her gayest march, / Amy threw open the door,
베스는 가장 신나는 행진곡을 연주했고, 에이미는 문을 활짝 열었으며,

/ and Meg enacted escort / with great dignity. Mrs. March
메그는 호위병 역할을 했다 예의를 갖춰. 마치 부인은 깜짝 놀랐

was both surprised and touched, / and smiled with her
고 감동받았으며, 눈이 휘둥그래져 미소지었다

splendid 호화로운 | bundle 다발, 꾸러미 | chrysanthemum 국화 | trail ~을 질질 끌다 | strike up (연주를) 시작하다 | prance 껑충거리다, 의기양양하게 걸어가다 | conduct 하다 | gay 명랑한, 즐거운 | enact ~의 역을 맡아 하다 | escort 호위병 | dignity 존엄, 고상함 | accompany 동반하다, 딸리다 | fasten ~을 단단히 고정시키다 | bosom 가슴 | afterward 그 뒤, 이 후 | devote (시간, 노력, 돈 등)을 바치다 | outlay (돈의) 지출 | invention 발명

eyes full / as she examined her presents / and read the little
선물을 보며 그리고 짧은 쪽지를 읽었다

notes / which accompanied them. The slippers went on at
각각의 선물에 있는. 슬리퍼는 그곳에서 바로 신고,

once, / a new handkerchief was slipped / into her pocket, /
새 손수건은 넣었다 주머니에,

well scented with Amy's cologne, / the rose was fastened
에이미의 향수를 뿌려서, 장미는 꽂았다

/ in her bosom, / and the nice gloves were pronounced / a
그녀의 가슴에, 그리고 좋은 장갑을 칭찬했다

"perfect fit."
"아주 꼭 맞는구나."라고.

There was a good deal / of laughing and kissing and
가득했다 웃음과 입맞춤, 그리고 이야기로,

explaining, / in the simple, / loving fashion / which makes
소박하면서도, 따뜻한 분위기는

these home festivals / so pleasant / at the time, / so sweet to
이 집안의 행사를 만들어 주었다 정말 즐겁게 이 순간, 달콤한 추억을 기

remember / long afterward, / and then all fell to work.
억하게 먼 훗날까지, 그리고 나서 모두 각자의 일상으로 돌아갔다.

The morning charities and ceremonies / took so much time
아침에 자선 활동과 선물 증정 행사로 시간을 많이 보냈기 때문에

/ that the rest of the day was devoted / to preparations / for
그 날의 남은 시간은 쏟아 부었다 준비에

the evening festivities. Being still too young / to go often
그 저녁 행사를 위한. 모두들 아직 어렸고

to the theater, / and not rich enough / to afford any great
자주 극장에 가기에는, 그렇게 부자도 아니었기에 많은 비용을 쓸 만큼

outlay / for private performances, / the girls put their wits to
집에서 하는 연극에, 소녀들은 재치를 발휘했다,

work, / and — necessity being the mother of invention —
즉 — 필요는 발명의 엄마라는 말처럼 —

/ made / whatever they needed. Very clever were / some of
만들었다 그들이 필요한 것이면 무엇이든. 특히 기발한 것이 있었는데

their productions — / paste board guitars, / antique lamps
그들의 발명품 중에 — 판지로 만든 기타들, 골동 램프들

/ made of old-fashioned butter boats / covered with silver
오래된 버터 그릇으로 만든 은박 종이를 덮어서,

paper, / gorgeous robes of old cotton, / glittering / with tin
낡은 면으로 된 아주 멋진 예복들, 반짝이는 얇은 스팽글이

spangles / from a pickle factory, / and armor / covered with
달린 피클 공장에서 가져온, 그리고 갑옷

the same useful diamond-shaped bits / left in sheets / when
다이아몬드 모양의 조각으로 쌓인 여러 장으로

the lids of tin preserve pots were cut out.
통조림 뚜껑을 따면 나오는.

The furniture was used to / being turned topsy-turvy, / and
가구들은 익숙하게 뒤죽박죽으로 배치됐고,

the big chamber was / the scene of many innocent revels.
큰 방은 소박한 파티 무대가 되었다.

No gentlemen were admitted, / so Jo played male parts
남자는 허락되지 않았기에, 조가 남자 역을 맡게 되었고

/ to her heart's content / and took immense satisfaction
스스로 흡족해하며 크게 만족했다

/ in a pair of russet-leather boots / given her by a friend,
빨간 가죽의 부츠를 신고 친구를 통해서 얻은,

/ who knew a lady who knew an actor. These boots, /
어떤 배우와 아는 사이라는 여자의. 이 부츠와,

an old foil, / and a slashed doublet / once used by an
오래된 펜싱검과, 그리고 세로 주름 잡힌 더블릿은 어떤 화가가 착용했다는

artist / for some picture, / were Jo's chief treasures and /
그림 그릴 때, 조의 가장 소중히 여기는 물건들로써

appeared on all occasions. The smallness of the company
모든 행사에 나왔다. 규모가 작았기 때문에

paste (접착용) 풀 | robe 예복 | glitter 반짝이다 | spangle 스팽글(연극, 영화에서 의상에 다는 번쩍거리는 금속장식 조각) | armor 갑옷과 투구 | lid (상자, 냄비의) 뚜껑 | topsy-turvy 뒤죽박죽으로 | chamber 방 | revel 연회, 축하연 | russet 황갈색, 적갈색 | foil 포일(칼 끝에 솜뭉치를 붙인 연습용 펜싱칼) | slashed (의복의 안이 보이도록 일부분)을 터놓다 | doublet 더블릿(갑옷 밑에 받쳐 입는 옷)

/ made it necessary / for the two principal actors / to
~하는 게 필요했다 두 주연 배우가

take several parts apiece, / and they certainly deserved
여러 가지 역할을 겸하는 것이, 그래서 그들은 충분히 자격이 있었다

/ some credit for the hard work / they did / in and out /
힘든 노력에 대해 칭찬 받을 그들은 입었다 벗었다 했고

of various costumes, / and managing the stage besides.
다양한 의상을, 무대 뒤도 관리했다.

It was excellent drill / for their memories, / a harmless
이것은 멋진 훈련이었고 추억거리가 되는, 유익한 오락거리였으며,

amusement, / and employed many hours / which
많은 시간을 보내도록 했다

otherwise would have been idle, lonely, / or spent in less
게으르고 외롭게 보낼 수도 있었던,

profitable society.
또는 시시한 모임으로 낭비할 뻔한.

On Christmas night, / a dozen girls piled onto the bed
크리스마스 밤, 열 두 명의 소녀들이 침대 위에 있었다

/ which was the dress cirle, / and sat before the blue
고급 관람석으로 지정된 곳인, 그리고 파란색과 노란색의 커튼 앞에 앉았다

and yellow chintz curtains / in a most flattering state
몹시 고대하는 듯한 태도로,

of expectancy. There was a good deal / of rustling and
끊임없이 났다 술렁이는 움직임과 속삭이는 소

whispering / behind the curtain, / a trifle of lamp smoke, /
리가 커튼 뒤 편에서, 램프의 불꽃 연기가 피어 오르고,

and an occasional giggle from Amy, / who was apt to get
그리고 에이미의 피식 웃는 소리도 가끔 났다, 너무 웃는 버릇이 있는

hysterical / in the excitement of the moment. Presently / a
흥분만 하면, 잠시

bell sounded, / the curtains flew apart, / and the Operatic
벨이 울리고, 커튼이 양쪽으로 열리며, 〈오페라의 비극〉이 시작되었다.

Tragedy began.

apiece 따로따로 | harmless 해가 없는 | amusement 재미, 오락 | profitable 수익성이 있는 | chintz 사라사 무명의 일종 | flattering 돋보이게 하는, 아첨하는 | expectancy 기대하고 있음 | rustle 바스락 거리다 | trifle 시시한, 하찮은 | occasional (~에 적합한) 때, 경우 | giggle (~을 보고[듣고]) 킬킬 웃다 | hysterical 너무나도 웃기는

"A gloomy wood," / according to the one playbill, / as
"어두운 숲," 프로그램에 따르면,

represented / by a few scrubs in pots, green baize on the
표현된다 항아리 속 관목들, 녹색 모직 천이 깔린 마루,

floor, / and a cave in the distance. This cave was made /
그리고 멀리 보이는 동굴로. 그 동굴은 만들어졌다

with a clotheshorse for a roof, / bureaus for walls, / and in
지붕은 빨래걸이로, 벽은 책상으로 하여,

it was a small furnace in full blast, / with a black pot / on
그리고 불이 타오르는 작은 화로가 있었고, 까만 솥과 그 위에는

it / and an old witch bending over it. The stage was dark /
나이 많은 마녀가 웅크리며 들여다 보고 있었다. 무대는 어두웠다

and the glow of the furnace / had a fine effect, / especially
그리고 화덕의 환한 빛이 멋진 효과를 냈다, 특히

/ as real steam issued from the kettle / when the witch took
주전자에서 진짜 김이 나는 모습으로 마녀가 솥뚜껑을 열었을 때.

off the cover. A moment was allowed / for the first thrill
그 순간은 계속되었다 처음의 흥분이 가실 때까지는,

to subside, / then / Hugo, the villain, / stalked in / with a
그리고 나서 악당인 휴고가, 성큼 걸어나왔다

clanking sword at his side, / a slouched hat, / black beard,
절그럭거리는 칼을 허리에 차고, 챙이 늘어진 모자와, 검은 턱수염,

/ mysterious cloak, and the boots. After pacing to and fro
기묘한 외투와, 신발차림으로. 흥분한 모습으로 왔다 갔다 하다가,

in much agitation, / he stuck his forehead, / and burst out
자기 이마를 치더니, 갑자기 거친 목소리를 내며,

in a wild strain, / singing / of his hatred to Roderigo, his
노래했다 로드리고에 대한 미움과 자라에 대한 사랑,

love for Zara, / and his pleasing resolution / to kill the one
그리고 마음속의 결심을 로드리고를 죽이고 자라

playbill 극장 프로그램 | scrub 관목숲 | baize 베이즈, 녹색 모직 천 | clotheshorse 빨래 걸이 | bureau (거울이 달린) 옷장, 화장대 | furnace 화덕, 난로 | in blast (용광로가) 가동 중에 | issue 나오다 | thrill 오싹함, 전율 | subside 가라앉다, 진정되다 | villain 악역 | clank 절꺽절꺽 | slouch (모자의 챙이) 앞으로 늘어지다 | pace 초조한 듯이 왔다 갔다 하다 | to and fro 왔다 갔다 | agitation 흥분, 동요 | pleasing 즐거운, 기분 좋은

and win the other. The gruff tones of Hugo's voice, / with
를 갖겠다는. 휴고의 거친 목소리는,

an occasional shout / when his feelings overcame him, /
때때로 소리치는데 감정이 격해져 억누르지 못할 때,

were very impressive, / and the audience applauded / the
이것은 대단한 감동을 주었고, 관객들이 박수갈채를 보냈다

moment he paused for breath. Bowing / with the air of
그가 숨을 돌리기 위해 잠깐 멈추는 순간. 가볍게 인사를 하고 이미 익숙해 있는 듯

one accustomed / to public praise, / he stole to the cavern
관객들의 갈채에, 동굴 쪽으로 다가가서

/ and ordered Hagar / to come forth with a commanding, /
헤이거에게 명령했다 앞으로 나오라고,

"What ho, minion! I need thee!"
"이봐, 앞잡이! 시킬 게 있어!"

Out came Meg, / with gray horsehair hanging about her
메그가 나왔다, 잿빛 말털을 얼굴에 늘어뜨리고,

face, / a red and black robe, a staff, / and cabalistic signs
빨간색과 까만 색이 섞인 예복과, 지팡이를 쥐고, 이상한 무늬가 그려진 외투를 입고

upon her cloak. Hugo demanded / a potion to make Zara
있었다. 휴고는 요구했다 자라가 자기를 좋아하게 만들 약과,

adore him, / and one to destroy Roderigo. Hagar, / in a
로드리고를 죽일 약을 만들도록 했다. 헤이거는,

fine dramatic melody, / promised both, / and proceeded to
아름다운 극적인 멜로디로, 둘 다 약속하고, 요정을 부르기 시작했다

call up the spirit / who would bring the love philter:
사랑의 약을 가지고 올:

gruff 걸걸한 목소리 | applaud ~에게 박수갈채 하다 | bow 인사하다 | accustomed 평소의, 버릇이 된 | steal 살며시 움직이다 | cavern (특히 큰) 굴, 동굴 | minion (권력자의) 앞잡이, 추종자 | thee 너를, 너에게(고어에서 목적격 you) | horsehair 말갈기, 말총 | cabalistic 신비적인, 불가사의한 | philter 미약, 마법의 약

Huither, / hither, / from thy home,
여기로, 오라, 그대가 있는 곳으로부터,

Airy sprite, / I bid thee come!
공기의 요정이여, 내 그대에게 명하노라!

Born of roses, / fed on dew,
장미에서 태어나, 이슬을 마시며,

Charms and potions canst thou blew?
마법의 묘약을 만들어 주겠는가?

Bring me here, / with elfin speed,
가지고 오라, 요정의 속도로

The fragrant philter / which I need;
향기로운 묘약이 내가 필요한 것;

Make it / sweet and swift and strong,
만들어 주오 달콤하고 빠르고 아주 강하게,

Spirit, / answer now my song!
요정이여, 이제 내 노래에 대답해 주오!

A soft strain of music sounded, / and then / at the back of
부드러운 음악이 울려 퍼지고, 그리고 나서

the cave appeared / a little figure / in cloudy white, / with
동굴 뒤에서 나타났다 작은 모습이 구름과 같이 흰 옷을 입고,

glittering wings, / golden hair, / and a garland of roses on
빛나는 날개를 달고, 금빛 머리에, 장미의 관을 머리에 쓰고서.

its head. Waving a wand, / it sang,
지팡이를 흔들며, 노래를 불렀다,

Hither I come,
여기 내가 왔소,

From my airy home,
나의 집으로부터,

Afar in the silver moon.
은빛 달 속 먼 곳에서

Take the magic spell,
마법의 주문을 가지고,

And use it well,
부디 잘 이용하기를,

Or its power will vanish soon!
그렇지 않으면 곧 사라져 버릴 테니!

hither 이리로, 여기로 | airy 공허한, 허무한 | elfin 꼬마 요정 | garland 화환 | spell 마력, 주문 | vanish 사라지다

And dropping a small, gilded bottle / at the witch's feet, /
작은 금빛 병을 떨어뜨리고, 마녀의 발 밑에,

the spirit vanished. Another chant from Hagar / produced
요정은 사라져버렸다. 헤이거의 또 다른 노래가 또 다른 귀신을

another apparition / — not a lovely one, / for with a
불러냈다 — 사랑스럽지 못한,

bang an ugly black imp appeared and, / having croaked
뱅머리를 한 보기 싫은 까맣고 작은 귀신이 나타나, 삼킬 듯한 소리로,

a reply, / tossed a dark bottle at Hugo / and disappeared /
휴고에게 까만 병을 던지더니 사라졌다

with a mocking laugh. Having warbled his thanks / and
비웃듯 웃으며. 감사의 노래를 부르고

put the potions in his boots, / Hugo departed, / and Hagar
두 가지 약을 구두 속에 넣더니, 휴고는 떠났고,

informed the audience that, / as he had killed / a few of
헤이거는 관객들에게 털어놓았다. 휴고가 죽였기 때문에 그녀 친구들 중

her friends / in times past, / she has cursed him, / and
몇 명을 과거에, 자신이 그를 저주하고 있고,

intends to thwart his plans, / and be revenged on him.
그의 계획을 방해하여, 복수할 작정이라고.

Then the curtain fell, / and the audience reposed / and ate
거기에서 막이 내리고, 관객들은 잠시 쉬며 사탕을 먹었다

candy / while discussing the merits of the play.
연극의 좋은 대목에 대해 이야기 하면서.

Key Expression

준 부정어

few는 '거의 없는'이라는 의미를 가지고 있는 반면, a few는 '몇몇의'이라는 의미를 가지고 있어요. 또 다른 준 부정어로는 'never(전혀 ~없다)', 'little(거의 없는)', 'hardly, scarcely, rarely, barely(거의 ~ 아니다), 좀처럼 ~않다)' 등도 있어요.

ex) Hundreds of people came to the store, but few actually purchased them.
수백 명의 사람들이 그 상가에 왔다. 하지만 실제로 구매하는 사람은 거의 없었다.

gilded 금도금한 | apparition 유령 | bang 가지런히 잘라 내린 앞머리 | imp 꼬마 도깨비 | mock 비웃다, 업신여기다 | warble (사람이) 목소리를 떨며 노래하다 | curse 저주받은, 저주할 | repose 휴식을 취하다

A good deal of hammering went on / before the curtain rose
망치질 소리가 계속 되었다 다시 막이 오르기 전에,

again, / but when it became evident / what a masterpiece of
그러나 분명하게 드러나자

stage carpentering had been got up, / no one murmured / at
얼마나 멋진 무대가 완성되었는지, 어느 누구도 불만하지 않았다

the delay. It was truly superb! A tower rose to the ceiling; /
지연에도. 사실 그것은 놀라웠다! 탑이 천장까지 솟아 있고;

halfway up appeared a window / with a lamp burning at it,
창문이 중간 쯤에 있었다 램프가 켜져 있는,

/ and behind the white curtain appeared / Zara in a lovely
그리고 하얀 커튼 뒤에서 나타났다 아름다운 푸른 은빛의

blue and silver dress, / waiting for Roderigo. He came in
드레스를 입은 자라가, 로드리고를 기다리고 있는. 로드리고는 아름다운

gorgeous array, / with plumed cap, / red cloak, / chestnut
차림으로 등장했다, 깃털 장식의 모자와, 빨간 상의 밤색 머리를

lovelocks, / a guitar, and the boots, / of course. Kneeling at
늘어뜨리고, 기타를 들고, 부츠를 신은 채로, 물론.

the foot of the tower, / he sang a serenade / in melting tones.
탑 앞에서 무릎을 꿇은 채, 세레나데를 불렀다 맑고 부드러운 목소리로.

Zara replied and, / after a musical dialogue, / consented
자라가 응답하고, 노래로 대화를 나눈 뒤, 도망칠 것을 승낙했다.

to fly. Then / came the grand effect of the play. Roderigo
그 다음 이 극의 절정이 펼쳐졌다.

produced a rope ladder, / with five steps to it, / threw up one
로드리고는 줄 사다리를 갖고 와서, 다섯 계단 짜리의, 창을 향해 던지고,

end, / and invited Zara to descend. Timidly she crept from
자라에게 내려오라고 했다. 자라가 머뭇거리며 격자창에서 나와,

her lattice, / put her hand on Roderigo's shoulder, / and was
로드리고의 어깨에 손을 짚고,

about to leap gracefully down / when "Alas! Alas for Zara!"
막 우아하게 뛰어내리려던 참이었다 그때 "아! 안타깝도다!"

masterpiece 걸작 | carpentering 목수일을 하다 | superb 최고의, 호화로운 | halfway 중도에 | array ~을 정렬시키다 | chestnut 밤(나무), 밤색 | lovelock (여자의 이마나 뺨에 늘어뜨린) 애교머리 | serenade 세레나데 | melt (소리가) 맑고 부드럽다 | consent 동의하다, 승낙하다 | timidly 소심하게 | lattice 창살, 격자문 | leap 뛰어넘다

/ she forgot her train — it caught in the window, / the tower
그녀는 긴 옷자락을 생각하지 못했다 — 그것이 창에 걸렸고, 탑은 흔들리며,

tottered, / leaned forward, / fell with a crash, / and buried
앞으로 기울더니, 쿵 쓰러져서,

the unhappy lovers / in the ruins!
불운한 연인들은 묻혀버렸다 무너진 잔해 속에!

A universal shriek arose / as the russet boots waved wildly /
관객이 비명을 지르는 것과 동시에 붉은 가죽 구두가 튀어 나왔고

from the wreck / and a golden head emerged, / exclaiming,
잔해 속에서 금발 머리가 나타나서, 비명을 질렀다,

/ "I told you so! I told you so!" / with wonderful presence
"내가 뭐랬어! 내가 뭐랬어!!" 아주 침착한 모습으로,

of mind, / Don Pedro, the cruel sire, / rushed in, / dragged
냉혹한 아버지, 돈 페드로가, 뛰어오더니,

out his daughter, / with a hasty aside / — "Don't laugh!
그의 딸을 끌어내며, 귓속말로 급하게 — "웃지 마!"

Act as if it was all right!" — / and, ordering Roderigo up,
아무 일 없던 것처럼 해!"라고 했다 — 그리고, 로드리고에게 일어나라고 명령하며,

/ banished him from the kingdom / with wrath and scorn.
왕국에서 추방했다 경멸과 멸시로 가득 찬 목소리로.

Though decidedly shaken / by the fall of the tower upon
놀랐음에도 불구하고 탑이 자기 위로 쓰러졌기 때문에,

him, / Roderigo defied the old gentleman / and refused to
로드리고는 이 노인에게 맞서며 조금도 움직이지 않았다.

stir. This dauntless example / fired Zara: she also defied her
이런 불굴의 태도에 자라도 용기를 내었다: 그녀 역시 아버지에게 반항

sire, / and he ordered them both / to the deepest dungeons
했고, 그는 둘에게 명령했다 성 가장 깊은 지하 감옥에 가두라고.

of the castle. A stout little retainer came in with chains /
땅딸보 하인이 쇠사슬을 가지고 와서

and led them away, / looking very much frightened / and
두 사람을 끌고 갔다, 몹시 놀란 듯한 모습이었는데

evidently forgetting the speech / he ought to have made.
분명히 대사를 까먹은 듯했다 그가 말했어야 할.

totter ~을 비틀거리게 하다 | shriek 소리를 지르다 | wreck 파괴된 것, 잔해 | defy 반항하다 | dauntless 겁없는, 불굴의 | dungeon (중세의 성 안의) 토굴 감옥, 지하 감옥 | retainer 하인

Act third was the castle hall, / and here Hagar appeared,
제3막은 성의 복도였다, 헤이거가 나타나서,

/ having come to free the lovers / and finish Hugo. She
두 연인을 도망치게 하고 휴고를 해치우기 위해 온 것이다.

hears him coming and hides, / sees him put the potions /
그녀는 그의 발자국 소리에 몸을 숨기고, 그가 약을 넣는 것을 보았다

into two cups of wine / and bid the timid little servant, /
두 개의 와인 잔에 그리고 소심한 작은 하인에게 주며 말하는 것을,

"Bear them to the captives / in their cells, / and tell them
"죄수에게 갖다 줘 지하 감옥에 갇혀 있는, 그리고 말하게

/ I shall come anon." The servant takes Hugo aside / to
내가 곧 간다고." 하인이 휴고를 옆으로 데리고 갔을 때

tell him something, / and Hagar changes the cups for two
무언가 말하기 위해, 헤이거는 두 개의 잔을 바꿔 버렸다

others / which are harmless. Ferdinando, the "minion," /
독이 들어 있지 않은 것으로. "심복"인 페르디난도가,

carries them away, / and Hagar puts back the cup / which
그것을 가지고 간 후, 헤이거는 컵을 원 위치에 갖다 놓았다

holds the poison meant for Roderigo. Hugo, getting thirsty
로드리고를 위해 만들었던 독이 든 잔을. 휴고는, 갈증을 느끼며

/ after a long warble, / drinks it, / loses his wits, / and after
긴 노래를 부른 다음, 그 잔을 비우는 순간, 의식을 잃고,

a good deal of clutching and stamping, / falls flat and dies,
무엇을 움켜잡으려고 발을 구르면서, 푹 쓰러져 죽어버렸다,

/ while Hagar informs him / what she has done / in a song
그 동안 헤이거는 알린다 자기가 꾸민 일이라는 것을

of exquisite power and melody.
절묘한 힘과 멜로디를 지닌 노래로써.

captive 포로, 인질, 죄수 | anon 곧, 즉시 | warble 목소리를 떨며 노래하다 | clutch ~을 꽉 쥐다 | exquisite 절묘한, 매우 아름다운

This was a truly thrilling scene, / though some persons
이 부분은 실로 가슴 떨리는 장면이었다, 단 몇 사람은 생각했을지도 모르지만

might have thought / that the sudden tumbling down of
갑자기 긴 머리카락이 앞으로 흘러 내렸기 때문에

a quantity of long hair / rather marred the effect / of the
좀 효과가 감소한 느낌을 받았다고

villain's death. He was called before the curtain, / and with
악한의 죽음에. 커튼 뒤에서 이름이 불리우자,

great propriety appeared, / leading Hagar, / whose singing
정중한 태도로 나타났다, 헤이거를 이끌고,

was considered more wonderful / than all the rest of the
노래가 가장 훌륭했던 나머지 출연진의 연기를 모두 합친 것보다도.

performance put together.

Act fouth displayed / the despairing Roderigo on the point
제4막은 대목이었다 절망한 로드리고가 칼로 자살하려는

of **stabbing** himself / because he has been told / that Zara
들었기 때문에

has **deserted** him. Just as the dagger is at hid heart, / a
자라가 자신을 배반했다고. 가슴에 비수를 막 대는 순간,

lovely song is sung / under his window, / informing him /
아름다운 노래가 들려왔다 창 아래에서, 그에게 전하는 노래가

that Zara is true / but in which unlocks the door, / and in a
자라는 진실하다는 것을 잠겨 있지 않은 창문에서,

spasm of **rapture** / he tears off his chains / and rushes away
그리고 너무나 기쁜 나머지 쇠사슬을 끊어버리고 달려 나갔다

/ to find and **rescue** his **ladylove**.
연인을 구출하기 위해.

Key Expression

between A and B

전치사 between은 'between~and…'의 형태로, 두 가지의 간격을 나타낼 때 '~사이에'라는 의미로 자주 사용되는 표현이에요.

ex) There are several differences between high school and college.
고등학교와 대학 사이에는 몇 가지 차이점이 있다.
It's just you and me. 이건 너와 나의 비밀이야.

Act fifth opened with a stormy scene / between Zara and
제5막은 다투는 장면부터 시작된다 자라와 돈 페드로 사이에.

Don Pedro. He wish her to go into a convent, / but she
아버지는 그녀가 수녀원으로 가길 원하지만,

won't hear of it / and, after a touching appeal, / is about
자라는 듣지 않으려 하고, 애원한 끝에, 기절할 뻔했다

to faint / when Roderigo dashes in / and demands her
그때 로드리고가 뛰어들어와 그녀의 손을 잡았다.

hand. Don Pedro refuses, / because he is not rich. They
돈 페드로는 거절한다, 그가 부자가 아니기 때문에.

shout and gesticulate tremendously / but cannot agree, /
두 사람은 소리지르며 격한 몸짓도 했지만 타협할 수 없어서,

and Roderigo is about to bear away / the exhausted Zara,
로드리고는 억지로 데려가려고 한다 지쳐 있는 자라를,

/ when the timid servant enters / with a letter and a bag
그때 소심한 하인이 들어왔다 편지와 가방을 들고,

/ from Hagar, / who has mysteriously disappeared. The
헤이거가 보낸, 지금까지 마법으로 모습을 감추고 있었던

latter informs the party / that she bequeaths untold wealth
그 후자는 그들에게 알린다 엄청난 재산을 양도하고

/ to the young pair / and an awful doom to Don Pedro, /
젊은 두 사람에게 돈 페드로에게 끔찍한 재앙이 닥칠 것이라고,

if he doesn't make them happy. The bag is opened, / and
만약 그가 그들의 행복을 방해한다면. 그 가방을 열자,

several quarts of tin money shower down upon the stage
많은 동전이 무대위로 쏟아지고

/ till it is quite glorified with the glitter. This entirely
무대는 반짝이는 금빛으로 환해졌다.

softens the "stern sire." He consents without a murmur,
이것으로 '완고한 아버지'도 누그러진다. 불평없이 결혼을 승낙하고,

stab ~을 찌르다 | desert 의무를 버리다 | spasm 경련, 격정의 발작 | rapture 큰 기쁨, 황홀 | rescue (남)을 구조하다 | ladylove (여자) 연인 | stormy 폭풍우의 | convent 수도회, 수녀원 | faint (굶주림, 병, 통증 등으로) 기절할 듯한 | gesticulate 몸짓[손짓]을 하다 | tremendously 터무니 없이 크게 | latter 후자의, 나중의 | bequeath (후세에) ~을 남기다 | doom (좋지 않은) 운명, 멸망 | glorify (신)에게 영광을 돌리다

/ all join in a joyful chorus, / and the curtain falls upon /
모두가 함께 즐겁게 합창을 부르며, 막이 내렸다

the lovers kneeling / to receive Don Pedro's blessing / in
연인들이 무릎을 꿇는 모습으로 돈 페드로의 축복을 받으면서

attitudes of the most romantic grace.
아주 로맨틱하고 아름다운 자세로.

Tumultuous applause followed / but received an unexpected
엄청난 갈채가 쏟아졌지만 갑자기 그쳐버렸다.

check, / for the cot bed, / on which the "dress circle" was
간이 침대가, "특등석"으로 만들어졌던,

built, / suddenly shut up / and extinguished the enthusiastic
갑자기 접히며 열정적이던 관객들을 가둬 버렸기 때문이다.

audience. Roderigo and Don Pedro flew to the rescue, / and
로드리고와 돈 페드로가 달려가서 구해 냈는데,

all were taken out unhurt, / though many were speechless
모두 무사하게 구출되었다, 웃음이 나와 말도 못할 정도였지만.

with laughter. The excitement had hardly subsided / when
흥분이 겨우 가라앉았을 때

Hannah appeared, / with "Mrs. March's compliments, / and
한나가 와서는, "마치 부인이 말씀하셨어요,

would the ladies walk down to supper."
아가씨들 저녁 식사 하러 내려 오라고요."라는 말을 전했다.

This was a surprise even to the actors, / and when they
이것은 배우들에게도 뜻밖의 일이었다, 모두가 식탁을 봤을 때,

saw the table, / they looked at one another / in rapturous
서로 마주보며 한편으론 기쁘고 또 한편으

amazement. It was like Marmee / to get up a little treat
론 놀라워 . 엄마가 자주 하던 것이었다 아이들에게 음식을 마련해 주는 일은,

for them, / but anything so fine as this / was unheard of /
그러나 이렇게 훌륭한 음식은 전혀 없던 일이었다

since the departed days of plenty. There was ice cream —
집이 유복했던 무렵에도. 아이스크림이 있었고 — 그것도 두 접시에,

tumultuous 시끄러운, 몹시 흥분한 | applause 박수갈채 | cot 간이 침대 | rapturous 기뻐서 어찌할 바를 모르는 | depart 떠나다 | distracting 미칠 것 같은 | immensely 광대하게 | fairy 요정 | inspiration 영감, 창조적 자극

actually two dishes of it, / pink and white — and cake and
분홍색과 흰색의 — 게다가 케이크와 과일

fruit / and distracting French bonbons / and, in the middle
그리고 먹음직스러운 프랑스 봉봉 과자까지 그리고, 테이블 한 가운데에는,

of the table, / four great bouquets of hothouse flowers!
네 다발의 멋진 꽃다발까지 있었다!

It quite took their breath away; / and they stared first at
이것을 보고 네 사람은 숨도 못 쉬었다; 그리고 먼저 테이블을 훑어보고

the table / and then at their mother, / who looked as if she
그리고 나서 엄마를 보았다, 아주 재미있어 하고 계시는.

enjoyed it immensely.

"Is it fairies?" / asked Amy.
"요정이 한 거예요?" 에이미가 물었다.

"It's Santa Claus," / said Beth.
"산타클로스야," 베스가 말했다.

"Mother did it." And Meg smiled her sweetest, / in spite of
"엄마가 하신 거야." 메그는 가장 아름다운 미소를 지었다,

her gray beard and white eyebrows.
잿빛 수염과 흰 눈썹을 붙인 채로.

"Aunt March had a good fit / and sent the supper," / cried
"마치 숙모님이 상냥한 마음씨를 가지고 이것을 보내신 거야," 조가 외쳤다,

Jo, / with s sudden inspiration.
갑자기 짐작이 간다는 듯.

"All wrong. Old Mr. Laurence sent it," / replied Mrs.
"모두 틀렸어. 로렌스 씨가 보내 주셨단다," 마치 부인이 대답했다.

March.

"The Laurence boy's grandfather! What in the world /
"로렌스의 할아버지가! 도대체 무엇 때문에

put such a thing into his head? We don't know him!" /
이런 생각을 하셨을까? 우리는 그 분과 친하지도 않은데!"

exclaimed Meg.
메그가 큰 소리로 말했다.

"Hannah told / one of his servants / about your breakfast
"한나가 이야기했다는구나 그 집 가정부에게 너희들의 아침 식사에 대해서.

party. He is an odd old gentleman, / but that pleased him.
로렌스 씨가 좀 별난 분이긴 하지만, 그것에 감동하셨나 봐.

He knew my father years ago, / and he sent me a polite
그 분은 예전에 아버지와 알고 지내시기도 했지, 그리고 오후에 정중한 편지를 보내셔서,

note this afternoon, / saying he hoped / I would allow him
말씀하셨지 우정을 표현할 수 있도록 해 달

to express his friendly feeling / toward my children by
라고, 이것들을 우리 아이들에게 보내시는 것으로

sending them / a few trifles in honor of the day. I could
보잘 것 없지만 오늘을 축하하는 표시로. 난 거절할 수만

not refuse, / and so you have a little feast at night / to
은 없어서, 오늘 저녁은 이런 음식을 먹게 된 거란다 보상으로

make up / for the bread-and-milk breakfast."
빵과 우유만으로 한 아침 식사에 대한."

That boy pit it into his head, / I know he did! He's a
그 애가 생각해 냈을 거예요, 틀림없어요! 참 괜찮은 애예요,

capital fellow, / and I wish we could get acquainted. He
그 애와 알고 지내면 얼마나 좋을까.

looks as if he'd like to know us / but he's bashful, / and
그 아이도 우리와 친해지고 싶어하는 것 같은데 그는 수줍어하고,

Meg is so prim / she won't let me speak to him / when
메그는 새침하게 내가 말을 걸려 해도 안 된다고 했어요 우리가 길에서

we pass," / said Jo, / as the plates went round, / and the
만났을 때에도," 조가 말했다, 접시가 차례로 돌려지고 있는 동안,

ice began to melt / out of sight, / with ohs and ahs of
아이스크림은 녹아가고 있었다 눈 앞에서 사라져, '오'라든가 '아'라든가 하는 만족하는 탄성

satisfaction.
과 함께.

refuse ~을 거절하다 | feast 축제 | capital 훌륭한 | acquaint ~와 아는 사이다 | bashful 수줍어하는 | prim 새침한 | out of sight 보이지 않는 곳에, 먼 곳에 | capitally 훌륭하게 | walk off (화가 나서) 떠나다 | decidedly 분명하게

"You mean the people / who live in the big house next
"그 사람들 말씀이죠 이웃 큰 저택에 살고 있는,

door, / don't you?" / asked one of girls. "My mother
그렇죠?" 소녀들 중의 한 명이 물었다. "우리 엄마가 로렌스 할아버

knows old Mr. Laurence, / but says he's very proud /
지를 아시는데요, 자존심이 강하고,

and doesn't like to mix with his neighbors. He keeps
이웃들과 함께 어울리는 걸 싫어한대요. 손자를 내보내지도 않

his grandson shut up, / when he isn't riding / or walking
아요, 그가 말을 타거나 가정교사와 걸을 때

with his tutor, / and makes him study very hard. We
가 아니면, 그리고 공부를 엄청 시킨대요.

invited him to our party, / but he didn't com. Mother
그를 파티에 초대한 적이 있었는데, 오지 않았어요. 엄마는 그 애가 아주

says he's very nice, / though he never speaks to us girls."
착한 애라고 말해 줬어요, 여자애들하고는 결코 말하지 않지만."

"Our cat ran away once, / and he brought her back, / and
"우리 고양이가 한 번 도망쳤는데, 그 애가 잡아줘서 돌려줬어요,

we talked over the fence, / and were getting on capitally
그래서 울타리에 서서 얘길 나눴는데, 말이 잘 통했어요

/ — all about cricket, and so on — / when he saw Meg
— 크리켓에 대한 것이나, 그 밖의 것도 — 그 아이는 메그가 오는 걸 보고,

coming, / and walked off. I mean to know him some day,
그냥 가버렸어요. 언젠가 그 애와 친하게 지내고 싶고,

/ for he needs fun, I'm sure he does," / said Jo decidedly.
그 애도 오락거리가 필요하니까, 틀림없이 그렇다고 생각해요," 조는 확신하며 말했다.

"I like his manners, / and he looks like a little gentleman;
"점잖은 아이더구나, 마치 어린 신사 같았어;

/ so I've no objection / to your knowing him, / if a proper
반대하지 않는다 너희가 그 애와 친하게 지내는 걸, 만약 알맞은 기회

opportunity comes. He brought the flowers himself, / and
가 온다면 말이야. 그 애가 이 꽃을 직접 갖다 주었어,

I should have asked him in, / if I had been sure / what
들어오라고 청할 걸 그랬구나, 내가 알았더라면

was going on upstairs. He looked so wistful / as he went
너희들이 이층에서 하고 있는 것을. 아이는 쓸쓸해 보였어 돌아갈 때,

away, / hearing the frolic / and evidently having none of
떠들썩한 소리를 들으며 분명 자기에겐 그런 일이 아무것도 없기 때문일 거야."

his own."

"It's a mercy you didn't, Mother!" / laughed Jo, / looking
"그 앨 부르지 않은 건 참 다행이에요, 엄마!" 조가 웃었다,

at her boots. "But / we'll have another play sometime /
자기 구두를 보면서. "하지만 언젠가 우리가 연극을 보여 줄 수 있을 거예요

that he can see. Perhaps he'll help act. Wouldn't that be
그가 볼 수 있을 만한 것으로요. 그 아이에게도 배역을 줄래요. 그렇게 되면 얼마나 좋을까?"

jolly?"

Key Expression

mean

mean은 동사로 쓰일 때와 형용사로 쓰일 때 완전히 다른 의미로 사용됩니다.
동사 mean은 '~라는 의미이다, ~을 뜻하다'라는 의미가 되지만, 형용사로 쓰일 경우에는 '인색한, 심술궂은'이라는 뜻으로 사용된답니다.

ex) I mean that I want to go there. 내 말은 거기 가고 싶다는 거야.
The mean boy is always teasing the girls.
저 심술궂은 남자 아이는 여자 아이들을 항상 괴롭힌다.

wistful 애석해 하는 | evidently 분명히 | jolly 즐거운, 기분 좋은 | nestle 따뜻이 앉다

"I never had such a fine bouquet before! How pretty it
"난 이런 아름다운 꽃다발을 본 적이 없어! 정말 아름다워!"

is!" And Meg examined her flowers / with great interest.
메그는 꽃다발을 찬찬히 보았다 큰 흥미를 가지고.

"They are lovely! But Beth's roses are sweeter / to me,"
"정말 아름다워! 하지만 베스의 장미가 더 좋구나 엄마에게는,"

/ said Mrs. March, / smelling the half-dead posy / in her
마치 부인이 말했다 반쯤 시들어가는 꽃향기를 맡았다 벨트에 꽂은.

belt.

Beth nestled up to her, / and whispered softly, / "I wish I
베스는 그녀에게 몸을 바짝 붙이고, 작은 소리로 살며시,

could send my bunch to Father. I'm afraid he isn't having
"내 꽃다발을 아버지에 보낼 수 있으면 좋겠어요. 아버지는 갖지 못하실 텐데

/ such a merry Christmas / as we are."
이런 즐거운 크리스마스를 말이에요 우리처럼."

mini test 1

A. 다음 문장을 해석해 보세요.

(1) I shall keep my book on the table here and read a little every morning as soon as I wake.
→

(2) That's loving our neighbor better than ourselves, and I like it.
→

(3) Not far away from here lies a poor woman with a little newborn baby.
→

(4) A dozen girls piled onto the bed which was the dress cirle, and sat before the blue and yellow chintz curtains in a most flattering state of expectancy.
→

B. 다음 주어진 문장이 되도록 빈칸에 써 넣으세요.

(1) "어디 갔었니, <u>네 뒤에</u> 숨기는 건 뭐야?"

"Where have you been, and what are you hiding ________?"

(2) 어떤 불쌍한 사람이 무엇을 얻으러 왔는데, 어머니께서 무엇이 필요한지 알아본다고 <u>곧장 나가셨어요</u>.

Some poor creeter come a-beggin', and your ma went ________ ________ to see what was needed.

(3) <u>얼마쯤 지나자</u> 정말 마음씨 착한 요정들이 거기서 일하고 있는 것처럼 생각되었다.

________ it really did seem as if kind spirits had been at work there.

(4) 빵과 우유로 아침 식사를 하고, 저녁 식사 때 <u>맛있는 것을 먹기로 하자</u>.

We will have bread and milk for breakfast, and ________ at dinnertime.

A. (1) 난 여기 테이블 위에 내 책을 두고 매일 아침 일어나자마자 조금씩 읽을 거야. (2) 이게 바로 내 자신보다도 우리 이웃을 사랑하는 거야. 그리고 난 정말 좋았어. (3) 여기서 그리 멀지 않은 곳에 갓난아기가 있는 한 불쌍한 여인이 있어. (4) 고급 관람석으로 지정된 침대 위에 12명의 소녀들이, 푸른색과 노란

C. 다음 주어진 문구가 알맞은 문장이 되도록 순서를 맞춰 보세요.

(1) 크리스마스 아침의 동이 틀 무렵에 제일 일어난 것은 조였다.
(in the gray dawn / Jo was / of Christmas morning / the first to wake)
→

(2) 어려운 단어는 내가 가르쳐 줄게. 우리 둘 다 이해하지 못하면 언니들이 설명해 줄 거야.
(if we don't understand / with the hard words, / I'll help you / and they'll explain things)
→

(3) 조금 전에 에이미가 가지고 갔어. 거기에 리본을 달고, 하고 싶은 말을 써 넣겠다고 말이야.
(a minute ago, / to put a ribbon on it, / and went off with it / She took it out / or some such notion)
→

(4) 내 꽃다발을 아버지에 보낼 수 있으면 좋겠어요.
(I could send/ my bunch/ I wish/ to Father)
→

D. 의미가 어울리는 것끼리 연결해 보세요.

(1) draw out	▶	◀	① make ashamed or embarrassed
(2) abash	▶	◀	② to permit; allow
(3) huddle	▶	◀	③ to move in a particular direction
(4) admit	▶	◀	④ to gather or crowd together in a close mass

색의 커튼 앞에 몹시 고대하는 듯한 태도로 앉아 있었다. | B. (1) behind you (2) straight off (3) In a few minutes (4) make it up | C. (1) Jo was the first to wake in the gray dawn of Christmas morning. (2) I'll help you with the hard words, and they'll explain things if we don't understand. (3) She took it out a minute ago, and went off with it to put a ribbon on it, or some such notion. (4) I wish I could send my bunch to Father. | D. (1) ③ (2) ① (3) ④ (4) ②

2

The Laurence boy
로렌스가의 소년

"Jo! Jo! Where are you?" / cried Meg / at the foot of the
"조! 조! 어디 있어?" 메그가 불렀다 다락방의 계단 밑에서.

garret stairs.

"Here!" / answered a husky voice / from above, / and,
"여기야!" 쉰 목소리로 대답했다 위쪽에서,

running up, / Meg found / her sister eating apples / and
뛰어올라가 보니, 메그는 발견했다 동생이 사과를 먹으면서

crying over the Heir of Redclyffe, / wrapped up in a
〈레드클리프의 상속인〉을 보며 울고 있는 모습을, 이불을 두르고

comforter / on an old three-legged sofa / by the sunny
낡은 삼각소파에 앉아서 양지바른 창가에 놓인.

window. This was Jo's favorite refuge; / and here she
이것은 조가 가장 좋아하는 은신처였다; 이곳에 틀어박혀 있기를 좋아

loved to retire / with half a dozen russets / and a nice
한다 빨간 사과 여섯 개와 재미있는 책 한 권을 갖고,

book, / to enjoy the quiet / and the society of a pet rat /
조용한 휴식을 즐기거나 생쥐와의 생활을

who lived near by / and didn't mind her a particle. As Meg
근처에 살며 조를 전혀 신경 쓰지 않는. 메그가 들어

appeared, / Scrabble whisked / into his hole. Jo shook the
오자, 생쥐 스크래블은 잽싸게 들어갔다 구멍으로. 조는 뺨에 흐르는 눈물

tears off her cheeks / and waited to hear the news.
을 닦고 무슨 일인지 들으려고 기다렸다.

"Such fun! Only see! A regular note of invitation / from
"좋은 소식이야! 이것 좀 봐! 정식 초대장이 왔어

Mrs. Gardiner / for tomorrow night!" / cried Meg, /
가드너 부인으로부터 내일 저녁에!" 메그는 소리쳤다,

waving the precious paper / and then proceeding to read it
초대장을 흔들면서 그리고 읽기 시작했다

/ with girlish delight.
소녀다운 흥분을 감추지 못하고.

"'Mrs. Gardiner would be happy / to see Miss March and
"'영광이겠습니다 마치 양과 조세핀 양이 와 준다면

Miss Josephine / at a little dance / on New Year's Eve.'
작은 댄스 파티에 섣달 그믐날.'

Marmee is willing we should go, / now what shall we wear?"
엄마는 가도 좋다고 하셨어, 뭘 입고 가야 할까?"

"What's the use of asking that, / when you know / we
"그런 거 물어도 소용 없지, 알잖아

shall wear our poplins, / because we haven't got anything
우린 포플린 옷을 입게 될 걸, 다른 것이 없으니까?"

else?" / answered Jo / with her mouth full.
조가 대답했다 한입 가득 문 채.

"If I only had a silk!" / sighed Meg. "Mother says / I
"실크 드레스가 있으면 좋을 텐데!" 메그는 한숨 쉬었다. "엄마는 말씀하셨어 내가 가져도

may / when I'm eighteen perhaps, / but two years is an
된다고 열 여덟 살이 되면, 하지만 2년은 너무 긴 시간이야

everlasting time / to wait."
기다리기에."

Key Expression

수단이나 도구를 나타내는 전치사

▶ with는 뒤에 사용되는 도구가 따라 옵니다.

ex) Eat it with a fork. 포크로 먹어라.

▶ by는 어떠한 일을 수행하는 방법이나 수단을 나타냅니다.

ex) He went to Paris by train. 그는 기차로 파리에 갔다.

garret 다락방 | heir 상속인 | comforter 털실 목도리, (두툼한) 이불 | refuge 피난처, 은신처 | retire 물러나다 | particle 미량, 극소량 | whisk 잽싸게 움직이다 | precious 값비싼, 귀중한 | proceed ~로 나아가다, 이르다 | girlish 소녀(시절)의, 소녀다운 | delight 기쁨, 낙 | everlasting 불후의, 계속되는

"I'm sure our pops look like silk, / and they are nice
"우리 포플린 드레스도 실크 드레스처럼 보일 거야, 그거면 우리에게 충분하지.

enough for us. Yours is as good as new, / but I forgot the
언니 것은 아주 새 것처럼 보여, 하지만 난 태우고 찢어졌다

burn and the tear / in mine. Whatever shall I do? The
는 걸 잊었네 내 것은. 뭐라도 할 수 있을까?

burn shows badly, / and I can't take any out."
태운 자리가 흉할텐데, 그렇다고 없앨 수도 없고."

"You must sit still / all you can / and keep your back out
"반드시 앉아 있어야 해 할 수 있는 한 뒤를 보이지 않도록 하는 거지;

of sight; / the front is all right. I shall have a new ribbon
앞쪽은 괜찮으니까. 난 머리에 새 리본을 달겠어,

for my hair, / and Marmee will lend me / her little pearl
그리고 엄마가 빌려 주신댔어 작은 진주핀을,

pin, / and my new slippers are lovely, / and my gloves
새 신발은 예쁘고, 장갑도 괜찮을 거야,

will do, / though they aren't as nice as I'd like."
내 마음에 썩 들진 않지만."

"Mine are spoiled with lemonade, / and I can't get any
"내 것은 레몬에이드 얼룩이 있고, 그래도 새 것을 살 수 없어,

new ones, / so I shall have to go without," / said Jo, / who
장갑을 끼지 않고 갈까 봐," 조가 말했다,

never troubled herself much about dress.
드레스에 절대 신경 쓰지 않는.

"You must have gloves, / or I won't go," / cried Meg /
"장갑은 반드시 껴야 해, 아니면 난 가지 않을래," 메그는 울 듯이 말했다

Key Expression

must & have to

must는 반드시 해야만 하는 것을 나타낼 때 쓰이는데, 강한 의무 혹은 필요성을 뜻하죠. have to도 이와 비슷하지만, must보다는 약한 표현으로 쓰일 수 있습니다. (의무)

ex) I don't have to work. 난 일하러 갈 필요가 없어.
I must not work. 난 일하지 말아야 해.

spoil ~을 망쳐놓다, 손상하다

decidedly. "Gloves are more important / than anything else; /
단호하게. "장갑이 가장 중요해 다른 무엇보다도;

you can't dance without them, / and if you don't / I should be
그거 없인 춤을 출 수 없고, 만약 네가 춤출 수 없다면

so mortified."
난 너무 창피할 거야."

"Then I'll stay still. I don't much care / for company dancing.
"그럼 난 집에 있을래. 난 관심 없어 댄스 파티에.

It's no fun / to go sailing round. I like to fly about and cut
재미없어 빙빙 돌아가는 것은. 나는 방방 뛰고 노는 게 좋아."

capers."

"You can't ask Mother / for new ones, / they are so expensive,
"엄마에게 조를 수도 없고 새 걸 사 달라고, 너무 비싸서 말이야,

/ and you are so careless. She said / when you spoiled the
그리고 넌 너무 덜렁거려. 엄마가 말씀하셨잖아 그런 것을 못쓰게 만들면

others / that she shouldn't get you any more / this winter.
다시 사 줄 수 없다고 올 겨울에는.

Can't you make them do?" / asked Meg anxiously.
어떻게 방법이 없을까?" 메그가 걱정스러운 듯 물었다.

"I can hold them / crumpled up in my hand, / so no one will
"쥐고 있을 수 있어 손안에 꾸깃꾸깃하게, 아무도 모를 거야

know / how stained they are; / that's all I can do. No! I'll tell
그게 얼마나 얼룩져 있는지 말이야; 그 방법 뿐이야. 아니! 방법이 있어

you / how we can manage — each wear one good / and carry
어떻게 우리가 할 수 있는지 — 각각 한 짝씩 좋은 것을 끼고 다른 손에 나쁜

a bad one. Don't you see?"
것을 쥐는 거야. 알겠어?"

"Your hands are bigger than mine, / and you will stretch
"네 손이 내 손보다 크잖아, 넌 내 장갑을 늘릴 거야

my glove / dreadfully," / began Meg, / whose gloves were a
굉장히," 메그가 말했다, 그녀의 장갑은 민감한 부분이었다

tender point / with her.
그녀에게.

mortify ~에게 굴욕감을 주다 | caper 까불며 뛰어다니기 | anxiously 걱정하여, 염려스럽게 | crumple ~을 구기다 | stain 얼룩 | stretch 늘이다 | dreadfully 몹시, 지독하게

"Then I'll go without. I don't care / what people say!" /
"그럼 난 장갑 없이 갈 거야. 난 상관없어 사람들이 뭐라 하든!"

cried Jo, / taking up her book.
조는 외쳤다, 책을 집어 들면서.

"You may have it, you may! Only don't stain it, / and do
"네가 하나 써, 너도 해! 절대 더럽히지만 마,

behave nicely. Don't put your hands behind you, / or stare,
그리고 얌전히 행동해. 뒷짐을 지거나, 뚫어져라 보거나,

/ or say 'Christopher Columbus!' / will you?"
'크리스토퍼 콜럼버스'라고 말하면 안 돼! 그럴 거지?

"Don't worry about me. I'll be as prim as I can / and not
"내 걱정은 하지 마. 내가 할 수 있는 한 얌전히 있을게

get into any scrapes, / if I can help it. Now go and answer
실수하지 않도록, 내가 도울 수 있다면 말이야.

your note, / and let me finish this splendid story."
그러니 가서 답장을 써, 난 이 훌륭한 이야기를 끝낼 테니까."

So Meg went away / to "accept with thanks," / look over
그래서 메그는 나갔다 "감사히 수락하겠다"는 답장을 쓰기 위해, 드레스를 꺼내 보고,

her dress, / and sing blithely / as she did up / her one real
행복하게 노래했다 옷을 고치면서 그녀의 하나 뿐인 진짜

lace frill, / while Jo finished her story, / her four apples, /
레이스를 붙여, 그 동안 조는 독서를 끝내고, 사과 네 개를 먹고,

and had a game of romps with Scrabble.
스크래블과 게임을 하며 즐겁게 뛰어 놀았다.

On New Year's Eve / the parlor was deserted, / for the two
섣달 그믐날 응접실은 비어 있었다,

younger girls played dressing maids / and the two elder
왜냐하면 두 여동생은 언니들 시중을 들고 두 언니는 열중해 있었기 때문이다

were absorbed / in the all-important business / of "getting
중대한 일에 "파티에 가기 위한

ready for the party." Simple as the toilets were, / there
준비"라는. 몸단장은 수수했지만,

was a great deal of running up and down, / laughing and
여러 번 오르락내리락 하며, 웃고 떠들었는데,

scrape 곤경 | blithely 분별없게 | frill 주름장식 | romp 까불며 뛰놀다 | absorb ~을 몰두시키다

talking, / and at one time / a strong smell of burned hair
그러던 중 머리카락 타는 냄새가 진동했다

pervaded / the house. Meg wanted / a few curls about her
집안에. 메그가 원해서 머리를 좀 늘어뜨리고 싶다고,

face, / and Jo undertook / to pinch the papered locks / with
조가 맡아서 종이로 만 머리를 끼운 상태였다

a pair of hot tongs.
뜨거운 집게 한 쌍에.

"Ought they to smoke like that?" / asked Beth / from her
"이렇게 연기가 나도 괜찮을까?" 베스가 물었다

perch on the bed.
침대 위에 앉아 있던.

"It's the dampness drying," / replied Jo.
"젖은 것이 마르는 중이야." 조가 대답했다.

"What a queer smell! It's like burned feathers," / observed
"이 이상한 냄새는 뭐지! 마치 깃털이 타는 것 같아," 에이미는 말했다,

Amy, / smoothing her own pretty curls / with a superior air.
자신의 아름다운 고수머리를 만지며 뽐내듯이.

"There, now I'll take off the papers / and you'll see a cloud
"자, 이제 종이를 벗기고 나면 예쁜 고수머리를 볼 수 있을 거야,"

of little ringlets," / said Jo, / putting down the tongs.
조가 말했다, 집게를 내려놓으면서.

Key Expression

can & could & could have

▶ can은 '~할 수 있다'라는 뜻으로 능력을 나타냅니다.

ex) I can play piano. 나는 피아노를 잘 칠 수 있다.

▶ could는 can의 과거형이지만, 추측이나 가정에 쓰이는 경우가 많습니다.

ex) I could go there. 난 거기에 갈 수 있을 거야.

▶ could have는 가능했지만 할 수 없었음을 나타내는 경우에 쓰입니다.

ex) I could have won the race. 경주를 이길 수 있었는데.

pervade ~에 널리 퍼지다 | undertake (책임을 맡아서) 착수하다 | pinch 끼워서 조이다 | tongs 집게, (머리카락 컬 용의) 인두 | feather 깃 | smoothing 다듬질 | ringlet 고수머리

She did take off the papers, / but no cloud of ringlets
그녀는 종이를 벗겼다, 하지만 고수머리는 나타나지 않았고,

appeared, / for the hair came / with the papers, / and the
머리카락이 떨어졌다 종이와 함께,

horrified hairdresser laid / a row of little scorched bundles
이 겁에 질린 미용사는 내려놓았다 한 줌의 그슬린 꾸러미를

/ on the bureau before her victim.
희생자 앞에 놓인 화장대 위에.

"Oh, oh, oh! What have you done? I'm spoiled! I can't
"어머, 어머, 어머! 무슨 짓을 한 거니? 난 망했네! 갈 수 없잖아!

go! My hair, oh, my hair!" / wailed Meg, / looking with
내 머리, 에휴, 내 머리!" 메그는 울먹였다, 절망적으로 바라보며

despair / at the uneven frizzle / on her forehead.
까칠하게 그슬려버린 머리를 이마 언저리의.

"Just my luck! You shouldn't have asked me to do it. I
"내가 이렇지 뭐! 내게 부탁하지 말았어야 해.

always spoil everything. I'm so sorry, / but the tongs were
난 항상 모든 걸 망친단 말이야. 미안해, 그 집게가 너무 뜨거워서,

too hot, / and so I've made a mess," / groaned poor Jo, /
이렇게 망쳐버렸나 봐," 불쌍한 조가 힘없이 말했다,

regarding the black pancakes / with tears of regret.
그 탄 머리에 대해서 후회의 눈물을 보이며.

"It isn't spoiled; just frizzle it, / and tie your ribbon / so
"망친 건 아니야; 약간 곱슬곱슬해진 것 뿐이야, 리본을 달아서

the ends come on your forehead a bit, / and it will look /
그 끝이 이마 위로 오도록 하면, 보일 거야

like the last fashion. I've seen / many girls do it so," / said
최신 유행처럼. 봤거든 많은 여자애들이 그렇게 하고 있는 걸,"

Amy consolingly.
에이미가 위로하듯 말했다.

"Serves me / right for trying to be fine. I wish I'd let my
"벌 받았어 어설프게 멋부리려다가 말이야. 머리는 놔두면 좋았을 걸."

hair alone," / cried Meg petulantly.
메그가 성을 내며 소리쳤다.

horrify ~에게 큰 충격을 주다 | hairdresser 미용사 | scorch ~을 그슬리다 | despair 절망, 낙담 | uneven 까칠까칠한 | frizzle 지진 머리 | groan 신음하다, 끙끙거리다 | consolingly 위로하듯이 | petulantly (사소한 일에) 안달하게

"So do I, / it was so smooth and pretty. But it will soon
"나도 그렇게 생각해, 그것도 꽤 매끄럽고 멋있었는데. 하지만 금새 다시 자랄 거야."

grow out again," / said Beth, / coming to kiss and comfort /
베스가 말했다, 다가와 입맞추고 위로하면서

the shorn sheep.
그 털 깎인 양에게.

After various lesser mishaps, / Meg was finished at last,
몇 가지 사소한 사고가 있고 나서야, 마침내 메그의 치장도 끝나고,

/ and by the united exertions of the family / Jo's hair was
다시 온 집안 식구가 총출동해서 조의 머리를 매만지고

got up / and her dress on. They looked very well / in their
옷 입히기를 끝마쳤다. 그녀들은 예뻐 보였다

simple suits — Meg in silvery drab, / with a blue velvet
소박한 차림으로도 — 메그는 은빛의 단조로운 드레스에, 푸른 색 벨벳 리본을 메고,

snood, / lace frills, and the pearl pin; / Jo in maroon,
레이스 주름 장식과, 진주핀을 꽂았다; 조는 밤색 옷에,

/ with a stiff, gentlemanly linen collar, / and a white
빳빳한, 남성복 같은 린넨 칼라에,

chrysanthemum or two / for her only ornament. Each put on
한두 송이의 흰 국화 뿐이었다 유일한 장식으로는.

one nice light glove, / and carried one soiled one, / and all
각각 좋은 장갑을 한 짝씩 끼고, 더러워진 것을 손에 들었는데,

pronounced / the effect "quite easy and fine." Meg's high-
모두들 말했다 "간단하면서도 멋진 생각"이라고.

heeled slippers were very tight / and hurt her, / though she
메그는 하이힐 무도화가 너무 꽉 껴서 발이 아팠다, 입 밖으로 내진 않았

would not own it, / and Jo's nineteen hairpins all seemed
지만, 그리고 조는 19개의 헤어핀이 찔러대서

stuck straight / into her head, / which was not exactly
그녀의 머리를, 별로 기분이 좋지 않았다;

comfortable; / but, dear me, / let us be elegant or die!
그러나, 어쨌든, 우아하지 못하다면 차라리 죽음을 달라!

shorn 깎아낸 | mishap 불행한 일, 재난 | exertion 노력 | drab 단조로운 | snood (여성이 뒷머리 장식으로 씌우는) 머리 망 | maroon 밤색

"Have a good time, dearies!" / said Mrs. March, / as the
"좋은 시간 보내고 오렴, 얘들아!" 마치 부인이 말했다,

sisters went daintily down the walk. "Don't eat much
그 자매들이 우아하게 나설 때. "너무 많이 먹지 말고,

supper, / and come away at eleven / when I send Hannah
11시까지는 돌아오도록 하렴 한나를 보낼 때."

for you." As the gate clashed / behind them, / a voice cried
출입문이 쾅하고 닫히고 그녀들 뒤에서, 창문에서 큰 소리가 났

from a window —
다 —

"Girls, girls! Have you both tot nice pocket handkerchiefs?"
"얘들아, 얘들아! 둘 다 작고 예쁜 손수건을 가져 가니?"

"Yes, yes, spandy nice, / and Meg has cologne on hers,"
"네, 네, 아주 좋은 거예요, 메그는 향수까지 뿌렸어요."

/ cried Jo, / adding with a laugh / as they went on, / "I do
조가 큰 소리로 대답하고, 웃음지으며 걸어나가는 동안,

believe Marmee would ask / that if we were all running
"엄마는 물어 볼 것이 분명해 우리가 도망가더라도 말이야

away / from an earthquake."
지진으로."

Key Expression

다양한 꽃 이름에 대해 알아보아요!

rose of Sharon 무궁화 cherry blossoms 벚꽃 iris 붓꽃
forsythia 개나리 azaleas 진달래 orchid 난초
dandelion 민들레 lilly 백합 tulip 튤립 violet 제비꽃

daintily 우아하게 | spandy 완전히, 아주

"It is one of her aristocratic tastes, / and quite proper, /
"그게 엄마의 귀족적 취향 중 하나겠야, 아주 맞는 말이지,

for a real lady is always know / by neat boots, gloves, and
왜냐하면 진짜 숙녀는 반드시 알아보거든 깨끗한 구두와, 장갑, 그리고 손수건으로 말이야,"

handkerchief," / replied Meg, / who had a good many little
메그가 대답했다, 자신도 여러 가지 작은 "귀족적 취미"를 가지고

"aristocratic tastes" of her own.
있는.

"Now don't forget to keep / the bad breadth out of sight, Jo.
"이제 잊지 않도록 해 탄 자국이 보이지 않게 말이야, 조.

Is my sash right? And does my hair look very bad?" / said
내 장식띠 괜찮아? 내 머리 우습게 보이니? 메그가

Meg, / as she turned from the glass / in Mrs. Gardiner's
말했다, 거울 앞에서 돌아보며 가디너 부인의 탈의실 안에서

dressing room / after a prolonged prink.
한참 동안 옷맵시를 점검한 후에.

"I know I shall forget. If you see me doing anything wrong,
"난 틀림 없이 잊어 버릴 거야. 만약 내가 뭔가 실수하는 걸 본다면,

/ just remind me by a wink, / will you?" / returned Jo, /
윙크로 알려 줘, 알겠지?" 조가 대답했다,

giving her collar a twitch / and her head a hasty brush.
칼라를 매만지고 머리를 급히 빗으면서.

"No, / winking isn't ladylike. I'll lift my eyebrows / if
"안 돼, 윙크는 숙녀답지 못 해. 내가 눈썹을 치켜 올릴게

anything is wrong, / and nod / if you are all right. Now hold
만약 뭔가 이상하다면 말이야, 그리고 끄덕일게 모든 게 괜찮다면 말이야.

your shoulders straight, / and take short steps, / and don't
자 이제 어깨를 펴고, 잔 걸음으로 걸어봐, 그리고 악수는 하지 마

shake hands / if you are introduced to anyone: it isn't the
만약 누군가를 소개받아도 말이야; 예의가 아니거든."

thing."

"How do you learn / all the proper ways? I never can. Isn't
"어떻게 배웠어 그런 모든 예절들을?" 난 도저히 할 수 없을 거야.

that music gay?"
저 음악 즐겁지 않아?"

Down they went, / feeling a trifle timid, / for they seldom
그들은 걸어 내려갔다, 약간 두려움을 느끼면서, 좀처럼 파티는 가 보지 않았기

went to parties, / and, informal as this little gathering
때문에, 비공식적인 모임이었지만,

was, / it was an event to them. Mrs. Gardiner, / a stately
그들에겐 대단한 일이었다 가드너 부인은, 깐깐한 노부인인,

old lady, / greeted them kindly / and handed them over /
다정하게 그들을 맞아 두 사람을 맡겼다

to the eldest of her six daughters. Meg knew Sallie / and
여섯 딸 중 제일 큰 딸에게. 메그는 샐리를 알고 있어서

was at her ease very soon, / but Jo, / who didn't care much
곧 마음이 편해졌다, 하지만 조는, 소녀들이나 시시한 얘기에 흥미가 없었

for girls or girlish gossip, / stood about, / with her back
기에, 서 있었다, 조심스럽게 벽에 기댄 채,

carefully against the wall, / and felt as much out of place /
어울리지 않는다고 느꼈다

as a colt in a flower garden. Half a dozen jovial lads / were
꽃밭에 있는 망아지처럼. 대여섯 명의 쾌활한 사내 아이들이 스케이트

talking about skates / in another part of the room, / and she
에 대해 이야기를 하고 있었다 방의 저쪽에서,

longed to go / and join them, / for skating was one of the
조도 그곳에 가서 어울리고 싶었다, 스케이트는 좋아하는 것 중 하나이기 때문에

joys / of her life. She telegraphed her wish to Meg, / but the
그녀의 삶에서. 그녀는 메그에게 바람을 드러냈지만,

eyebrows went up so alarmingly / that she dared not stir.
눈썹이 놀랄 만큼 치켜 올라가는 것을 보고 감히 꼼짝할 수 없었다.

Key Expression

shall

shall의 뜻은 주어의 인칭과 문장의 형태에 따라 뜻이 달라져요.
▶ I shall : 나는 ~하게 될 것이다
▶ Your shall : 나는 네가 ~하도록 만들겠다
의문문으로 쓰일 때, shall we는 '우리 ~할까요?'로, Let's 의 뜻으로 생각하면 됩니다. 다음과 같은 경우에는, 'okay?'라는 뜻으로 해석됩니다.

ex) Let's go, shall we? 가자, 그럴래?

aristocratic 귀족의, 귀족적인 | sash (여성용) 장식띠 | prolonged 질질 끄는 | prink ~을 치장하다 | trifle 시시한 것 | colt 망아지, 당나귀 새끼 | lad 젊은이 | telegraph (몸짓, 눈짓 따위로) ~을 신호하다 | alarmingly 놀랄 만큼

No one came to talk to her, / and one by one / the group
아무도 조에게 이야기하러 오지 않았고, 한 사람씩 가까이 있던 무리도 줄어

near her dwindled away / till she was left alone. She could
들어, 끝내 혼자 남게 되었다.

not roam about / and amuse herself, / for the burned breadth
서성거릴 수도 없고 스스로 즐길 수도 없었다, 옷이 탄 게 보일까 봐,

would show, / so she stared at people / rather forlornly / till
그래서 사람들을 바라볼 수밖에 없었다 그저 쓸쓸하게

the dancing began. Meg was asked / at once, / and the tight
춤이 시작될 때까지. 메그는 춤 신청을 받았고 곧,

slippers tripped about / so briskly / that none would have
꽉 끼는 구두에 실수했지만 활발하게 움직여서 어느 누구도 알지 못했다

guessed / the pain their wearer suffered smilingly. Jo saw a
아픔을 꾹 참고 미소 짓고 있는 줄은.

big redheaded youth / approaching her corner, / and fearing
조는 빨간 머리의 청년을 보고 자기가 있는 구석으로 오는,

he meant to engage her, / she slipped / into a curtained
그가 자신에게 청할까 겁이 나서, 들어갔다 커튼이 쳐져 있는 구석진 곳으로,

recess, / intending to peep and enjoy herself / in peace.
훔쳐보며 즐길 작정으로 한가로이.

Unfortunately, / another bashful person / had chosen the
공교롭게도, 또 다른 내성적인 사람이 같은 피난처를 선택했고,

same refuge, / for as the curtain fell / behind her, / she found
커튼을 내린 순간 그녀 뒤의, 조와 정면으로 맞

herself face to face / with the "Laurence boy."
닥뜨린 사람은 "로렌스 가의 소년"이었다.

"Dear me, / I didn't know anyone was here!" / stammered Jo,
"이런, 누가 여기 있는 줄 몰랐어요!" 조는 더듬었다,

/ preparing to back out as speedily / as she had bounced in.
재빨리 밖으로 나가려고 하면서 그곳으로 뛰어들어 왔을 때와 같이.

But the boy laughed / and said pleasantly, / though he looked
하지만 소년은 미소 지으며 붙임성 있게 말했다, 조금 놀란 모습이었지만,

a little startled, / "Don't mine me, / stay / if you like."
"신경 쓰지 마세요, 있어요 괜찮다면."

dwindle 감소되다 | amuse ~을 즐겁게 하다 | forlornly 쓸쓸히 | briskly 활발하게 | recess 구석진 곳 | peep 엿보다, 몰래 훔쳐보다 | stammer 말을 더듬다 | speedily 급히, 신속히

"Shan't I disturb you?"
"방해가 되지 않아요?"

"Not a bit. I only came here / because I don't know many
"천만에요. 여기 들어와 있는 것 뿐이에요 아는 사람도 적고

people / and felt rather strange at first, / you know."
처음이라 좀 서먹했기 때문이에요, 알다시피."

"So did I. Don't go away, please, / unless you'd rather."
"나도 그래요. 가지 말아요, 제발, 싫지 않다면 말이죠."

The boy sat down again / and looked at his pumps, / till
소년은 다시 앉아 자기 댄스화를 내려다 보았다, 조가 말하

Jo said, / trying to be polite and easy, / "I think / I've had
기 전까지, 정중하고 싹싹하게, "내 생각에

the pleasure of seeing you before. You live near us,/ don't
당신을 전에 한 번 본 적이 있어요. 우리 집 가까이 살잖아요, 그렇죠?"

you?

"Next door." And he looked up / and laughed outright,
"옆집이요." 그리고 얼굴을 들어보더니 웃음을 터뜨렸다,

/ for Jo's prim manner was rather funny / when he
조의 격식 차린 모습이 우스웠기 때문이다 기억이 떠오르자

remembered / how they had chatted / about cricket / when
그들이 어떻게 이야기를 했던 것을 크리켓에 관해

he brought the cat home.
자신이 고양이를 가져다 주었을 때.

Key Expression

face to face with

'~와 정면으로 맞닥뜨린'이라는 뜻입니다.

ex) Stand face to face with person 서로 마주 서다
I've never met him face to face. 그를 직접 만난 적은 없어요.

pumps 펌프스(끈이나 걸쇠가 없는 가벼운 여성용 구두) | prim 까다로운, 새침한

That put Jo at her ease / and she laughed too, / as she said,
마음이 편해진 조도 같이 웃으며, 얘기했다.

/ in her heartiest way, / "We did have such a good time /
다정한 말투로, "우린 좋은 시간을 보냈어요

over your nice Christmas present."
당신의 멋진 선물들 덕분에요."

"Grandpa sent it."
"할아버지께서 보내셨어요."

"But you put it into his head, / didn't you, / now?"
"하지만 당신이 제안한 거 잖아요, 그렇죠, 네?"

"How is your cat, Miss March?" / asked the boy, / trying
"고양이는 어떻습니까, 마치 양?" 소년이 물었다, 진지하게 보이

to look sober / while his black eyes shone / with fun.
려고 노력했지만 그의 까만 눈은 빛나고 있었다 장난기로.

"Nicely, / thank you, Mr. Laurence; but I am not Miss
"잘 있어요, 고마워요, 로렌스 씨; 그런데 난 마치 양이 아니고,

March, / I'm only Jo," / returned the young lady.
그냥 조예요," 어린 숙녀는 되받아쳤다.

"I'm not Mr. Laurence, / I'm only Laurie."
"저도 로렌스 씨가 아니라, 그냥 로리라고 해요."

"Laurie Laurence — what an odd name!"
"로리 로렌스 — 특이한 이름이군요!"

"My first name is Theodore, / but I don't like it, / for
"원래 이름은 테오도르인데, 난 그게 싫어요,

the fellow called me Dora, / so I made them say Laurie
모두들 날 도라라고 부르기 때문에, 그래서 모두에게 로리라고 부르라고 했어요."

instead."

"I hate my name, too — so sentimental! I wish everyone
"나도 내 이름이 싫어요, 역시 — 너무 감상적이라서요! 모두들 조라고 말해 주면 좋

would say Jo / instead of Josephine. How did you make /
겠어요 조세핀 대신. 어떻게 했나요

the boys stop calling you Dora?"
모두가 도라라고 부르지 않도록요?"

"I thrashed'em."
"난 때렸어요."

"I can't thrash Aunt March, / so I suppose I shall have to
"난 마치 고모를 때릴 순 없는데, 그럼 난 참을 수밖에 없군요."

bear it." And Jo resigned herself / with a sigh.
조는 체념했다 한숨을 쉬며.

"Don't you like to dance, Miss Jo?" / asked Laurie, /
"춤추는 거 좋아하지 않나요, 조 양?" 로리가 물었다,

looking as if he thought the name suited her.
그녀의 이름이 잘 어울린다고 생각하는 것 같았다.

"I like it well enough / if there is plenty of room, / and
"좋아요 넓은 공간에서, 모두가 활

everyone is lively. In a place like this / I'm sure to upset
기 넘친다면 말이죠. 이런 곳에서는 뭔가 뒤집어 엎거나,

something, / tread on people's toes, / or do something
남의 발등을 밟거나, 끔찍한 일을 하게 될 거예요,

dreadful, / so I keep out of mischief / and let Meg sail
그래서 난 실수하지 않도록 하고 메그만 추고 있죠.

about. Don't you dance?"
당신은 춤을 추나요?"

"Sometimes. You see / I've been abroad a good many
"가끔은요. 있잖아요 난 오랫동안 외국에 있었어요,

years, / and haven't been into company enough yet / to
그래서 아직 사람들과 어울릴 기회가 없었기 때문에

know how you do things here."
어떻게 해야 하는 건지 잘 모르겠어요."

"Abroad!" / cried Jo. "Oh, tell me about it! I love dearly
"외국이라!" 조가 소리쳤다. "음, 그것에 대해 말해 주세요! 난 아주 듣는 걸 좋아해

to hear / people describe / their travels."
요 사람들이 표현하는 걸요 그들의 여행담을."

thrash (벌로써) ~을 세게 때리다 | resigned 체념한 | tread ~을 밟다

Laurie didn't seem to know / where to begin, / but Jo's
로리는 모르는 것 같았다 어디에서부터 시작해야 할지, 하지만 조의 열정적

eager questions / soon set him going, / and he told her /
인 질문은 곧 그가 계속하도록 만들었다, 이윽고 그가 말했다

how he had been / at school in Vevay, / where the boys
어떻게 지냈는가를 베베이 학교에서, 그곳의 남자애들은 절대 모자를

never wore hats / and had a fleet of boats on the lake, / and
안 쓰고 호수에 보트가 가득하며,

for holiday / fun went on walking trips about Switzerland /
휴일에 스위스로 도보 여행을 갔던 것 등을

with their teachers.
선생님들과 함께.

"Don't I wish I'd been there!" / cried Jo. "Did you go to
"나도 그곳에 가면 얼마나 좋을까!" 조가 말했다. "파리에 가 봤어요?"

Paris?"

"We spent last winter there."
"지난 겨울은 그곳에서 보냈어요."

"Can you talk French?"
"프랑스어 할 줄 알아요?"

"We were not allowed / to speak anything else / at Vevay."
"금지예요 프랑스어 외에 다른 말은 베베이에서는."

"Do say some! I can read it, / but can't pronounce."
"뭔가 말해보세요! 난 읽을 수는 있지만, 말은 못해요."

Key Expression

since & for

둘 다 우리말로 '~동안'이지만, since는 과거부터 현재까지 이어지는 계속이라는 의미가 내포되어 있고, for는 ~한 기간 동안의 의미를 나타내요.

ex) I have lived in London since 1984. 난 1984년부터 런던에서 살고 있다.
I have lived in Paris for ten years. 난 십 년 동안 파리에서 살고 있다.

"Quel nom a cette jeune demoiselle en les pantoufles jolis?"
"켈 농 아 세트 죈 드므아젤 엉 레 팡뚜플 졸리?"

/ said Laurie good-naturedly.
로리는 부드럽게 말했다.

"How nicely you do it! Let me see — you said, / 'Who is
"참 잘하시네요! 어디 보자 — 말한 건,

the young lady / in the pretty slippers,' / didn't you?"
'저 아가씨는 누구지 저 예쁜 구두를 신은,' 아닌가요?"

"Qui, mademoiselle."
"위, 마드모아젤."

fleet 강 어귀

"It's my sister Margaret, / and you knew it was! Do you
"우리 언니 마가렛이에요, 알고 있으면서!

think she is pretty?"
예쁘다고 생각해요?"

"Yes, / she makes me think / of the German girls, / she
"네, 그녀는 생각나게 해요 독일 소녀를,

looks so fresh / and quiet, / and dances like a lady."
생기 있어 보이고 얌전하고, 숙녀답게 춤을 추네요."

Jo quite glowed / with pleasure / at this boyish praise
조는 무척 상기되었다 기쁨으로 언니에 대한 이 소년다운 칭찬에,

of her sister, / and stored it up / to repeat to Meg. Both
그래서 잘 기억해 두었다 메그에게 전해 주려고.

peeped and criticized and chatted / till they felt like old
두 사람은 엿보며 비평도 하고 이야기도 나누면서 마치 오래 알고 지낸 이들처럼 느꼈다.

acquaintances. Laurie's bashfulness soon wore off, / for
로리의 수줍음도 곧 없어졌다,

Jo's gentlemanly demeanor amused / and set him at his
조의 신사 같은 태도가 재미있었고 그의 마음을 편하게 해 주었기 때

ease, / and Jo was her merry self again, / because her
문에, 조도 원래의 명랑한 성격으로 돌아갔다, 옷에 대한 것도 잊어버리고

dress was forgotten / and nobody lifted their eyebrows /
아무도 눈썹을 치켜 올리지 않았기 때문이다

at her. She liked the "Laurence boy" / better than ever /
그녀에게. 조는 "로렌스 가의 소년"이 좋아졌다 전보다 더

and took several good looks at him, / so that she might
그의 장점 몇 가지를 찾았다, 소년의 모습을 동생들에게 말해

describe him to the girls, / for they had no brothers,
주려고, 왜냐하면 그들은 남자 형제가 없었고,

/ very few male cousins, / and boys were / almost
남자 사촌들도 거의 없으므로, 사내 아이들은

unknown creatures / to them.
거의 낯선 존재였다 그녀들에게는.

"Curly black hair, brown skin, big black eyes, handsome
"곱슬거리는 까만 머리, 갈색 피부, 크고 까만 눈, 잘생긴 코, 고른 치아, 작은 손과 발,

store up ~을 묻어두다 | demeanor 행실, 몸가짐

nose, fine teeth, small hands and feet, / taller than I am,
나보다 크고,

/ very polite, / for a boy, / and altogether jolly. Wonder
매우 예의바르고, 소년치고는, 꽤 쾌활한 사람.

how old he is?"
도대체 몇 살일까?"

It was on the tip of Jo's tongue to ask, / but she checked
목구멍까지 나오는 질문들을 참으며, 스스로를 추스려서 생각했다.

herself / in time / and, with unusual tact, / tried to find
이윽고 색다른 방법으로, 알아보려고 시도했다

out / in a roundabout way.
빙빙 돌려서.

"I suppose / you are going to college soon? I see / you
"제 생각엔 곧 대학에 들어가시죠? 알아요

pegging away at your books — no, / I mean studying
책에만 콕 박혀 지낼 것 같아요 — 아니, 그러니까 열심히 하고 있다고요."

hard." And Jo blushed / at the dreadful "pegging" /
조는 부끄러웠다 창피하게 "콕 박혀 있다"라고 한 것이

which had escaped her.
갑자기 튀어나온.

Laurie smiled / but didn't seem shocked, / and answered
로리는 웃었지만 놀란 것 같진 않아 보였고, 어깨를 으쓱하며 대답했다.

with a shrug, / "Not for a year or two; I won't go / before
"1~2년 안에는 아니에요; 가지 않을 거니까 17살이 되

seventeen, / anyway."
기 전까지, 어차피."

Key Expression

until(till) / by

until은 어떤 정해진 시점까지 계속되는 동작을 강조한다면, by는 동작의 완료 시점을 나타내요.

ex) Can I stay here until tomorrow? 내일까지 머물러도 되나요?
Can you go there by tomorrow? 내일까지 거기 갈 수 있어요?

tact 약삭빠름, 재치 | roundabout (말, 방법 따위가) 우회적인, 간접적인, 완곡한 | peg ~을 나무못으로 고정시키다

"Aren't you but fifteen?" / asked Jo, / looking at the tall
"아직 15살인가요?" 조가 물었다, 키 큰 소년을 바라보면서,

lad, / whom she had imagined seventeen already.
틀림없이 열 일곱은 되었을 거라 생각했던.

"Sixteen, / next month."
"16살이 되요, 다음 달에."

"How I wish I was going to college! You don't look as if
"전 정말 대학에 가고 싶었는데! 당신은 별로 그렇게 좋아하는 것

liked it."
같지 않네요."

"I hate it! Nothing but grinding or skylarking. And I
"난 싫어요! 끝도 없이 계속되거나 모여들 뿐이죠. 그리고 난 싫어요

don't like / the way fellow do either, / in this country."
젊은 녀석들이 사는 방식이 이 나라도."

"What do you like?"
"뭐가 좋아요?"

"To live in Italy, / and to enjoy myself / in my own way."
"이태리에 살면서, 즐기는 것 내 방식대로요."

Jo wanted very much to ask / what his own way was, /
조는 굉장히 묻고 싶었다 그가 원하는 길이 무엇인지,

but his black brows looked rather threatening / as he knit
하지만 그의 검은 눈썹이 꽤 무서워 보였다 그가 눈을 찌푸

them, / so she changed the subject / by saying, / as her
리자, 화제를 바꾸었다, 뭔가 말함으로써,

foot kept time, / "That's a splendid polka! Why don't you
발로 박자를 맞추면서, "멋진 폴카네요! 춤추러 가지 그래요?"

go and try it?"

Key Expression

will

will은 말하는 시점에서 결심한 미래를 나타낼 때 사용하는 조동사입니다.
이미 해 둔 결심이나 약속에 대해서는 사용하지 않으니 주의하세요.

ex) I'll give it / to you / this afternoon. 이걸 줄게 / 네게 / 오늘 오후에.

grinding (속어) 공부벌레 | skylark (속어) 게으름을 피우다 | knit (눈살)을 찌푸리다 | polka 폴카(2박자의 경쾌한 춤) | gallant 용감한, 늠름한 | undecided 우유부단한 | frock (여성용) 드레스 | grandly 웅장하게, 화려하게

"If you will come too," / he answered, / with a gallant
"당신도 간다면," 그가 대답하며, 정중히 머리를 숙였다.

little bow.

"I can't; for I told Meg I wouldn't, / because — " There
"난 안 돼요; 메그에게 하지 않을 거라고 했거든, 왜냐하면 — "

Jo stopped. And looked undecided / whether to tell or to
조는 말을 멈추었다. 그리고 망설이는 것처럼 보였다 말을 해야 할지 웃어야 할지.

laugh.

"Because what?" / asked Laurie curiously.
"뭐 때문이에요?" 로리는 궁금한 듯 물었다.

"You won't tell?"
"아무에게도 말하지 않을 거죠?"

"Never!"
"절대로!"

"Well, I have a bad trick / of standing before the fire, /
"저기, 난 나쁜 버릇이 있어서 난로 앞에 서 있는,

and so I burn my frocks, / and I scorched this one, / and
그래서 드레스를 태워요, 이것도 그을렸어요,

though it's nicely mended, / it shows, / and Meg told me to
그럴듯하게 수선을 하긴 했지만, 자국이 보이죠, 그래서 메그가 꼼짝 말라고 했

keep still / so no one would see it. You may laugh, / if you
어요 누구도 보지 못하도록. 웃어도 되요,

want to. It is funny, / I know."
웃고 싶다면. 이거 웃기죠, 나도 알아요."

But Laurie didn't laugh; / he only looked down / a minute
그러나 로리는 웃지 않았다; 그저 눈을 아래로 떨구고

a minute, / and the expression of his face puzzled Jo /
잠시 동안, 그의 반응은 조를 헷갈리게 했다

when he said very gently, / "Never mind that; I'll tell you /
그 때 그가 매우 상냥하게 말했다, "그건 신경 쓰지 말아요; 말할 게 있는데

how we can manage: there's a long hall out there, / and we
우리가 할 수 있는 방법을: 저기에 긴 복도가 있는데,

can dance grandly, / and no one will see us. Please come."
마음껏 춤출 수 있어요, 게다가 아무도 우리를 보지 못할 거예요. 갑시다."

Jo thanked him / and gladly went, / wishing she had two
조는 고맙다고 하고 기꺼이 갔다, 자기도 좋은 장갑을 두 짝 다 꼈다면

neat gloves, / when she saw the nice, pearl-colored ones
좋았을 걸이라고 생각하며, 그녀가 예쁜, 진주 빛 장갑을 보았을 때

/ her partner wore. The hall was empty, / and they had a
파트너가 끼고 있는. 홀은 비어 있어서, 멋진 폴카를 출 수 있었다.

grand polka, / for Laurie danced well, / and taught her
로리는 정말 춤을 잘 추었기 때문에, 조에게 독일 스텝을 가르쳐

the German step, / which delighted Jo, / being full of
주었다, 그것은 조를 기쁘게 만들었다, 빙빙 돌기도 하고 뛰기도 하

swing and spring. When the music stopped, / they sat
면서. 음악이 끝나자,

down on the stairs / to get their breath, / and Laurie was
그들은 계단에 앉아 숨을 돌렸고, 로리는

/ in the midst of an account of a students' festival / at
학교 축제 이야기를 하던 중이었다

Heidelberg / when Meg appeared / in search of her sister.
하이델베르크의 메그가 나타났을 때 동생을 찾던.

She beckoned, / and Jo reluctantly followed her / into a
그녀가 손짓해 불렀고, 조는 마지못해 언니를 따라 갔다 옆방으로,

side room, / where she found her on a sofa, / holding her
거기에서 조는 소파에 있는 메그를 보았다, 발을 붙잡고,

foot, / and looking pale.
안색이 창백해 보이는.

"I've sprained my ankle. That stupid high heel turned
"발을 삐었어. 그 바보 같은 하이힐은 망가져서

/ and gave me a sad wrench. It aches so, / I can hardly
날 삐끗하게 했어. 너무 아파서, 거의 일어날 수 없어,

stand, / and I don't know / how I'm ever going to get
모르겠는데 어떻게 집에 돌아갈지,"

home," / she said, / rocking to and fro / in pain.
그녀가 말했다, 몸을 이리저리 흔들면서 고통으로.

"I knew / you'd hurt your feet / with those silly shoes.
"난 알았어 발이 아프게 될 줄 그런 싸구려 구두 때문에 말이야.

neat 정돈된, 단정한 | midst (~의) 중앙, 한가운데 | beckon (손짓, 몸짓으로) ~에게 신호하다 | reluctantly 마지못해, 싫어하여 | ankle 발목, 복사뼈 | wrench (심하게) ~을 비틀다 | to and fro 앞뒤로

I'm sorry. But I don't see / what you can do, / except get
안 됐네. 하지만 달리 방법이 없어, 할 수 있는 것은, 마차를 부르는 거나,

a carriage, / or stay here all night," / answered Jo, / softly
여기서 하룻밤 묵는 것 말고는 말이야." 조가 대답했다,

rubbing the poor ankle / as she spoke.
아픈 발목을 살살 쓰다듬으며 그녀가 말을 하는 동안.

"I can't have a carriage / without its costing ever so
"마차를 부를 수는 없어 돈을 많이 내지 않으면.

much. Ah, I dare say / I can't get one at all, / for most
아, 감히 말하건대 하나 구하기도 힘들 거야,

people come in their own, / and it's a long way to the
대부분 많은 사람들이 자기 것을 타고 왔으니, 마구간은 너무 멀고,

stable, / and no one to send."
보낼 사람도 없으니."

"I'll go."
"내가 갈게."

"No, indeed! It's past nine, / and dark as Egypt. I can't
"안 돼, 절대로! 9시가 넘어서, 이집트처럼 어둡잖아. 여기에 머무를

stop here, / for the house is full. Sallie has some girls
수도 없어, 왜냐하면 집이 꽉 찼거든. 샐리도 몇몇 소녀들과 함께 머물고 있어.

staying with her. I'll rest / till Hannah comes, / and then
쉬고 있을래 한나가 올 때까지,

do the best I can."
그리고 어떻게든 힘내서 돌아갈래."

Key Expression

접속사 though

though는 '비록 ~이긴 하지만'이라는 의미와, 앞서 말한 내용을 누그러뜨리기 위해 '그래도 ~이기는 하다'라는 의미로도 쓰여요.
although, while, even if 도 같은 의미로 쓰입니다.

ex) Although he is old, he is quite strong.
그는 나이가 많지만, 아주 정정하다.

rub 문지르다, 비비다 | stable 마구간

"I'll ask Laurie; he will go," / said Jo, / looking relieved /
"로리에게 물어 볼게; 그가 갈 건지," 조가 말했다, 안도하며

as the idea occurred to her.
그 생각이 떠올랐다는 것에.

"Mercy, no! Don't ask or tell anyone. Get me my rubbers,
"아이고, 안 돼! 아무에게도 묻거나 말하지 말아. 덧신이나 갖다 주고,

/ and put these slippers / with our things. I can't dance any
이 무도화는 둬 다른 것들과 함께. 난 더 이상 춤출 수 없으니,

more, / but as soon as supper is over, / watch for Hannah /
저녁 식사가 끝나자마자, 한나를 기다렸다가

and tell me the minute / she comes."
바로 말해 줘 그녀가 오면."

"They are going out / to supper now. I'll stay with you; I'd
"모두들 나갈 참이야 저녁 먹으러. 난 언니와 여기 있을래; 그게 낫겠어."

rather."

"No, dear, run along, / and bring me some coffee. I'm so
"아니야, 얘, 빨리 따라 가, 커피 좀 갖다 줘. 난 너무 지쳐

tired, / I can't stir!"
서, 꼼짝도 못하겠어!"

So Meg reclined, / with rubbers well hidden, / and Jo went
그리고 메그는 기댔다, 덧신 신은 발을 잘 감추면서, 조는 우물쭈물하며

blundering away / to the dining room, / which she found /
갔다 식당으로, 그녀는 찾아낸

after going into a china closet, / and opening the door of a
도자기 찬장이 있는 방에 들어가 버린 후, 또한 방문을 열어버리기도 했다

room / where old Mr. Gardiner / was taking a little private
가드너 씨가 혼자 다과를 즐기고 있는.

refreshment. Making a dart at the table, / she secured the
급히 테이블로 다가가서, 커피를 얻기는 했지만,

coffee, / which she immediately spilled, / thereby making /
바로 엎질러 버려서, 그것 때문에

the front of her dress / as bad as the back.
드레스 앞쪽이 뒤의 자국만큼이나 얼룩지고 말았다.

stir (사람이 어떤 일을 하기 위해) 움직이다, 젓다 | recline 비스듬하게 기대다 | blundering 우물쭈물하는 얼간이 같은 | china closet 도자기 찬장 | refreshment 원기 회복, 상쾌함 | dart 화살, 돌진하다

"Oh, dear / what a blunderbuss I am!" / exclaimed Jo, /
"아, 정말 난 왜 이리 덤벙거릴까!" 조가 소리쳤다,

finishing Meg's glove / by scrubbing her gown with it.
메그의 장갑을 망치면서 드레스의 얼룩을 문지름으로써.

"Can I help you?" / said a friendly voice. And there was
"도와드릴까요?" 친근한 목소리가 말했다. 그리고 로리가 있었다,

Laurie, / with a full cup in one hand / and a plate of ice in
한 손에 가득 담긴 컵과 다른 한쪽에는 아이스크림 접시

the other.
를 들고.

Key Expression

비교를 이용한 표현들

▶ as ~ as possible = as ~ as one can 가능한 한 ~하게

ex) He walked / as fast as possible.
그는 걸었다 / 가능한 빠르게.

▶ as any 누구 못지 않게 ~한

ex) He was / as brave / as any man / in the world.
그는 / 용감했다 / 누구 못지 않게 / 세상에서.

blunderbuss 나팔총 | gown (특별한 경우에 입는) 여성용 드레스, 가운

"I was trying to get something / for Meg, / who is very
"뭔가 갖다 주려고 하는 중이었어요 메그에게, 매우 피곤한,

tired, / and someone shook me, / and here I am in a nice
그런데 누군가 치는 바람에, 이 모양이 되어 버렸어요."

state," / answered Jo, / glancing **dismally** / from the
조가 대답했다, 한심하게 훑어보며 얼룩진 스커트에서부터

stained skirt / to the coffee-colored glove.
커피로 물든 장갑까지.

"Too bad! I was looking / for someone to give this to. May
"안 됐네요! 찾고 있었어요 이걸 누구에게 줄까 하고요.

I take it to your sister?"
언니에게 갖다 드릴까요?"

"Oh, thank you! I'll show you / where she is. I don't offer
"어머, 고마워요! 안내할게요 언니가 있는 곳으로. 말하지 않겠어요

/ to take it myself, / for I should only get into another
그걸 들겠다고, 왜냐하면 또 다른 실수를 할 거 같아서요

scrape / if I did."
만일 제가 한다면요."

Jo led the way, / and as if used to / waiting on ladies,
조는 앞장섰다, 그리고 마치 익숙한 듯이 숙녀를 대하는 게,

/ Laurie drew up a little table, / brought / a second
로리는 작은 테이블을 끌어놓고, 가져왔다

installment of coffee and ice / for Jo, / and was so **obliging**
또 다시 커피와 아이스크림을 조를 위해서, 그는 너무 친절해서

/ that even particular Meg / pronounced him a "nice boy."
까다로운 메그조차도 그를 "멋있는 도련님"이라고 했다.

They had a merry time / over the bonbons and mottoes, /
그들은 즐거운 시간을 보냈고 봉봉과 모토에 대해 이야기 하며,

and were in the midst / of a quiet game of "Buzz," / with
하던 중이었다 "버즈"라는 이름의 조용한 게임을,

two or three other young people / who had stayed in, /
두세 명의 다른 젊은이들과 거기 있었던,

when Hannah appeared. Meg forgot her foot / and rose so
한나가 나타났을 때. 메그는 그녀의 발을 잊고 벌떡 일어나려다가

dismally 울적하게 하는 | **oblige** 의무적으로 ~하게 하다, (도움 등을) 베풀다 | **limp** 기운이 없는, 축 늘어진 | **scold** (특히 아이를) 야단치다, 꾸짖다 | **slip out** 무심코 튀어나오다

quickly / that she was forced to catch hold / of Jo, / with
꽉 잡아야 했다 조를,

an exclamation of pain.
고통의 소리를 지르며.

"Hush! Don't say anything," / she whispered, / adding
"쉿! 아무 말도 하지 마," 속삭이더니, 큰 소리로,

aloud, / "It's nothing. I turned my foot a little, / that's all,"
"아무것도 아니에요. 발을 조금 삔 것 뿐이에요, 그뿐이에요,"

/ and limped upstairs / to put her things on.
절뚝거리면서 올라갔다 소지품을 가지러.

Hannah scolded, / Meg cried, / and Jo was at her wits'
한나가 꾸짖자, 메그는 울음을 터뜨렸고, 조는 어찌할 바를 몰라 하다가,

end, / till she decided / to take things into her own hands.
결심했다 자기 손으로 처리해야겠다고.

Slipping out, / she ran down and, / finding a servant, /
살짝 빠져나가, 아래층으로 내려가서, 하인을 찾고,

asked / if he could get her a carriage. It happened to be a
물었다 마차를 구해줄 수 있는지를. 그는 임시 고용된 심부름꾼이어서

hired waiter / who knew nothing / about the neighborhood
아무것도 몰랐다 근처 사정에 관해서

/ and Jo was looking round / for help / when Laurie, /
그래서 조는 둘러보고 있는데 도움을 청하려고 그때 로리가,

who had heard what she said, / came up / and offered his
그녀가 하는 말을 듣고, 나타나서 그의 할아버지의 마차를 제

grandfather's carriage, / which had just come for him, / he
공했다, 마침 그를 위해 온 것이었던,

said.
그가 말했다.

Key Expression

from~to… : ~에서 …까지

from은 '~으로부터'라는 출발점을 나타냅니다. 따라서, borrow~from B 는 '…로부터 ~를 빌리다', obtain~from… '…로부터 ~를 얻다'라는 표현이 된답니다.

ex) The steel comes from Japan. 그 철재는 일본산이다.

"It's so early! You can't mean to go yet?" / began Jo, /
"너무 이른데요! 조금 더 있다 가지 않으세요?" 조는 운을 뗐다,

looking relieved / but hesitating / to accept the offer.
안심했지만 망설이며 그 제의를 받아들이는 것에 대해서.

"I always go early — I do, truly! Please let me take you
"전 항상 일찍 가요 — 난 그래요, 정말로! 집까지 바래다 드릴게요.

home. It's all on my way, / you know, / and it rains, they
가는 길도 같고, 알다시피, 비도 오잖아요."

say."

That settled it; and, / telling him of Meg's mishap, / Jo
그렇게 하기로 했다; 그리고, 메그의 상태에 대해 말한 후,

gratefully accepted / and rushed up / to bring down / the
조는 감사하며 받아들이고 서둘러 올라갔다 데려오기 위해서

rest of the party. Hannah hated rain / as much as a cat does
남은 동료들을. 한나는 비를 싫어해서 고양이 만큼이나

/ so she made no trouble, / and they rolled away / in the
불평하지 않았고, 그래서 그들은 향했다

luxurious close carriage, / feeling very festive and elegant.
호화로운 마차를 타고, 신바람 나고 우아한 기분으로.

Laurie went on the box / so Meg could keep / her foot up, /
로리는 마부석 위에 갔기 때문에 메그는 할 수 있었고 발을 위로,

and the girls talked / over their party / in freedom.
자매들은 얘기할 수 있었다 파티에 대해서 마음 놓고.

Key Expression

곤충에 대해 영어로 알아보아요!

grasshopper 메뚜기 bee 벌 cicada 매미
ant 개미 butterfly 나비 fly 파리
dragonfly 잠자리 firefly 개똥벌레 mayfly 하루살이
mosquito 모기 beetle 풍뎅이 mantis 사마귀
water strider 소금쟁이 adybug 무당벌레

mishap 작은 사고 | gratefully 감사하여, 기꺼이 | rush 급히 움직이다, 재촉하다 | festive 축제의

"I had a capital time. Did you?" / asked Jo, / rumpling up
"난 아주 재미있었어. 언니는?" 조가 물었다, 머리를 헝클며,

her hair, / and making herself comfortable.
편한 자세를 하고.

"Yes, till I hurt myself. Sallie's friend, Annie Moffat, /
"응, 다치기 전까지 말이야. 샐리의 친구, 애니 모파트가,

took a fancy to me, / and asked me / to come and spend a
내가 좋아졌다며, 물어봤어 와서 일주일을 보내는 것에 대해서

week / with her / when Sallie does. She is going / in the
그녀와 함께 샐리가 올 때 말이야. 샐리는 간대 봄에

spring / when the opera comes, / and it will be perfectly
오페라가 상영될 무렵, 이건 더할 것도 없이 멋질 거야,

splendid, / if Mother only lets me go," / answered Meg, /
엄마가 가도록 해 주신다면," 메그가 대답했다,

cheering up / at the thought.
기운 내며 그 생각에.

"I saw / you dancing / with the redheaded man / I ran
"난 봤어 언니가 춤추는 걸 빨간 머리 남자랑 내가 도망친.

away from. Was he nice?"
그 사람 괜찮았어?"

"Oh, very! His hair is auburn, / not red, / and he was very
"응, 매우! 적갈색 머리였어, 빨간색이 아니라, 그리고 아주 정중했고,

polite, / and I had a delicious redowa / with him."
아주 기분 좋은 러더와를 췄어 그와 함께."

"He looked like a grasshopper / in a fit when he did the
"그는 마치 메뚜기처럼 보였어 스텝을 밟을 때마다.

new step. Laurie and I couldn't help laughing. Did you
로리와 난 웃음을 참을 수 없었어.

hear us?"
우리 소리 들었어?"

"No, but it was very rude. What were you / about all that
"아니, 하지만 그건 너무 무례했는데. 넌 뭐했니 그 시간 동안 내내,

time, / hidden away there?"
멀리 숨어서?"

auburn 적갈색의 | redowa 러더와(왈츠와 비슷한 보헤미안 전통춤) | grasshopper 메뚜기

Jo told her adventures, / and by the time / she had finished
조는 그녀의 모험을 말해 주고, 그 무렵 그녀가 이야기를 마쳤을 즈음

/ they were at home. With many thanks, / they said good
집에 도착했다. 고맙다는 인사와 함께, 작별 인사를 말하고

night / and crept in, / hoping to disturb / no one, / but the
몰래 들어갔다, 방해하지 않길 바라며 누구도, 하지만 그 순

instant their door creaked, / two little nightcaps bobbed
간 문이 삐걱거리더니, 두 개의 작은 나이트 캡이 불쑥 나타나서,

up, / and two sleepy / but eager voices / cried out —
졸음 섞인 그러나 열성적인 목소리로 외쳤다 —

"Tell about the party! Tell about the party!"
"파티에 대해 말해 줘! 파티에 대해 말해 줘!"

With what Meg called / "a great want of manners," / Jo
메그의 말에 의하면 "몹시 예의 없는 태도였지만,",

had saved some bonbons / for the little girls; and they
조는 봉봉을 조금 숨겨왔다 두 동생들을 위해; 그래서 그들은 곧 진정했다,

soon subsided, / after hearing the most thrilling events / of
가장 신나는 일을 들은 뒤에

the evening.
그 저녁의.

"I declare, / it really seems like being a fine young lady,
"분명히 말해서, 이건 정말 멋진 귀부인 된 기분이야,

/ to come home from the party / in a carriage / and sit in
파티에서 집까지 돌아오다니 마차를 타고

my dressing gown / with a maid / to wait on me," / said
드레스를 입고 앉아서 가정부와 함께 나를 시중 드는," 메그가 말

Meg, / as Jo bound up her foot / with arnica / and brushed
했다, 조가 그녀의 발을 붕대로 싸 주고, 아르니카와 함께 머리를 빗겨 주었다.

her hair.

by the time 그때까지 | creak 삐걱거리다 | bob 까닥거리다 | subside 진정되다 | declare 선언하다, 분명히 말하다 | arnica 아르니카(아르니카 식물에서 채취하는 외상용 약물) | brush 비질을 하다

"I don't believe / fine young ladies enjoy themselves / a bit
"생각하지 않아 멋진 숙녀들이 즐겼으리라고는

more than we do, / in spite of our burned hair, old gowns,
우리보다 더, 머리카락은 태우고, 낡은 드레스에, 장갑 한 짝 뿐이었지만,

one glove apiece, / and tight slippers / that sprain our
그리고 맞지 않는 신발에도 말이지 발목을 삐게 한

ankles / when we are silly enough to wear them." And I
그걸 모두 겪을만큼 바보였지만." 그리고 난

think / Jo was quite right.
생각했다 조가 정말 옳았다고.

Key Expression

seem

보어를 취하는 동사인 2형식 동사 seem은 '~처럼 보이다'라는 의미를 가지고 있어요. 이 보어 자리에는 명사나 형용사가 쓰여야 해요. (부사는 올 수 없는 것에 주의하세요!) 또한, apeear도 이와 비슷한 의미로 쓰입니다.

ex) Your friend seems nice.
네 친구 좋아 보여.
It seems like a good idea
그건 좋은 생각인 것 같아 보여.

mini test 2

A. 다음 문장을 해석해 보세요.

(1) What's the use of asking that, when you know we shall wear our poplins, because we haven't got anything else?

→

(2) No one came to talk to her, and one by one the group near her dwindled away till she was left alone.

→

(3) She is going in the spring when the opera comes, and it will be perfectly splendid.

→

(4) With what Meg called "a great want of manners," Jo had saved some bonbons for the little girls.

→

B. 다음 주어진 문장이 되도록 빈칸에 써 넣으세요.

(1) 조는 메그에게 마음을 드러냈지만, 눈썹이 놀랄 만큼 치켜졌기 때문에 감히 꼼짝할 수 없었다.

She ______ to Meg, but the eyebrows went up so alarmingly that she dared not stir.

(2) 공교롭게도, 또 다른 내성적인 사람이 같은 피난처를 선택했다, 그녀 뒤의 커튼을 내리는 순간, 조와 정면으로 맞닥뜨린 사람은 "로렌스 소년"이었다.

Unfortunately, another bashful person had chosen the same refuge, for as the curtain fell behind her, she found herself ______ the "Laurence boy.".

(3) 이탈리아에 살며 내가 원하는 걸 하면서 즐기고 싶어요.

To live in Italy, and to enjoy myself ______.

A. (1) 그런 거 물어도 소용 없잖아, 우린 포플린 옷을 입게 되겠지, 딴 것이 없으니까 그런거겠지? (2) 아무도 조에게 이야기하러 오지 않았고 가까이 있던 무리도 한 사람씩 줄어들어, 끝내 혼자 남게 되었다. (3) 샐리는 오페라가 상영될 무렵인 봄에 간대, 이건 더할 것도 없이 멋질 거야. (4) 메그의 말에 의하면 "몹시 예

(4) 너는 거기 숨어서 그 시간 동안 내내 무슨 얘길 했니?

What were you about ____________, hidden away there?

C. 다음 주어진 문구가 알맞은 문장이 되도록 순서를 맞춰보세요.

(1) 만약 내가 뭔가 실수를 저지르면 눈으로 알려 줘.
[by a wink / doing anything wrong, / If you see me / just remind me]
→

(2) 혼자 한가로이 엿보며 즐기려고 커튼이 쳐져 있는 구석진 곳으로 슬쩍 들어갔다.
[into a curtained recess, / intending / to peep and enjoy herself / she slipped / in peace]
→

(3) 우리는 그 외에 다른 언어를 말하는 건 금지되었다.
[at Vevay / we were not allowed/ to speak anything else]
→

(4) 조는 그녀의 무용담을 들려주었고, 마침 이야기가 끝날 무렵 집에 도착했다.
[she had finished/ and by the time/ Jo told her adventures,/ they were at home]
→

D. 의미가 서로 비슷한 것끼리 연결해 보세요.

(1) unusual ▶		◀ ① blind
(2) trick ▶		◀ ② abnormal
(3) wish ▶		◀ ③ endure
(4) stand ▶		◀ ④ envy

의 없는 태도'였지만, 조는 봉봉을 조금 아껴두었다. | B. (1) telegraphed her (2) face to face with (3) in my own way (4) all that time | C. (1) If you see me doing anything wrong, just remind me by a wink. (2) She slipped into a curtained recess, intending to peep and enjoy herself in peace. (3) We were not allowed to speak anything else at Vevay. (4) Jo told her adventures, and by the time she had finished they were at home. | D. (1) ② (2) ① (3) ④ (4) ③

3

Beth finds the palace beautiful
베스, 아름다운 궁전을 발견하다

The big house did prove / a Palace Beautiful, / though
그 큰 집은 판명되었다 아름다운 궁전으로,

it took some time / for all to get in, / and Beth found it
시간이 좀 걸렸지만 모두 그곳에 들어가는 데에는, 그리고 베스는 매우 힘들었다

very hard / to pass the lions. Old Mr. Laurence was the
사자들 옆을 지나가는 것이. 로렌스 씨는 가장 큰 사자였다,

biggest one, / but after he had called, / said something
하지만 그가 불러준 후, 재미있는 이야기를 친절하게 해

funny or kind / to each one of the girls, / and talked over
주고 각 자매들에게, 옛 이야기를 나눈 후

old times / with their mother, / nobody felt much afraid
엄마와, 아무도 그를 그다지 두려워하지 않게 되었다,

of him, / except timid Beth. The other lion was / the fact
겁 많은 베스를 제외하고는. 또 다른 사자는

that they were poor and Laurie rich, / for this made them
그들은 가난하고 로리는 부자라는 사실이었다, 그들을 부끄럽게 했기 때문에

shy / of accepting favors / which they could not return.
호의를 받기만 한다는 사실이 보답할 수 없는.

But, / after a while, / they found / that he considered them
하지만, 얼마 후, 그들은 알게 되었다 로리가 자신들을 은인으로 여긴다는 걸,

the **benefactors**, / and could not do enough to show / how
그리고 충분히 표현할 수 없을 만큼

grateful he was / for Mrs. March's motherly welcome, /
고마워하고 있다는 사실을 마치 부인의 엄마같은 환대와,

their **cheerful** society, / and the comfort / he took / in that
자매들과의 즐거운 만남, 그리고 편안함에 대해서 그가 느낀

humble home of theirs. So they soon forgot their pride /
이 소박한 집에서. 그래서 그들은 곧 자존심 같은 것은 잊어버리고

and **interchanged** kindnesses / without stopping to think /
호의를 교환했다 생각하는 것을 멈추지 않고

which was the greater.
누가 더 대단한지.

All sorts of pleasant things / happened about that time,
모든 종류의 즐거운 일들이 그 즈음에 일어났다,

/ for the new friendship **flourished** / like grass in spring.
새로운 우정이 자라났기 때문에 봄철에 풀이 자라듯.

Everyone liked Laurie, / and he **privately** informed his
모두가 로리를 좋아했고, 그는 가정교사에게 이야기했다

tutor / that "the Marches were regularly splendid girls."
"마치 자매들은 정말 훌륭한 아가씨들"이라고.

With the delightful enthusiasm of youth, / they took
젊은이다운 사랑스런 열정으로, 자매들은 이 고독을 즐기

the **solitary** boy into their midst / and made much of
는 소년을 그들 안으로 끌어들여 소중하게 대해 주었고,

him, / and he found something very charming / in the
그는 매우 멋진 생활을 발견했다

innocent **companionship** / of these **simple-hearted** girls.
순수한 만남 속에서 이 천진난만한 소녀들과의.

Never having known mother or sisters, / he was quick to
엄마나 여자 형제를 가져 본 적이 없었기 때문에, 그는 쉽게 영향을 받았다

feel the influences / they brought about him, / and their
자매들이 보여 주는 것들에, 그리고 부지런하고

busy, **lively** ways / made him ashamed of the **indolent**
활기찬 모습은 자신이 보내온 게으른 생활을 반성하게 했다.

life he led. He was tired of books, / and found people so
그는 책에 싫증을 냈고, 사람들에게 흥미를 보여서

interesting now / that Mr. Brooke was obliged / to make
브룩 선생님은 할 수밖에 없었다 매우 불만 섞인

very unsatisfactory reports, / for Laurie was always
보고를, 로리는 항상 수업을 무단결석하고

playing **truant** / and running over to the Marches'.
마치 댁으로 달려갔기 때문이다.

benefactor (학교, 자선단체 등의) 후원자 | **grateful** 고마워하는, 감사하는 | **cheerful** 발랄한, 쾌활한 | **interchange** (생각이나 정보 등을) 교환하다, 공유하다 | **flourish** 번창하다, 잘 자라다 | **privately** 남몰래, 은밀히 | **solitary** 혼자 있기를 좋아하는 | **companionship** 동료애, 우정 | **simple-hearted** 순진한, 천진난만한 | **lively** 활기 넘치는 | **indolent** 게으른, 나태한 | **truant** 무단결석생

"Never mind, / let him take a holiday, / and make it up
"괜찮네, 휴식을 가지도록 했다가, 나중에 보충하도록 하게."

afterward," / said the old gentleman. "The good lady next
노신사는 말했다. "옆집의 착한 아가씨가 말하기를

door says / he is studying too hard / and needs young
그는 공부를 너무 열심히 해서, 젊은 사람들의 교제나, 오락거리, 운

society, amusement, and exercise. I suspect she is right, /
동이 필요하다고 하더군. 그녀가 옳다고 생각하네,

and that I've been **coddling** the fellow / as if I'd been his
그리고 그 아이를 애지중지하며 키워 왔으니 할머니라도 된 것처럼.

grandmother. Let him do what he likes, / as long as he is
본인이 좋아하는 것을 하도록 두게, 그 애가 행복하다면.

happy. He can't get into **mischief** / in that little **nunnery**
나쁜 일에 빠질 리는 없으니 저 작은 수녀원에서,

over there, / and Mrs. March is doing more for him / than
그리고 마치 부인이 더 잘 돌봐주는 걸

we can."
우리가 할 수 있는 것보다."

What good times they had, / to be sure! Such plays and
참으로 행복한 시간이었다, 정말로! 연극놀이라든나,

tableaux, / such **sleigh** rides and skating **frolics**, / such
썰매와 스케이트 타는 거라든가,

Key Expression

as if 가정법 : 마치 ~인 것처럼

as if는 가정법의 특수한 형태로 '마치 ~인 것처럼'이란 의미로 쓰여요. 뒤에는 주어+동사의 절이 나오며, 이때 동사는 항상 가정법 형태의 과거동사(be동사는 were)가 온다는 점을 잊지 마세요.

▶ as if 가정법 과거 :
주절 현재시제, as if + 주어 + 과거동사/were (마치 ~인 것처럼)

▶ as if 가정법 과거완료 :
주절 과거/현재완료 시제, as if + 주어 + had pp(마치 ~였던 것처럼)

ex) I've been coddling the fellow as if I' d been his grandmother.
나는 그 녀석을 마치 할머니라도 된 것처럼 애지중지하며 키워왔다.

coddle 애지중지하다 | **mischief** (아이들이 하는 크게 심각하지 않은) 나쁜 짓, 나쁜 장난 | **nunnery** 수녀원 | **tableau** 광경, 장면 | **sleigh** (특히 말이 끄는) 썰매 | **frolic** 즐겁게 뛰놀다

pleasant evenings / in the old parlor, / and now and then
즐거운 저녁들, 오래된 거실에서의, 그리고 때로는,

/ such gay little parties / at the great house. Meg could
즐거운 작은 파티까지도 대저택에서 열리는. 메그는 온실을 산책하

walk in the conservatory / whenever she liked / and
면서 원할 때마다

revel in bouquets, / Jo browsed over the new library
꽃을 한껏 즐겼다, 조는 새 서재의 책들을 열렬히 탐색하며,

voraciously, / and convulsed the old gentleman / with her
노신사를 포복 절도하게 만들었다 서평으로,

criticisms, / Amy copied pictures / and enjoyed beauty
에이미는 그림을 모사하며 아름다움을 즐겼다

/ to her heart's content, / and Laurie played "lord of the
만족스럽게, 그리고 로리는 "저택의 주인" 역할을 했다

manor" / in the most delightful style.
가장 즐거운 모습으로.

But Beth, / though yearning for the grand piano, / could
하지만 베스는, 그랜드 피아노를 간절히 원하면서도,

not pluck up courage / to go to the "Mansion of Bliss,"
용기를 내지 못했다, "행복의 집"으로 갈,

/ as Meg called it. She went once with Jo, / but the old
메그가 그렇게 부르는. 베스는 조와 함께 한 번 갔었는데, 노신사가,

gentleman, / not being aware of her infirmity, / stared at
그녀의 연약함을 알아차리지 못하고, 그녀를 쳐다보

her / so hard from under his heavy eyebrows, / and said
았고, 짙은 눈썹 아래부터 잔뜩 힘을 주며, "어이!"라고 크게

"Hey!" so loud, / that he frightened her so much / her
소리치자, 베스는 그 모습에 너무 놀라서 "다리가 마

"feet chattered on the floor," / she told her mother;
루 위에서 소리를 낼 정도"였다고, 엄마에게 말했다;

conservatory 온실 | voraciously (음식에 대해) 게걸스럽게 | convulse (웃음, 고통으로) 몸부림치게 하다 | yearning 갈망, 동경 | pluck up 힘[용기]를 내다, 분발하다 | bliss 더없는 행복 | infirmity 병약, 질환

and she ran away, / declaring she would never go there
그리고 나서 그녀는 도망쳤고, 다시는 그곳에 가지 않겠다고 선언했다,

any more, / not even for the dear piano. No persuasions
멋진 피아노가 있음에도 불구하고. 어떤 설득이나 유혹도

or enticements / could overcome her fear, / till, / the fact
그녀의 공포를 극복할 수 없었다, ~까지는,

coming to Mr. Laurence's ear / in some mysterious way,
그 사실이 로렌스씨에 귀에 들어가서 어떤 불가사의한 방법으로,

/ he set about mending matters. During one of the brief
그가 문제 해결에 착수할. 어느 날 잠시 방문한 중에,

calls he made, / he artfully led / whom he had seen, / fine
그는 교묘하게 대화를 이끌었는데 만났던 예술가들이나,

organs he had heard, / and told such charming anecdotes
들었던 훌륭한 오르간 연주들이나, 그런 흥미진진한 일화들을 이야기하자

/ that Beth found it impossible to stay / in her distant
베스는 가만히 있을 수 없음을 깨닫고 멀리 떨어진 구석에,

corner, / but crept nearer and nearer, / as if fascinated. At
점점 더 가까이 살금살금 다가왔다, 뭔가에 홀린 듯이.

the back of his chair / she stopped and stood listening, /
노인이 앉은 의자 뒤에서 베스는 멈춰 선 채로 이야기를 들었다,

with her great eyes wide open / and her cheeks red / with
눈을 커다랗게 뜨고 빰이 붉어진 채

the excitement of / this unusual performance. Taking
흥분으로 이런 드문 이야기에 대한.

no more notice of her / than if she had been a fly, / Mr.
베스에 대해 눈치채지 못한 채 그녀가 파리라도 된 듯이,

Laurence talked on / about Laurie's lessons and teachers;
로렌스 씨는 이야기를 계속했다 로리의 공부와 가정교사에 대해;

/ and presently, / as if the idea had just occurred to him, /
그리고 마침, 갑자기 생각난 듯이,

he said to Mrs. March —
그는 마치 부인에게 말했다 —

persuasion 설득, 신념 | exticement 유혹, 부추김 | mending 수선, 고치는 일 | artfully 교묘하게 | anecdote 일화 | fascinate 마음을 사로잡다 | occur to (생각이) 갑자기 떠오르다

"The boy neglects his music now, / and I'm glad of it, / for
"로리가 요즘 음악을 게을리하고 있네요, 그건 다행이지요,

he was getting too fond of it. But the piano suffers for want
너무 빠져 있는 게 아닌가 싶었으니까요. 하지만 피아노는 계속 쓸 필요가 있잖아요.

of use. Wouldn't some of your girls / like to run over, / and
따님들 중에 누군가가 들려서,

practice on it / now and then, / just to keep it in tune, / you
연습해 줄 수 있을까요 가끔씩, 조율된 음을 유지하기 위해,

know, ma'am?"
부인?"

Beth took a step forward, / and pressed her hands tightly
베스가 한 발짝 앞으로 나섰다, 그리고 두 손을 꽉 쥐었다

together / to keep from clapping them, / for this was an
손뼉을 치려는 걸 막기 위해, 그것은 거부할 수 없는 유혹이

irresistible temptation, / and the thought of practicing /
었기 때문에, 그리고 연습할 수 있다는 생각은

on that splendid instrument / quite took her breath away.
그렇게 멋진 악기를 숨막힐 정도였다.

Before Mrs. March could reply, / Mr. Laurence went on /
마치 부인이 대답하기도 전에, 로렌스 씨는 말을 계속했다

with an odd little nod / and smile —
미묘하게 고개를 약간 갸웃거리더니 미소를 지으며 —

"They needn't see or speak to anyone, / but run in at any
"누군가 마주치거나 말을 할 필요도 없어요, 언제라도 들르세요;

time; / for I'm shut up in my study / at the other end of the
왜냐하면 저는 서재에 틀어박혀 있고 집 반대쪽 끝에 있는,

house, / Laurie is out a great deal, / and the servants are
로리는 밖에 나가는 때가 많으니까요, 그리고 하인들도 응접실 근처에는 거의

never near the drawing room / after nine o'clock."
가지 않거든요 9시 이후에는."

tune 곡, 선율 | clap 박수를 치다 | irresistible (너무 매력적이어서) 거부할 수 없는

Here he rose, / as if going, / and Beth made up her mind
그는 일어섰다, 가려는 듯이, 그리고 베스는 결심했다

/ to speak, / for that last arrangement / left nothing to be
말을 꺼내기로, 왜냐하면 마지막 말은 너무나 바라는 것이었으므로.

desired. "Please tell the young ladies / what I say, / and if
"따님들에게 전해 주세요 제가 한 말을,

they don't care to come, / why, / never mind." Here a little
그리고 오고 싶지 않다면, 뭐, 괜찮습니다만." 작은 손 하나가

hand / slipped into his, / and Beth looked up at him / with
그의 손 안으로 파고 들었고, 베스가 그를 올려다보며

a face full of gratitude, / as she said, / in her earnest / yet
감사하는 마음으로 가득 찬 표정으로, 말했다, 진심이 가득하지만

timid way —
수줍은 모습으로 —

"O sir, they do care, very, / very much!"
"할아버지, 정말 가고 싶어요, 아주 많이요!"

"Are you the musical girl?" / he asked, / without any
"네가 음악을 한다는 아이냐? 그가 물었다, 놀라지도 않은 채

startling / "Hey!" / as he looked down at her / very kindly.
"어이!"하며 그녀를 내려다 보면서 매우 다정하게.

"I'm Beth. I love it dearly, / and I'll come, / if you are
"저는 베스예요. 정말 좋아해요, 그리고 갈게요, 정말이라면

quite sure / nobody will hear me / — and be disturbed," /
아무도 제 연주를 듣지 않고 — 그리고 방해받지 않는다면,"

she added, / fearing to be rude, / and trembling at her own
그녀는 덧붙였다, 무례하지 않았는지 걱정하며, 그리고 자신의 용기에 벌벌 떨면서

boldness / as she spoke.
말했다.

"Not a soul, / my dear. The house is empty / half the day;
"아무도 없을 거야, 얘야. 집은 비어 있으니까 하루 중 반나절은;

/ so come and drum away / as much as you like, / and I
그러니 와서 치고 가렴 네가 원하는 만큼,

shall be obliged to you."
강요하진 않겠다만."

gratitude 고마움, 감사 | rude 무례한, 버릇없는 | tremble 떨다, 흔들리다 | boldness 대담, 뱃심 | squeeze (특히 손가락으로 콕) 쥐다

"How kind you are, sir!"
"정말 친절하세요, 할아버지!"

Beth blushed like a rose / under the friendly look he
베스는 얼굴을 붉혔다 그의 친절한 태도에;

wore; / but she was not frightened now, / and gave
그러나 이제 무서워하지 않았고, 그 큰 손을 꼭 잡았다

the big hand / a grateful squeeze / because she had no
고마워하며 꼭 쥐었다 감사를 전할 말이 없었기 때문에

words to thank him / for the precious gift / he had given
소중한 선물에 대해 그가 그녀에게 준.

her. The old gentleman softly stroked / the hair off her
노신사는 부드럽게 어루만졌다 베스의 이마 위에 흘러내린 머

forehead, / and, stooping down, / he kissed her, / saying,
리를 그리고 몸을 굽혀서, 키스를 하며, 말했다,

/ in a tone / few people ever heard —
말투로 사람들이 전혀 들어본 적이 없는 —

"I had a little girl once, / with eyes like these. God bless
"나도 예전에 딸이 있었단다, 네 눈과 닮은.

you, my dear! Good day, madam." And away he went, /
신의 축복을 빈다! 안녕히 계십시오, 부인." 그리고 그는 가 버렸다,

in a great hurry.
서둘러.

Key Expression

as much as ~ : ~만큼

as much as는 '~만큼'이라는 뜻으로, 셀 수 있는 명사일 경우에는 many를, 셀 수 없는 명사일 경우에는 much를 사용합니다. much와 as 사이에 형용사나 명사를 넣어 '~만큼 ~(형용사)한, ~만큼의 ~(명사)'와 같이 쓰기도 해요.

ex) Come and drum away as much as you like.
와서 네가 원하는 만큼 치도록 해.
You can eat as many apples as you want.
네가 원하는 만큼 사과를 먹어도 돼.

Beth had a rapture with her mother, / and then rushed up
베스는 엄마와 기쁨을 나누고, 위층으로 뛰어올라갔다

/ to impart the glorious news / to her family of invalids, /
이 영광스러운 소식을 전하기 위해 그녀의 인형 가족들에게,

as the girls were not at home. How blithely she sang / that
자매들은 집에 없었기 때문에. 얼마나 쾌활하게 그녀가 노래했는지

evening, / and how they all laughed at her / because she
그 날 저녁에, 그리고 가족들이 그녀를 보며 얼마나 웃었는지 에이미를 깨우는 바람에

woke Amy / in the night / by playing the piano / on her face
밤에 건반을 두드려대서 잠자고 있는 얼굴

in her sleep. Next day, / having seen both the old and young
에 대고. 다음 날, 노신사와 로리가

gentleman / out of the house, / Beth, / after two or three
집을 나서는 것을 보자, 베스는, 두세 번 후퇴를 반복하다가,

retreats, / fairly got in at the side door, / and made her way
정말로 옆문으로 들어서서, 나아갔다

/ as noiselessly as any mouse / to the drawing room / where
쥐처럼 소리 없이 응접실을 향해

her idol stood. Quite by accident, / of course, / some pretty,
자신의 우상이 놓여 있는. 꽤 우연이었겠지만, 물론, 아름답고 쉬운 악보

easy music / lay on the piano / and with trembling fingers /
들이 피아노 위에 놓여 있었고 떨리는 손으로

and frequent stops / to listen and look about, / Beth at last
몇 번이나 멈춰 섰다가 귀를 기울이고 주위를 둘러보기 위해, 베스는 마침내

/ touched the great instrument, / and straightway forgot /
위대한 악기에 손을 올려 놓았고, 곧 잊어버렸다

her fear, herself, / and everything else / but the unspeakable
공포감과 자기 자신을, 그리고 모든 것을 말로 표현할 수 없는 기쁨을 제

delight / which the music gave her, / for it was like the
외하고 음악이 자신에게 준, 그것은 목소리와 같았기 때문에

voice / of a beloved friend.
사랑하는 친구의.

rapture 황홀(감) | impart (정보, 지식 등을) 전하다 | invalid (혼자 생활하기 어려운) 병약자 | blithely 부주의하게 | retreat 후퇴하다 | noiselessly 소리 없이, 조용히 | straightway 즉각, 곧 | beatitude (성경에 나오는) 팔복 | hood 두건 | mount (무엇을 사용하거나 살펴보기 위해) 고정시키다 | rack 선반 | heartily 실컷, 진심으로

She stayed / till Hannah came / to take her home to dinner;
그는 머물렀다 한나가 올 때까지 저녁 식사를 위해 집에 데려가려고;

/ but she had no appetite, / and could only sit / and smile
하지만 그녀는 식욕이 없었고, 앉아 있을 수밖에 없었다

upon everyone / in a general state of beatitude.
모두에게 미소지으며 행복에 겨운 모습으로.

After that, / the little brown hood / slipped through the
그 후에, 작은 갈색 두건이 울타리를 빠져 나갔다

hedge / nearly every day, / and the great drawing room
거의 매일같이, 그리고 응접실은 귀신에 홀린 듯 했다

was haunted / by a tuneful spirit / that came and went
음악의 요정에게 보이지 않게 왔다 갔다 하는.

unseen. She never knew / that fashioned airs / he liked; /
그녀는 알지 못했다 그 옛곡의 분위기를 그가 좋아한다는 것을;

she never saw / Laurie mount guard in the hall / to warn
그녀는 보지 못했다 로리가 복도에서 망을 보고 있는 것을

the servants away; / she never suspected / that the exercise
하인들이 다가오지 못하도록; 그녀는 의심하지 못했다

books and new songs / which she found in the rack / were
연습곡 책과 새 악보들이 선반에서 발견한

put there for her especial benefit; / and when he talked to
자신을 위해 특별히 마련됐다는 것을; 그리고 음악에 대해 이야기할 때에도

her about music / at home, / she only thought / how kind he
집에서, 생각했을 뿐이었다

was to tell things / that helped her so much. So she enjoyed
그가 정말 친절하다고 자신을 그렇게 도와주다니. 그래서 그녀는 마음껏

herself heartily, / and found, / what isn't always the case, /
즐기면서, 깨달았다, 완전히는 아닐지라도,

that her granted wish / was all she had hoped. Perhaps / it
자신의 소원이 이뤄졌다고 자신이 바랐던 모든 것이. 아마도

was because she was so grateful / for this blessing / that a
그녀가 아주 감사했기 때문이었다 이러한 축복에 그녀에게

greater was given her; / at any rate, / she deserved both.
더 값진 선물이 주어진 이유는; 어쨌든, 그녀는 모두를 누릴 자격이 있었다.

"Mother, / I'm going to work Mr. Laurence / a pair of
"엄마, 로렌스 씨에게 만들어 드리고 싶어요 실내화 한 켤레를

slippers. He is so kind to me, / I must thank him, / and I
너무 친절하게 해 주셔서, 감사를 표해야 겠는데,

don't know any other way. Can I do it?" / asked Beth, / a
다른 방법은 모르겠어요. 그래도 될까요?" 베스가 물었다,

few weeks after / that eventful call of his.
몇 주 후에 그의 중요한 방문이 있은 지.

"Yes, dear. It will please him very much, / and be a nice
"그럼. 할아버지도 매우 기뻐하실 거야, 그리고 좋은 방법이구나

way / of thanking him. The girls will help you about them,
감사를 표시하는 데. 언니들이 도와줄 거야,

/ and I will pay for the making up," / replied Mrs. March,
그리고 만드는 비용은 엄마가 내마." 마치 부인이 대답했다,

/ who took peculiar pleasure/ in granting Beth's requests /
특히 기뻐했던 베스의 부탁을 허락하며

because she so seldom asked / anything for herself.
그녀는 좀처럼 부탁하는 일이 없었기 때문이다 자기 자신을 위해 뭔가를.

After many serious discussions / with Meg and Jo, / the
여러 차례 진지하게 토론한 끝에 메그와 조와 함께,

pattern was chosen, / the materials bought, / and the
무늬를 골랐고, 재료를 샀으며,

slippers begun. A cluster of grave yet cheerful pansies / on
슬리퍼 제작이 시작됐다. 점잖으면서도 화사한 팬지꽃 송이가

a deeper purple ground / was pronounced very appropriate
짙은 자줏빛 바탕에 수놓여져 매우 예쁘다는 칭찬을 받았다.

and pretty, / and Beth worked away / early and late, / with
그리고 베스는 작업했다, 이른 아침부터 밤 늦게까지,

occasional lifts / over hard parts. She was a nimble little
가끔씩만 고개를 들며 어려운 부분을 작업할 때만. 그녀는 손이 빠른 바느질 소녀여서,

needlewoman, / and they were finished / before anyone got
슬리퍼를 완성했다 누군가가 작업에 싫증을 내

tired of them. Then / she wrote a very short, simple note,
기도 전에. 그리고 나서 그녀는 짧고 간단한 편지를 썼고,

eventful 중대한, 다사다난한 | peculiar 이상한, 기이한 | appropriate 적절한 | nimble (동작이) 빠른, 날렵한 | needlewoman 바느질하는 여자, 침모

/ and, with Laurie's help, / got them smuggled / onto the
로리의 도움으로, 그것들을 몰래 올려 놓았다 서재 탁자에

study table / one morning / before the old gentleman was
어느 날 아침 노신사가 일어나기 전에.

up.

When this excitement was over, / Beth waited to see /
한바탕 흥분이 가시자, 베스는 기다렸다

what would happen. All that day passed / and a part of the
무슨 일이 벌어질지. 그 날이 모두 지나고 또 하루가 지났는데

next / before any acknowledgment arrived, / and she was
아무런 소식이 없자, 그녀는 불안해지기 시작

beginning to fear / she had offended / her crotchety friend.
했다 자신이 화나게 만들었는지 불같은 성격의 친구를.

On the afternoon of the second day, / she went out to do
이틀째 되는 날 오후, 그녀는 심부름으로 외출했고

an errand / and give poor Joanna, the invalid doll, / her
불쌍한 인형 조안나를

daily exercise. As she came up the street, / on her return,
운동시켰다. 그녀가 거리에 다다랐을 때, 돌아오는 길에,

Key Expression

빈도부사 seldom : 좀처럼 ~하지 않는

Seldom처럼 얼마나 자주 하는지의 빈도를 나타내는 부사를 빈도부사라고 합니다. 빈도부사는 일반 부사와는 달리 be동사나 조동사 뒤, 일반동사 앞에 위치하며 문장 맨 앞이나 맨 뒤에 쓰이기도 합니다.

빈도수가 가장 큰 것부터 나열한 빈도부사의 종류는 다음과 같아요.

always 항상(100%) – usually 보통, 대체로 – often 자주, 종종 – sometimes 가끔, seldom 좀처럼 ~하지 않는 – rarely, hardly 거의 ~하지 않는 – never 결코 ~하지 않는(0%)

이 중에서 seldom, rarely, hardly, never는 부정(not)의 의미를 포함한 것으로 해석합니다.

ex) She so seldom asked anything for herself.

그녀는 좀처럼 그렇게 자기 자신을 위해 무언가를 부탁하지 않는다.

smuggle ~을 몰래 가지고 들어오다 | acknowledgment 인정, 승인 | crotchety (쉽게) 짜증을 내는

/ she saw three, yes, four heads / popping in and out / of the
셋, 아니 네 사람의 머리를 보았다 왔다갔다 하는

parlor windows, / and the moment they saw her, / several
거실 창문으로, 그리고 그들이 그녀를 발견하자마자,

hands were waved, / and several joyful voices screamed ——
손을 흔들며, 기쁜 목소리로 외쳤다 —

"Here's a letter / from the old gentleman! Come quick, / and
"편지가 왔어 할아버지한테서! 빨리 와서,

read it!"
읽어 봐!"

"O Beth, / he's sent you —— " / began Amy, / gesticulating
"베스, 할아버지가 보내셨는데 —" 에이미가 말을 시작했으나,

with unseemly energy, / but she got no further, / for Jo
꼴사나운 몸짓으로, 말을 더 잇지 못했다, 조가 끝내 버렸기 때

quenched her / by slamming down the window.
문에 창문을 쾅 닫아서.

Beth hurried on / in a flutter of suspense. At the door / her
베스는 서둘렀다 긴장감에 두근거리는 마음으로. 집에 도착하자

sisters seized / and bore her to the parlor / in a triumphal
자매들은 그녀를 붙잡고 거실로 이끌더니 개선 장군의 행렬처럼,

procession, / all pointing and all saying / at once, / "Look
모두 함께 한쪽을 가리키며 말했다, 갑자기, "저기 봐!

there! Look there!" / Beth did look, and turned pale / with
저기 봐!"라고 그곳을 본 베스는 창백해졌다

delight and surprise, / for there stood a little cabinet piano,
기쁨과 놀라움으로, 왜냐하면 그 곳에는 작은 피아노가 놓여 있었고,

/ with a letter / lying on the glossy lid, / directed like a sign
편지 한 통이 반짝이는 뚜껑 위에 있었다, 간판처럼

board / to "Miss Elizabeth March."
"엘리자베스 마치 양에게"라고.

"For me?" / gasped Bath, / holding on to Jo / and feeling as
"내 거라고?" 베스는 숨이 턱 막혔고, 조에게 기대며

if she should tumble down, / it was such an overwhelming
쓰러질 것 같았다, 그것은 정말 너무나도 굉장한 일이었다.

thing altogether.

"Yes, all for you, / my precious! Isn't it splendid of him?
"그래, 모두 네 것이야, 소중한 동생아! 정말 멋진 분이지 않니?

Don't you think / he's the dearest old man / in the world?
생각하지 않니 가장 자상한 할아버지라고 세상에서?

Here's the key in the letter. We didn't open it, / but we are dying to know / what he says," / cried Jo, / hugging her sister and / offering the note.
여기 편지 안에 열쇠가 있어. 우린 열어보지 않았는데, 알고 싶어 죽겠어 뭐라고 쓰셨는지," 조가 소리쳤고, 동생을 끌어안으며 편지를 건넸다.

"You read it! I can't, / I feel so queer! Oh, it is too lovely!"
"언니가 읽어 봐! 난 못하겠어, 기분이 정말 이상해! 아, 정말 너무 근사해!"

And Beth hid her face / in Jo's apron, / quite upset by her present.
그리고 베스는 얼굴을 가렸다 조의 앞치마에, 선물에 당황해서.

Key Expression

once의 다양한 쓰임

▶ [부사] 한번 : once, twice, thrice/three times, four times...

ex) I've been there once. (현재완료와 함께 쓰이는 경우가 많아요)
나는 그곳에 한 번 가 봤어요.

▶ [부사] (과거의) 언젠가, 한때

ex) I had a little girl once, with eyes like these.
내게는 예전에 이와 같은 눈을 가진 아이가 있었어요.

▶ [부사] (부정문·의문문에서) 한 번도, (if 뒤에서) 일단

ex) He never once talked to me. 그는 한 번도 내게 말을 걸지 않았다.
If she once starts to do something, she will never give up.
그녀는 일단 시작하기만 하면, 결코 멈추지 않는다.

▶ [접속사] ~하자마자, 일단 ~하면

ex) Once you open it, you should eat it up in a day.
일단 열면, 하루 만에 다 먹어야 해요.

pop 불쑥 나타나다 | gesticulate 몸짓[손짓]으로 가리키다 | unseemly 볼품없는 꼴사나운 | quench ~을 풀다, ~을 만족시키다 | flutter 두근거림 | triumphal 승리를 축하하는, 개선의 | gasp 헐떡거림, 숨참 | overwhelming 압도적인, 너무도 강력한 | be dying to ~하고 싶어 죽다 | upset 속상하게 만들다

Jo opened the paper / and began to laugh, / for the first
조는 봉투를 열었고 웃기 시작했다, 왜냐하면 첫 번째 줄이

words / she saw were ——
이렇게 시작하는 걸 보았기 때문이다 —

"'Miss March:
"'마치 양에게:

"'Dear Madam —— '"
"'친애하는 아가씨 —'"

"How nice it sounds! I wish someone would write / to me
"정말 멋진 말이야! 누군가 이런 편지를 써 준다면 얼마나 좋을까 내게도!"

so!" / said Amy, / who thought / the old-fashioned address
에이미가 말했다, 그리고 생각했다 구식 인사말이

/ very elegant.
매우 우아하다고.

"'I have had many pairs of slippers / in my life, / but
"'많은 슬리퍼가 있었지만 내 평생,

I never had any / that suited me so well as / yours,'" /
가져 본 적이 없어요 그렇게 잘 맞는 것을 보내 준 것만큼.'"

continued Jo.
조는 계속 했다.

Key Expression

how & what으로 시작하는 감탄문

영어의 감탄문은 how와 what으로 시작하는 두 가지가 있어요.
how는 형용사나 부사의 문장에, what은 명사가 있는 문장에 사용하는데, 각각의 어순이 다르므로 잘 기억하세요.

▶ How + 형용사 / 부사 + (주어 + 동사)!
▶ What + (a / an) + 형용사 + 명사 + (주어 + 동사)!

ex) How nice it sounds! 정말 멋진 말이야!
How kind you are, sir! 정말로 친절하시군요!
What good times they had, to be sure! 정말 얼마나 멋진 시간을 보냈는지!

old-fashioned 구식의, 전통적인 사고방식을 지닌 | **heartsease** 팬지류, 꼬까오랑캐꽃 | **remind~of…** ~에게 …을 떠올리게 하다 | **humble** (예의상 자기를 낮추는 표현에서) 변변치 않은

"''Heartsease is my favorite flower, / and these will always
"제비꽃은 내가 가장 좋아하는 꽃이에요, 이 꽃들은 언제나 떠올리게 할 것 같군요

remind me / of the gentle giver. I like to pay my debts, / so
선물을 보내 준 친절한 사람을. 답례를 하고 싶어서,

I know you will allow / "the old gentleman" to send you
받아줄 거라고 생각해요 "이 늙은이"가 보내는 선물을

something / which once belonged to the little granddaughter
손녀딸의 물건이었던 것을

/ he lost. With hearty thanks and best wishes, I remain
세상을 떠난. 진심으로 감사와 축복을 전하며

Your grateful friend / and humble servant,
당신의 감사해 하는 친구이자 충실한 하인,

James Laurence.'''
제임스 로렌스 드림.'"

"There, Beth, / that's an honor to be proud of, / I'm sure!
"이봐, 베스, 그건 자랑스러워할 만한 영광이야, 분명히!

Laurie told me / how fond Mr. Laurence used to be / of
로리가 말했어 로렌스 씨가 얼마나 아꼈는지

the child who died, / and how he kept / all her little things
죽은 손녀를, 그리고 어떻게 간직해 왔는지 손녀의 모든 물건을

/ carefully. Just think, / he's given you her piano. That
소중하게. 생각해 봐, 그가 네게 손녀의 피아노를 준 거라고.

comes of having / big blue eyes and loving music," / said
그건 가졌기 때문일 거야 커다란 푸른 눈에 음악을 사랑하는 마음을," 조가 말했다,

Jo, / trying to soothe Beth, / who trembled and looked more
베스를 진정시키려 애쓰며, 떨면서 더욱 흥분되어 보이는

excited / than she had ever been before.
이전보다 더욱.

"See the cunning brackets to hold candle, / and the nice
"저 정교한 촛대를 봐, 그리고 멋진 초록색 비단

green silk, / puckered up, with a gold rose / in the middle, /
덮개랑, 금색 장미 주름 가운데의,

and the pretty rack and stool, / all complete," / added Meg,
또 예쁜 선반과 의자, 모든 게 완벽해," 메그가 덧붙였다,

/ opening the instrument / and displaying its beauties.
피아노 뚜껑을 열어 그 아름다운 모습을 보여 주며.

"'Your humble servant, / James Laurence.' Only think of
"'당신의 충실한 하인, 제임스 로렌스'라니. 언니한테 쓴 글만 생각해도

his writing that to you. I'll tell the girls. They'll think / it's
말이지. 친구들에게 얘기해 줄 거야. 그 애들도 생각하겠지

splendid," / said Amy, / much impressed by the note.
멋지다고," 에이미가 말했다, 편지에 무척 감동받아서.

"Try it, honey. Let's hear the sound / of the baby pianny,"
"쳐 보렴, 얘야. 소리를 들려줘 작은 피아노의,"

/ said Hannah, / who always took a share / in the family /
한나가 말했다, 항상 나눠왔던 가족 안에서

joys and sorrows.
기쁨과 슬픔을.

So Beth tried it, / and everyone pronounced it / the most
그래서 베스는 시작했고, 모두가 말했다 지금까지 들어본

remarkable piano ever heard. It had evidently been newly
가장 멋진 피아노 소리였다고. 피아노는 분명히 새로 조율된 게 틀림없었고

tuned / and put in apple-pie order, / but, / perfect as it
말끔히 정돈된 소리였다, 하지만, 그 소리가 완벽했다 해도,

was, / I think the real charm of it / lay in the happiest of
진정한 아름다움은 있었다 행복한 얼굴로 바라보는 모두의 행복에

all happy faces / which leaned over it, / as Beth lovingly
피아노에 기대어, 베스가 사랑스럽게 쳤을 때

touched / the beautiful black and white keys / and pressed
검고 하얀 건반을

the bright pedals.
빛나는 페달을 밟으며.

"You'll have to go and thank him," / said Jo, / by way
"가서 감사 인사를 드려야겠구나," 조가 말했다, 농담조로,

of a joke, / for the idea of the child's / really going never
왜냐하면 자신들의 제안을 진짜로 베스에게 받아들여질 줄

entered her head.
은 몰랐기에.

Key Expression

형용사 + as it was : ~라고 하더라도

'형용사 + as + 주어 + 동사'는 '~라고 하더라도, ~했지만'이라는 의미의 양보구문이에요. 형용사 자리에는 부사, 명사, 동사원형이 들어가기도 해요.
문장 중간에 들어갈 때에는 앞뒤에 쉼표를 넣어 삽입구로 사용합니다.

ex) But, perfect as it was, I think the real charm of it lay in the happiest of all happy faces.
그러나 그것이 아무리 완벽했다 하더라도, 진정한 아름다움은 모두의 행복한 얼굴에 떠 있는 더할 나위 없는 행복감이었다고 생각한다.

cunning 교활한, 정교한 | bracket 버팀대, 받침대 | puckered 잔주름이 잡힌 | remarkable 놀랄만한, 주목할 만한 | put in apple-pie order ~을 말끔히 정돈하다 | charm 매력 | pedal (피아노, 오르간의) 페달 | by way of ~로, ~을 통해

"Yes, I mean to. I guess I'll go now, / before I get
"응, 그럴 참이야. 지금 가야겠다,

frightened thinking about it." And, / to the utter
겁먹기 전에." 그리고,

amazement of the assembled family, / Beth walked
모여 있는 식구들이 완전히 놀란 상황에서,

deliberately down the garden, / through the hedge, / and
베스는 침착하게 정원으로 내려가, 울타리를 지나서,

in at the Laurences' door.
로렌스 씨 댁 문을 들어섰다.

"Well, I wish I may die / if it ain't the queerest thing / I
"어머나, 죽을 건가 봐요 가장 희한한 일이에요 지금까

ever see! The pianny has turned her head! She'd never
지 보았던! 피아노 때문에 베스가 머리가 잘못됐나 봐요! 절대 못 갔을 거예요

have gone / in her right mind," / cried Hannah, / staring
온전한 정신이라면," 한나가 소리쳤다, 그녀의 뒷모습을

after her, / while the girls were rendered quite speechless /
바라보며, 자매들이 말문을 잃은 상황에서

by the miracle.
기적과도 같은 일에.

They would have been still more amazed / if they had
그들은 훨씬 더 놀랐을 것이다 만약 보았다면

seen / what Beth did afterward. If you will believe me, /
베스가 이후에 한 일을. 믿을지 모르겠지만,

she went and knocked at the study door / before she gave
베스는 서재 문을 두드렸다 생각할 시간도 없이,

herself time to think, / and when a gruff voice called out,
그리고 걸걸한 목소리가 들리자,

/ "Come in!" / she did go in, / right up to Mr. Laurence, /
"들어와요!"라는 베스는 안으로 들어가서, 곧장 로렌스 씨에게로 향했다,

who looked quite taken aback, / and held out her hand, /
깜짝 놀란 듯 보였던, 그리고 손을 내밀었다,

saying, / with only a small quaver in her voice, / "I came
말하면서, 약간 떨리는 목소리로, "감사의 말을

to thank you, sir, / for — " But she didn't finish, / for he
전하려 왔어요, 왜냐하면 — "이라고 그러나 그녀는 말을 끝맺지 못했다,

looked so friendly / that she forgot her speech / and, only
그가 너무나도 다정하게 바라보자 그녀는 할말을 잊고,

remembering / that he had lost the little girl / he loved, / she
오직 기억했다 그가 손녀를 잃었다는 사실만을 사랑했던,

put both arms round his neck / and kissed him.
그래서 그녀는 두 손으로 그의 목을 끌어안고 입맞췄다.

assemble ~을 모으다 | **deliberately** 신중하게 | **hedge** 생울타리 | **render** (어떤 상태가 되게) 만들다 | **take aback** 당황하게 하다 | **quaver** 목소리가 떨리다

If the roof of the house / had suddenly flown off, / the old
만약 집 지붕이 갑자기 날아가버렸다 해도,

gentleman / wouldn't have been more astonished; / but he
이 노신사는 그보다 놀라지 않았을 걸이다; 그러나 그

liked it / — oh, dear, yes, / he liked it amazingly! — /
는 좋아했다 — 아, 그랬다, 그는 놀랍게도 좋아했다! —

and was so touched and pleased / by that confiding little
그리고 너무 감동받고 기뻐서 그 숨김 없는 입맞춤에

kiss / that all his crustiness vanished; / and he just set
신경질적인 태도도 사라졌다; 그리고 베스를 무릎에 앉히고는,

her on his knee, / and laid his wrinkled cheek / against
그의 주름진 볼을 그녀의 장미빛 볼

her rosy one, / feeling as if he had got / his own little
에 대며, ~처럼 느꼈다 그의 손녀가 다시 살아온 것.

granddaughter back again. Beth ceased to fear him / from
베스는 그를 두려워하지 않았다

that moment, / and sat there talking to him / as cozily /
그 순간부터, 그리고 그곳에 앉아 이야기했다 친숙하게

as if she had known him / all her life, / for love casts out
마치 그와 알고 지내온 것처럼 오랫동안, 왜냐하면 사랑은 공포를 이기고,

fear, / and gratitude can conquer pride. When she went
감사하는 마음은 자존심을 이기는 법이므로. 집으로 돌아가는 길에,

home, / he walked with her / to her own gate, / shook
그는 베스를 바래다 주고 집 앞까지, 진심으로 악수를

hands cordially, / and touched his hat / as he marched
했다, 그리고 모자를 벗어 인사했다 그가 집으로 되돌아갈 때,

back again, / looking very stately and erect, / like a
위풍당당하고 똑바로 선 모습이,

handsome, soldierly old gentleman, / as he was.
멋지고 씩씩한 노신사 같아 보였다, 그가 그랬듯이.

astonish 깜짝 놀라게 하다 | confiding 신뢰하는 | crustiness 그만두다 | cease 신경질 | cozily 오붓이 |
conquer 이기다 | cordially 다정하게, 진심으로 | soldierly 군인다운

When the girls saw that performance, / Jo began to dance
자매들이 그 모습을 보았을 때, 조는 춤을 추기 시작했고,

a jig, / by way of expressing her satisfaction, / Amy
만족감을 표시하는 방법으로,

nearly fell out of the window / in her surprise, / and Meg
에이미는 창문에서 떨어질 뻔했다 너무 놀라서,

exclaimed, / with uplifted hands, / "Well, I do believe / the
메그는 소리쳤다, 양손을 들고는, "음, 정말 생각해

world is coming to an end!"
세계가 끝나버릴 만한 일이야!"라고.

Key Expression

강조를 위한 조동사 do

동사의 의미를 강조하고 싶을 때 동사 앞에 조동사 do를 추가하여 사용하며, '정말로~하다'로 해석합니다. 이때 인칭과 시제에 맞춰 does, did 등으로 변화하는데, 그 뒤에는 동사원형이 옵니다.
강조의 do는 그 자체에는 빠져도 문장에 영향을 주지 않기 때문에, 이렇게 다른 용법에 do와 구별할 수 있답니다.

ex) I do believe the world is coming to an end!
정말로 세상이 끝난 것만 같아!

jig 지그(속도가 빠르고 변화가 많은 춤 | uplift 올리기, 증가

mini test 3

A. 다음 문장을 해석해 보세요.

(1) The other lion was / the fact that they were poor and Laurie rich, / for this made them shy / of accepting favors / which they could not return.

→

(2) Laurie told me / how fond Mr. Laurence used to be / of the child who died, / and how he kept all her little things / carefully.

→

(3) Meg could walk in the conservatory / whenever she liked / and revel in bouquets, / Jo browsed over the new library voraciously, / and convulsed the old gentleman / with her criticisms.

→

(4) I have had many pairs of slippers / in my life, / but I never had any that suited me so well as yours.

→

B. 다음 주어진 문장이 되도록 빈칸에 써 넣으세요.

(1) 그가 행복하기만 하다면 좋아하는 것을 하게 두세요.

Let him do what he likes, ________________.

(2) 그녀는 로리가 하인들이 도지 못하게 경고하기 위해 복도에서 망을 보고 있는 것을 결코 보지 못했다.

She ______________________________ to warn the servants away.

(3) 나도 그녀가 옳다고 생각해요. 그리고 내가 마치 할머니라도 된 것처럼 그 녀석을 애지중지해왔어요.

I suspect she is right, and that I've been coddling the fellow ________________________.

A. (1) 또 다른 사자는 그들은 가난하고 로리는 부자라는 사실이었다. 왜냐하면 되갚을 수 없는 호의를 받는 다는 사실이 그들을 부끄럽게 했기 때문이다. (2) 로렌스 씨가 얼마나 죽은 손녀를 좋아했고 그녀의 물건들을 소중히 간직하고 있는지 로리가 말해 줬어. (3) 메그는 원할 때마다 온실을 산책하며 꽃을 한껏 즐

(4) 만약 베스가 그 후에 한 일을 보았다면, 그들은 훨씬 더 놀랐을 것이다.

_______________, if they had seen what Beth did afterward.

C. 다음 주어진 문구가 알맞은 문장이 되도록 순서를 맞춰 보세요.

(1) 분명, 참으로 멋진 시간을 보냈지.
(had, / good times / What / they / to be sure)
→

(2) 내게도 예전에 이런 눈을 가진 손녀가 있었어요.
(once / I / with / like / a little girl / had / tjese / eyes)
→

(3) 나도 누군가가 내게 그렇게 편지를 써 주면 얼마나 좋을까.
(wish / write / I / to me / someone / would / so!)
→

(4) 아가씨들에게 내가 한 말을 전해 주세요.
(tell / the young ladies / I / what / Please / say)
→

D. 다음 단어에대한맞는 설명과 연결해 보세요.

(1) coddle ▶ ◀ ① think about something carefully

(2) neglects ▶ ◀ ② feeling of extreme happiness or pleasure

(3) rapture ▶ ◀ ③ treat them too kindly or protect them too much

(4) peculiar ▶ ◀ ④ fail to give enough attention

길 수 있었고, 조는 새 서재를 열렬히 탐색하며 서평으로 노신사를 포복절도하게 만들었다. (4) 나는 일생동안 많은 슬리퍼를 받았지만, 당신 것처럼 잘 맞는 것은 가진 적이 없어요. | B. (1) as long as he is happy (2) never saw Laurie mount guard in the hall (3) as if I' d been his grandmother (4) They would have been still more amazed | C. (1) What good times they had, to be sure. (2) I had a little girl once, with eyes like these. (3) I wish someone would write to me so! (4) Please tell the young ladies what I say. | D. (1) ③ (2) ④ (3) ② (4) ①

4

Amy's valley of humiliation
에이미의 굴욕

"That boy is a perfect Cyclops, / isn't he?" / said Amy, /
"완전 키클롭스라니까, 그렇지 않아?" 에이미가 말했다,

one day, / as Laurie clattered by on horseback, / with a
어느 날, 로리가 말을 타고 있을 때,

flourish of his whip / as he passed.
채찍을 휘두르며 지나가면서.

"How dare you say so, / when he's got both his eyes?
"어떻게 그런 말을 할 수 있어, 재는 눈이 두 개잖아?

And very handsome ones they are, too," / cried Jo, / who
그리고 눈이 얼마나 예쁜데," 조가 소리쳤다,

resented any slighting remarks / about her friend.
실례되는 말에 화를 내며 자기 친구에 대한.

"I didn't say anything / about his eyes, / and I don't see /
"얘기한 게 아니야 눈을 두고, 모르겠네

why you need fire up / when I admire his riding."
왜 언니가 화를 내야 하는지 말 타는 모습을 칭찬한 건데."

"Oh, my goodness! That little goose means a centaur, /
"이럴 수가! 켄타우르스라고 해야지,

and she called him a Cyclops," / exclaimed Jo, / with a
키클롭스라고 부르다니," 조가 소리쳤다,

burst of laughter.
웃음을 터뜨리며.

"You needn't be so rude, / it's only a 'lapse of lingy,' / as
"그렇게 무례하게 말할 것 없잖아, '말 실수'일 뿐이라고, 데이비스

Mr. Davis says," / retorted Amy, / finishing Jo with her
선생님의 표현을 빌자면," 에이미가 쏘아붙였다, 라틴어로 조의 말을 끝내며.

Latin. "I just wish / I had a little of the money / Laurie
"단지 바랄 뿐 돈의 일부라도 있었으면 좋겠다고

spends on that horse," / she added, / as if to herself, / yet
로리가 저 말에 쓰는," 그녀가 덧붙였다, 혼잣말 하듯,

hoping her sisters would hear.
언니들이 듣지 못했기를 바라며.

"Why?" / asked Meg kindly, / for Jo had gone off / in
"왜?" 메그가 다정하게 물었다, 조가 자리를 떴기 때문에

another laugh / at Amy's second blunder.
또 한바탕 웃으며 에이미의 두 번이나 되는 말 실수에.

"I need it so much. I'm dreadfully in debt, / and it won't be
"돈이 많이 필요해. 빚을 많이 졌거든, 내 차례는 오지 않을 테니

my turn / to have the rag money / for a month."
용돈을 받을 한 달 동안은."

"In debt, Amy? What do you mean?" And Meg looked
"빚이라고, 에이미?" 그게 무슨 말이야?" 메그가 진지하게 바라봤다.

sober.

"Why, / I owe at least a dozen pickled limes, / and I can't
"응, 적어도 라임 열 두 개 이상을 빚졌는데, 갚을 수가 없는 거야,

pay them, / you know, / till I have money, / for Marmee
언니도 알다시피, 돈을 받을 때까지는, 엄마는 반대하시잖아

forbade / my having anything charged / at the shop."
물건을 외상으로 사는 걸 가게에서."

Key Expression

부가의문문

부가의문문은 문장 끝에 사용하여 평서문을 의문문으로 만들어 줍니다. 우리말의 '그렇지 않아?' 혹은 '그렇지?'에 해당하는 말이죠.
부가의문문의 기본 형태는 주절에 쓴 동사에 따라 '~be동사/조동사/do동사 + 주어 대명사?'입니다. 이때 주절의 동사가 긍정이면 부정형을, 주절의 동사가 긍정이면 부정형을 사용합니다.

ex) That boy is a perfect Cyclops, isn' t he? (be동사의 부정형 + 주어)
저 소년은 완전 키클롭스라니까, 그렇지 않아?

Cyclops 키클롭스(그리스 로마 신화에서 정수리에 눈이 하나 뿐인 거인) | clatter 달그락거리며 가다 | flourish (사람들이 보도록) 흔들어 대다 | resent 분하게 여기다 | centaur 켄타우루스(그리스 로마 신화에 등장하는 반인반마의 상상 속 종족) | burst 터지다, 터뜨리다 | lapse 작은 실수 | retort ~에 보복하다 | blunder (어리석은) 실수 | dreadfully 몹시, 굉장히 | sober 냉철한, 진지한 | forbade forbid의 과거형

"Tell me all about it. Are limes the fashion now? It used
"전부 말해 봐. 지금 라임이 유행인 거니?

to be pricking pits / of rubber / to make balls." And Meg
전에는 따끔거리게 하더니 고무줄로 공을 만들어서."

tried to keep her countenance, / Amy looked so grave
메그는 냉정함을 유지하려 했고, 에이미에게는 꽤 심각하고 중요해 보였다.

and important.

"Why, you see, / the girls are always buying them, / and
"있잖아, 여자애들은 항상 라임을 사고 있어,

unless you want to be thought mean, / you must do it,
구두쇠라고 여겨지지 않으려면, 그럴 수밖에 없어.

too. It's nothing but limes now, / for everyone is sucking
지금은 라임 뿐이야, 모두들 라임을 빨아먹거나

them / in their desks in schooltime, / and trading them
수업 시간에 책상에서 꺼내어, 교환하기도 하지

off / for pencils, bead rings, paper dolls, / or something
연필이나 구슬반지, 종이인형, 혹은 그 밖의 물건들과,

else, / at recess. If one girl likes another, / she gives her
휴식 시간에. 좋아하는 애가 있으면, 라임을 주지;

a lime; / if she's mad with her, / she eats one before her
만약 누군가에게 화가 나면, 그 애 앞에서 라임을 먹으면서,

face, / and doesn't offer even a suck. They treat by turns,
한 입도 권하지 않는 거야. 애들이 돌아가면서 한턱내는데,

/ and I've had ever so many / but haven't returned them, /
난 많이 먹기만 했지 준 적이 없단 말이야,

and I ought, / for they are debts of honor, you know."
그래서 내야 해, 이건 체면이 걸린 빚이란 말이야."

Key Expression

as long as : ~하는 한

as long as는 '~하는 동안, ~하는 한/이라는 의미를 가진 어구입니다. 뒤에 주어+동사~의 절을 이끄는 접속사 역할을 하지요.

ex) Make it last as long as you can.
할 수 있는 한 오랫동안 쓰도록 해.

"How much will pay them off, / and restore your credit?" /
"얼마면 되는데, 네 체면을 살리려면?"

asked Meg, / taking out her purse.
메그가 물었다, 지갑을 꺼내며.

"A quarter would more than do it, / and leave a few cents
"25센트면 될 것 같아, 그리고 몇 센트는 남겨서

over / for a treat for you. Don't you like limes?"
언니한테도 낼게. 라임 안 좋아해?"

"Not much; / you may have my share. Here's the money.
"별로; 내 몫은 네가 가지렴. 돈 여기 있어.

Make it last as long as you can, / for it isn't very plenty,
최대한 오랫동안 써야 해, 별로 많지 않으니까."

you know."

"Oh, thank you! It must be so nice / to have pocket money!
"오, 고마워! 정말 잘됐어 용돈이 생겨서!

I'll have a grand feast, / for I haven't tasted a lime / this
큰 잔치를 벌여야지, 하나도 못 먹었으니까 이번 주에는.

week. I felt delicate about taking any, / as I couldn't return
받아 먹기가 조심스러웠어, 애들한테 주질 못했으니,

them, / and I'm actually suffering for one."
정말 괴로웠다고."

Next day / Amy was rather late at school; / but could not
다음 날 에이미는 학교에 좀 늦게 갔다; 하지만 굴복하고 말았다

resist / the temptation of displaying, / with pardonable
자랑하고 싶은 유혹에, 자존심을 회복할 수 있도록,

pride, / a moist brown-paper parcel, / before she consigned
촉촉한 갈색 종이 봉지를, 넣어 두기 전에

it / to the inmost recesses of her desk. During the next few
책상에 깊숙한 곳에. 그 후 몇 분 만에

minutes / the rumor that Amy March had got / twenty-four
에이미 마치가 가지고 있다는 소문은 24개의 맛있는 라임을

pricking 따끔하게 찌르는 | countenance 얼굴 (표정) | sucking 빠는, 흡수하는 | by turns 교대로 | restore (건강, 지위 등을) 회복하게 하다 | treat 대접하다, 한턱내다 | share 몫, 지분 | delicate 연약한, 여린 | resist 저항하다 | temptation 유혹 | display 전시하다, 드러내다 | pardonable 용서할 수 있는, 해명이 되는 | parcel 소포, 꾸러미 | consign 놓다, 두다 | inmost 가장 깊은

delicious limes / (she ate one on the way) / and was going
(그녀가 오는 도중에 하나를 먹어버렸지만) 퍼져 나갔다

to treat circulated / through her "set," / and the attentions
그녀의 "그룹"을 통해 그리고 친구들의 관심은

of her friends / became quite overwhelming. Katy Brown
압도적이었다. 케이티 브라운은 그녀를

invited her / to her next party / on the spot; / Mary Kingsley
초대했다 다음 파티에 그 자리에서; 메리 킹슬리는 제안했다

insisted on / lending her watch / till recess; / and Jenny
자신의 시계를 빌려 주겠다고 쉬는 시간까지; 그리고 제니 스노우는,

Snow, / a satirical young lady, / who had basely twitted
빈정대던 소녀인, 에이미를 깔보던

Amy / upon her limeless state, / promptly buried the hatchet
라임이 없다고, 즉시 화해하고

/ and offered to furnish answers / to certain appalling sums.
답을 알려 주겠다고 제안했다 끔찍한 수학 문제에 대한.

But Amy had not forgotten / Miss Snow's cutting remarks
하지만 에이미는 잊지 않았다 스노우의 독설을

/ about "some persons / whose noses were not too flat / to
"어떤 사람들은 코가 납작해도

smell other people's limes, / and stuck-up people / who were
다른 사람들의 라임 냄새를 잘 맡고, 거만한 척 하면서도,

not too proud to ask for them"; / and she instantly crushed /
자존심도 없이 남의 것을 청한다"라고 말했던, 그래서 에이미는 바로 산산이 부숴버렸다

"that Snow girl's" hopes / by the withering telegram, / "You
"그 스노우"의 희망을 전갈을 보냄으로써,

needn't be so polite / all of a sudden, / for you won't get
"넌 예의 차릴 필요 없어 갑자기, 받지도 못할 테니까"라고 쓰여진.

any."

A distinguished personage happened to visit the school
저명한 인사가 우연히 학교를 방문했다

circulate 돌다, 운행하다 | overwhelming 압도적인 | spot (특정한) 곳 | satirical 풍자적인 | twit (남)을 꾸짖다 | promptly 지체 없이 | hatchet 손도끼 | furnish 제공하다 | appalling 간담을 서늘케 하는, 끔찍한 | stuck-up 거드름 피우는 | withering 어리둥절하게 하는 | personage 유명 인사

/ that morning, / and Amy's beautifully drawn maps /
그 날 아침, 그리고 에이미의 잘 그린 지도가

received praise, / which honor to her foe rankled / in the
칭찬을 받았다, 그 일은 적을 괴롭혔지만

soul of Miss Snow, / and caused Miss March / to assume
스노우의 마음을, 마치에게 ~을 야기했다

the airs of a studious young peacock. But, alas, alas! Pride
어린 공작처럼 잘난 체 하도록. 하지만 아, 아!

goes before a fall, / and the revengeful Snow turned the
교만은 오래 못 가는 법이니, 복수에 불탄 스노우가 전세를 뒤집어

tables / with disastrous success. No sooner had the guest
재앙을 불러 일으키는 성공을 거뒀다. 손님이 의례적인 칭찬을 늘어놓고

paid the usual stale compliments / and bowed himself out,
인사하고 떠나자마자,

/ than Jenny, / under pretense of / asking an important
제니는, 모습으로 중요한 질문을 하려는,

question, / informed Mr. Davis, the teacher, / that Amy
데이비스 선생님에게 알리고 말았다,

March had pickled limes / in her desk.
에이미가 절인 라임을 숨겨두고 있다고 그녀의 책상 속에.

Now Mr. Davis had declared / limes a contraband article,
데이비스 선생님은 선언했었다 라임을 금지 품목으로,

/ and solemnly vowed / to publicly ferrule / the first
그리고 엄중하게 공언했다 모두가 보는 앞에서 혼내겠다고 첫 번째 사람을

person / who was found breaking the law. This much-
규칙을 어긴 것이 발각된. 이 참을성 많은 남자는

enduring man / had succeeded / in banishing chewing
성공한 바 있다 껌 씹는 행위를 퇴치하는데

gum / after a long and stormy war, / had made a bonfire /
오래고 격렬한 전투 끝에, 불태우기도 했고

foe 적 | rankle 마음을 괴롭히다, 마음에 맺히다 | studious 공부를 열심히 하는, 학구적인 | revengeful 복수심에 불타는, 앙심 깊은 | disastrous 재난을 불러 일으키는 | contraband 금지의 | ferrule 덮개 | bonfire 모닥불

of the confiscated novels and newspapers, / had suppressed
압수한 소설과 잡지들을, 사설 우체국을 제압했고,

a private post office, / had forbidden / distortions of the
금지지시켰다 얼굴 찡그리기나 별명 부르기, 만

face, nicknames, and caricatures, / and done all that one
화를, 그리고 할 수 있는 일이면 뭐든지 했다

man could do / to keep half a hundred rebellious girls
반역을 도모하는 50명의 아이들의

/ in order. Boys are trying enough to human patience,
질서를 지키는 일이라면. 남학생들은 꽤 인내심이 요구되지만,

/ goodness knows, / but girls are infinitely more so, /
알다시피, 여학생들은 그 이상이었다,

especially to nervous gentlemen / with tyrannical tempers
특히 신경질적인 남자 교사에게는 포악한 성격에

/ and no more talent for teaching / than Dr. Blimber. Mr.
가르치는 데 소질이 없는. 블림버 박사보다도. 데이비스

Davis knew any quantity / of Greek, Latin, algebra, and
선생님은 어느 정도 지식이 있었다 그리스어와 라틴어, 대수 등 각종 학문 분야에도

ologies of all sorts / so he was called a fine teacher, /
그래서 그는 좋은 교사라고 불리웠다,

and manners, morals, feelings, and examples / were not
그렇지만 예절과 도덕, 정서, 그리고 본보기는 고려되지 않았다

considered / of any particular importance. It was a most
중요하게. 가장 불행한 순간이었다

unfortunate moment / for denouncing Amy, / and Jenny
고발당한 에이미에게는, 그리고 제니는 그것을

knew it. Mr. Davis had evidently / taken his coffee too
알고 있었다. 데이비스 선생님은 분명히 커피를 너무 진하게 마신 것이 틀림없었다

strong / that morning, / there was an east wind, / which
그 날 아침에, 동풍이 불었고, 언제나 그의 신

always affected his neuralgia, / and his pupils had not done
경통을 악화시키는, 그리고 그의 학생들은 그에게 신뢰를 주지 못

confiscate 몰수하다 | distortion 찌그러뜨림 | caricature 캐리커처 | rebellious (규칙, 일반 통념 등에 대해) 반항적인 | infinitely 대단히, 엄청 | tyrannical 폭군의, 압제적인 | algebra 대수학 | ology 학문 | denounce (불법적인 정치 활동에 대해) 고발하다 | neuralgia 신경통 | pupil 학생

him the credit / which he felt he deserved; / therefore,
했다, 그가 당연하다고 느꼈던; 그래서,

/ to use the expressive, / if not elegant, / language of a
받아야 한다고, 고상하지 않더라도, 학생들의 말을 빌자면,

schoolgirl, / "he was as nervous as a witch / and as cross
"그는 마녀처럼 신경질적이고 곰처럼 화를 내는."

as a bear." The word "limes" was / like fire to powder,
"라임"이라는 단어는 불난데 기름을 붓는 것이었고,

/ his yellow face flushed, / and he rapped on his desk
누런 얼굴이 붉게 달아올라서, 책상을 두들겨댔다

/ with an energy / which made Jenny skip to her seat /
힘차게 그 때문에 제니는 자리로 뛰어들어갔다

with unusual rapidity.
여느 때와 달리 빠른 속도로.

"Young ladies, / attention, if you please!"
"여러분, 주목해 주세요!"

At the stern order / the buzz ceased, / and fifty pairs of /
근엄한 명령에 떠들썩하던 소리가 멎었고, 50쌍의

blue, black, gray, and brown eyes / were obediently fixed
푸른 색, 검은 색, 회색, 그리고 갈색의 눈동자가 고분고분하게 고정됐다

upon / his awful countenance.
선생님의 험악한 얼굴에.

Key Expression

of + 추상명사 = 형용사

영어에서 'of + 추상명사'는 종종 형용사와 같은 역할을 합니다. 즉, of importance = important가 됩니다. 특히 문어체에서 이런 어구를 많이 볼 수 있어요. 또한 of와 추상명사 사이에 형용사를 써서 of great importance(매우 중요한), of little importance(거의 중요하지 않은)와 같이 사용할 수도 있습니다.
of use = useful, of interest = interesting, of value=valuable 등 다양하게 응용해 보세요

ex) So he was called a fine teacher, and manners, morals, feelings, and examples were not considered of any particular importance
그래서 그는 좋은 교사라고 불리었으며, 예절과 도덕, 정서는 특별히 중요하게 고려되지 않았다

powder 가루, 분말 | stern 엄중한, 근엄한 | obediently 고분고분하게

"Miss March, / come to the desk."
"마치 양, 교탁으로 나와요."

Amy rose to comply / with outward composure, / but a
에이미는 명령에 따라 일어섰다 겉으로는 침착한 척 했지만,

secret fear oppressed her, / for the limes weighed upon her
비밀스런 공포가 자신을 짓누르고 있었다, 라임이 마음에 걸렸기 때문에.

conscience.

"Bring with you the limes / you have in your desk" / was
"라임을 가지고 나와요 책상 속에 감추고 있는"

the unexpected command / which arrested her / before she
예상치 못했던 명령이 그녀를 꼼짝 못하게 했다

got out of her seat.
막 일어서려던 참에.

"Don't take all," / whispered her neighbor, / a young lady of
"다 가져가지 마," 옆 자리의 친구가 속삭였다, 침착한 말투의 소녀인.

great presence of mind.

Amy hastily shook out half a dozen / and laid the rest down
에이미는 서둘러 12개를 내놓았다 나머지는 덜어낸 채

/ before Mr. Davis, / feeling / that any man possessing a
데이비스 선생님 앞에, 생각하면서 인간의 마음을 가진 사람이라면 누그러질 거라고

human heart would relent / when that delicious perfume met
이렇게 맛있는 향기를 맡는다면.

his nose. Unfortunately, / Mr. Davis particularly detested /
불행하게도, 데이비스 선생님은 특히 혐오했다

the odor of the fashionable pickle, / and disgust added to his
라임의 냄새를, 그래서 그의 화를 돋우기만 했다.

wrath.

"Is that all?"
"그게 전부니?"

"Not quite," / stammered Amy.
"그런 건 아닌데요," 에이미가 더듬거리며 말했다.

"Bring the rest immediately."
"나머지도 당장 가져와."

With a despairing glance at her set, / she obeyed.
절망스런 눈빛으로 친구들을 쳐다보고는, 그녀는 명령에 따랐다.

"You are sure / there are no more?"
"정말이지 더 이상은 없는 것이?"

"I never lie, sir."
"거짓말 아니에요, 선생님."

"So I see. Now take these disgusting things / two by two, /
"그럼 알겠다. 이제 이 역겨운 것들을 두 개씩 손에 들고,

and throw them / out of the window."
던져 버려라 창문 밖으로."

There was a simultaneous sigh, / which created quite
동시에 한숨이 터져 나왔다, 작은 돌풍과도 같은,

a little gust, / as the last hope fled, / and the treat was
끝내 마지막 희망이 사라지고, 대접 받을 기회가 잃어버리자

ravished / from their longing lips. Scarlet with shame and
간절히 맛보길 원했던. 수치심과 분노로 얼굴이 붉어진 채,

anger, / Amy went to and fro six dreadful times, / and as
에이미는 여섯 번이나 끔찍한 시간을 왔다갔다 했고,

each doomed couple / — looking oh! So plump and juicy
불운한 라임 커플들은 — 자, 보라! 그토록 탱탱하고 군침 도는 —

— / fell from her reluctant hands, / a shout from the street
마지못해 던지는 그녀의 손으로부터 떨어졌고, 거리로부터 들려오는 고함 소리는

/ completed the anguish of the girls, / for it told them /
소녀들의 괴로움에 종말을 안겨 줬다, 왜냐하면 그것은 알렸기 때문에

Key Expression

목적격 관계대명사의 생략

관계대명사가 동사나 전치사의 목적어인 경우 생략이 가능합니다. 관계대명사가 생략되어 있는 경우 해석에 어려움을 겪우가 많이 있죠.
명사 뒤에 연결어구 없이 주어+동사의 문장이 바로 이어지면 그 사이에 관계대명사의 생략을 의심하고 관계대명사를 넣어 뒤 문장이 앞의 명사(선행사)를 수식하는 것으로 해석해 보세요.

ex) Bring with you the limes (that) you have in your desk.
네가 책상 속에 가지고 있는 라임을 가지고 와.

conscience 양심 | arrest (무엇의 진행을) 막다 | relent 누그러지다 | detest 몹시 싫어하다 | fashionable 유행하는 | disgust 혐오감 | stammer 말을 더듬다 | simultaneous 동시에 | fled flee의 과거형, 달아나다 | ravish 빼앗다, 강탈하다 | scarlet 진홍색 | doom 운명 | anguish 괴로움

that their feast was being exulted / over by the little Irish
횡재에 기뻐 날뛰는 소리임을 밖에 있는 아일랜드 꼬마들의,

children, / who were their sworn foes. This — this was
종종 이들의 공공연한 원수였던. 이것은 — 이것은 너무나도 심한

too much; / all flashed indignant or appealing glances /
일이었다; 모든 학생들은 분노와 호소의 눈빛을 빛냈고

at the inexorable Davis, / and one passionate lime-lover /
거침없는 데이비스 선생님에게, 라임광인 한 학생은

burst into tears.
울음을 터뜨렸다.

As Amy returned from her last trip, / Mr. Davis gave a
에이미가 마지막 여행을 마치고 돌아오자, 데이비스 선생님은 불길한 징조로

portentous / "Hem!" and said, / in his most impressive
"에헴!"하는 기침 소리를 내며 말했다,

manner —
최대한 인상적인 태도로 —

"Young ladies, / you remember / what I said to you / a
"여러분, 기억하겠지 내가 한 말을

week ago. I am sorry this has happened, / but I never allow
일주일 전에. 이런 일이 생겨서 유감이지만, 용납할 수 없다

/ my rules to be infringed, / and I never break my word.
규칙을 어기는 것을 , 그리고 내 말을 절대 번복하지 않겠다.

Miss March, / hold out your hand."
마치 양, 손을 내밀도록."

Amy started, and put both hands behind her, / turning on
에이미는 손을 등 뒤로 가져가며, 선생님을 바라보았다

him / an imploring look / which pleaded for her better than
애원하는 눈길로 말보다 더한 호소가 담긴

the words / she could not utter. She was rather a favorite /
입 밖에 낼 수 없었던. 그녀는 꽤 사랑받는 학생이었으므로,

with "old Davis," / as, of course, / he was called, / and it's
"데이비스 영감,"에게 있어 물론, 그는 그렇게 불렸다,

my private belief / that he would have broken his word / if
개인적으로는 생각한다 자신의 말을 번복했을지도 모른다고

sworn 공공연한 | indignant 분개한 | inexorable 냉혹한, 용서 없는 | passionate 열렬한 | portentous 불길한
| infringe 어기다 | imploring 탄원하는 | utter 발언하다

the indignation of one irrepressible young lady / had not
불만을 참지 못한 한 학생이

found vent in a hiss. That hiss, / faint as it was, / irritated
탄식하는 것을 보지 못했다면. 그 소리는, 미약했지만,

the irascible gentleman, / and sealed the culprit's fate.
화를 잘 내는 선생님을 짜증나게 했고, 문제아의 운명은 확정되고 말았다.

"Your hand, / Miss March!" / was the only answer / her
"손을 내밀거라, 마치 양!" 이라는 대답뿐이었다

mute appeal received; / and, / too proud to cry or beseech,
에이미의 말 없는 호소에 대한 반응은; 그리고, 자존심이 너무 강해 울지도 애원하지도 않은 채,

/ Amy set her teeth, / threw back her head defiantly, / and
에이미는 이를 꽉 물고, 반항적으로 고개를 뒤로 젖히며,

bore without flinching / several tingling blows on her little
움찔하지도 않으며 참아냈다 작은 손바닥에 가해진 몇 번의 고통을.

palm. They were neither many nor heavy, / but that made
선생님의 매는 많지도 세지도 않았지만,

no difference to her. For the first time in her life / she had
그건 그녀에게는 상관없었다. 생애 처음으로 에이미는 매를

been struck, / and the disgrace, / in her eyes, / was as deep
맞았고, 그 치욕은, 그녀의 눈에 나타난, 깊은 것이었다

/ as if he had knocked her down.
선생님이 자신을 때려 눕히기라도 한 것처럼.

Key Expression

neither~nor… : ~도 …도 아닌

neither~nor…는 둘다 아니라는 뜻으로 이와 같이 짝을 이루어 쓰이는 접속사를 상관 접속사라고 합니다. 비슷한 형태의 상관접속사로는 either~or…(둘 중 하나), not~but…(~가 아니라 …), not only~but also…(~뿐만 아니라 …도) 등이 있습니다. 특히, 상관접속사의 ~와 …에는 같은 형태의 단어나 구, 절이 온다는 점에 주의하세요.
참고로 상관접속사는 의미에 따라 인칭과 수의 일치가 달라집니다.
neither~nor…의 경우 뒤에 오는 …에 인칭 및 수를 일치시켜야 합니다.

ex) They were neither many nor heavy
그것들은 많은 수도 아니었고 세지도 않았다.

irrepressible 견딜 수 없는 | irascible 화를 잘 내는 | culprit 범죄자 | fate 운명 | beseech 간청하다 | tingling 따끔따끔 아프다 | disgrace 불명예, 망신

"You will now / stand on the platform / till recess," / said
"자 이제 교단 위에 서 있거라 쉬는 시간까지," 데이비스

Mr. Davis, / resolved to do the thing thoroughly, / since he
선생님이 말했다, 철저히 마무리 지어야겠다고 결심하며,

had begun.
일단 시작한 일은.

That was dreadful. It would have been bad enough / to
정말 끔찍한 일이었다. 충분히 힘든 일이었을 것이다

go to her seat, / and see the pitying faces of her friends, /
자리로 돌아가서, 친구들의 동정어린 얼굴을 바라보거나,

or the satisfied ones of her few enemies; / but to face the
적수들의 만족해 하는 얼굴을 보는 것만으로도; 하지만 반 전체를 마주하는

whole school, / with that shame fresh upon her, / seemed
것은, 그녀에게 새로운 수치심을 안겨 줬고, 불가능해 보였다,

impossible, / and for a second / she felt / as if she could
그래서 잠시 동안 그녀는 느꼈다 쓰러져 버릴 것 같다고

only drop down / where she stood, / and break her heart
그 자리에서, 또는 가슴이 찢어지도록 울 수도 있겠

with crying. A bitter sense of wrong / and the thought
다고. 부당하다는 씁쓸한 감정과 제니 스노우에 대한 생각이

of Jenny Snow / helped her to bear it, / and, taking the
참아내도록 도왔고, 그 수치스러운 장소를 지켰다,

ignominious place, / she fixed her eyes / on the stove
그녀는 시선을 고정시킨채 난로 굴뚝에

funnel / above what now seemed a sea of faces, / and stood
파도처럼 밀려오는 얼굴 너머의, 그곳에 서 있었다,

there, / so motionless and white / that the girls found it
꼼짝하지 않고 하얗게 질린 모습 때문에 아이들은 수업하는 것이 매우 힘들었다

very hard to study / with that pathetic figure / before them.
가련한 친구와 함께 그들 앞에 있는.

platform 교단, 강단 | thoroughly 완전히 | pitying 동정하는 | ignominious 면목 없는, 수치스러운 | funnel 굴뚝 | motionless 움직이지 않는

During the fifteen minutes that followed, / the proud and
이후 15분 동안, 자존심 강하고 예민한 소

sensitive little girl / suffered a shame and pain / which she
녀는 수치심과 고통을 겪었다

never forgot. To others / it might seem a ludicrous or trivial
결코 잊을 수 없는. 다른 사람들에게는 우스꽝스럽거나 사소한 사건이었겠지만,

affair, / but to her / it was a hard experience, / for during
그녀에게는 힘든 경험이었다,

the twelve years of her life / she had been governed by
왜냐하면 12년 간 살아오면서 사랑만 받고 자라왔기에,

love alone, / and a blow of that sort / had never touched her
이런 식으로 매를 맞은 일은 이전에 한 번도 없었기 때문이다.

before. The smart of her hand / and the ache of her heart /
욱씬거리는 손이나 마음의 상처는

were forgotten / in the sting of the thought, / "I shall have
잊혀졌다 이런 쓰라린 생각 속에서 "집에 가면 말해야 할

to tell at home, / and they will be so disappointed / in me!"
텐데, 그러면 가족들이 정말 실망할 거야 나한테!"라는.

The fifteen minutes seemed an hour, / but they came to an
15분이 한 시간처럼 느껴졌지만, 끝은 다가왔다,

end / at last, / and the word "Recess!" / had never seemed
마침내, 그리고 "휴식!"이라는 말이

so welcome to her before.
그렇게 반가울 수 없었다.

"You can go, / Miss March," / said Mr. Davis, / looking, /
"가도 좋다, 마치 양," 데이비스 선생님이 말했다, 표정을 지으며,

as he felt, uncomfortable.
불편함을 느끼는 듯한.

ludicrous 웃기는 | trivial 하찮은, 사소한

He did not soon forget / the reproachful glance / Amy
그는 곧 잊어버리지 못했다 비난하는 듯한 눈빛을 에이미가 자신에

gave him, / as she went, / without a word to anyone, /
게 보인, 그녀가 돌아가면서, 아무에게도 한 마디도 하지 않은 채,

straight into the anteroom, / snatched her things, / and
곧장 대기실로 향하더니, 짐들을 급히 챙기고는,

left the place / "forever," / as she passionately declared
그 장소를 떠났다 "영원히", 라고 마음속으로 굳게 다짐하면서.

to herself. She was in a sad state / when she got home, /
에이미는 슬픈 상태였다 집에 돌아와서도,

and when the older girls arrived, / sometime later, / an
그리고 언니들이 돌아왔을 때, 잠시 후,

indignation meeting was held / at once. Mrs. March did
울분의 회의가 소집됐다 즉시. 마치 부인은 별로 말이 없었지만

not say much / but looked disturbed, / and comforted her
상처받은 듯 보였고, 괴로워하는 막내딸을 위로했다

afflicted little daughter / in her tenderest manner. Meg
상냥한 태도로.

bathed the insulted hand / with glycerine and tears, / Beth
메그는 모욕당한 에이미의 손을 적셨다 글리세린과 눈물로, 베스는

felt / that even her beloved kittens / would fail / as a balm
생각했다 자신의 사랑스러운 새끼 고양이마저도 소용이 없을 것이라고

for griefs like this, / Jo wrathfully proposed / that Mr.
이런 슬픔을 달래는 치료제로써, 조는 몹시 화를 내며 제안했다

Davis be arrested without delay, / and Hannah shook her
데이비스 선생님을 당장 체포해야 한다고, 그리고 한나는 주먹을 휘둘렀다

fist / at the "villain" / and pounded potatoes for dinner / as
그 "악당"에게 그리고는 저녁 식사에 쓸 감자를 찧어댔다

if she had him under her pestle.
절굿공이 밑에 그가 있는 것처럼.

reproachful 나무라는, 비난하는 | anteroom 대기실 | indignation 분개, 분노 | afflict 괴롭히다 | wrathfully 몹시 노한 | villain 악당

No notice was taken / of Amy's flight, / except by her
아무도 눈치채지 못했다 에이미가 가버린 것을, 그녀의 친구들 외에는;

mates; / but the sharp-eyed demoiselles discovered /
하지만 예민한 눈을 가진 소녀들은 발견했다

that Mr. Davis was quite benignant / in the afternoon,
데이비스 선생님이 꽤 순해지고 오후에는,

/ also unusually nervous. Just before school closed, / Jo
유달리 초조해하는 것을. 수업이 끝나기 직전,

appeared, / wearing a grim expression / as she stalked up
조가 나타났다, 단호한 표정으로 그녀는 교탁으로 성큼성큼 걸어

to the desk, / and delivered a letter / from her mother, /
가서는, 편지를 전했다 엄마로부터의,

then collected Amy's property, / and departed, / carefully
그리고 나서 에이미의 짐을 챙겨서는, 떠났다, 먼지를 조심스럽게

scraping the mud / from her boots / on the door mat, / as if
털어내면서 부츠의 교실 문 앞 매트에,

she shook the dust of the place / off her feet.
이곳의 먼지를 털어내려는 듯 발에서.

"Yes, / you can have a vacation from school, / but I
"그래, 학교는 쉬어도 좋아,

want you to study a little / every day with Beth," / said
하지만 공부는 조금씩 하렴 매일 베스와 함께,"

Mrs. March that evening. "I don't approve of corporal
마치 부인이 그날 저녁 말했다. "엄마는 체벌은 받아들일 수 없다,

punishment, / especially for girls. I dislike Mr. Davis's
특히 여자애들한테는. 데이비스 선생님의 교육 방식은 싫어하지만

manner of teaching / and don't think the girls / you
친구들도

associate with / are doing you any good, / so I shall ask
너랑 사귀는 도움이 되지는 않는 것 같구나,

your father's advice / before I send you / anywhere else."
그러니 아빠와 상의해 볼게, 보내기 전에 다른 학교로."

demoiselle (미혼의) 젊은 여자, 처녀 | grim 단호한, 암울한 | property 재산, 소유물 | corporal 신체의 | punishment 처벌, 징벌

"That's good! I wish all the girls would leave, / and spoil
"좋아요! 모든 아이들이 떠났으면 좋겠어요, 그래서 낡은 학교

his old school. It's perfectly maddening / to think of those
를 망쳐버렸으면. 정말 미쳐버릴 것 같아요 라임들만 생각하면,"

lovely limes," / sighed Amy, / with the air of a martyr.
에이미가 한숨을 쉬었다, 순교자가 된 듯한 태도로.

"I am not sorry / you lost them, / for you broke the rules,
"안 됐다고 생각하지 않는단다 네가 라임을 뺏긴 것은, 규칙을 어겼으니,

/ and deserved some punishment for disobedience" / was
벌을 받는 것은 당연하지"라는

the severe reply, / which rather disappointed the young
냉정한 대답은, 에이미를 조금 실망시켰다,

lady, / who expected nothing but sympathy.
동정만을 기대했던.

"Do you mean you are glad / I was disgraced / before the
"엄마는 잘됐다는 말씀이세요 제가 창피를 당한 게 반 전체 앞에서?"

whole school?" / cried Amy.
에이미가 소리쳤다.

Key Expression

nothing but = only

nothing but은 '단지 ~밖에, ~뿐'의 의미로 only와 같은 뜻으로 쓰이는 숙어입니다.
비슷한 형태의 anything but은 '결코 ~가 아닌'이라는 의미로 never의 뜻이므로 혼동하지 않도록 하세요.

ex) It rather disappointed the young lady, who expected nothing but sympathy.
그것은 동정만을 기대했던 그 아가씨를 조금 실망시켰다
It's nothing but limes now,
지금은 라임 밖에 없어.

maddening 미치게 하는 | martyr 순교자, 희생자 | disobedience 불순종 | sympathy 공감, 동정심

"I should not have chosen that way / of mending a fault,"
"나라면 그런 방법을 택하진 않았을 거란 거야 잘못을 바로 잡는데,"

/ replied her mother, / "but I'm not sure / that it won't do
엄마가 대답했다, "하지만 확신할 순 없구나 그 방법이 네게 효과가 없

you more good / than a milder method. You are getting
을지 부드러운 방법보다. 네 자만심이 점점 커지고 있으

to be rather conceited, / my dear, / and it is quite time /
니, 얘야, 좋은 기회니까

you set about correcting it. You have a good many little
그 점을 고칠. 넌 재능과 장점이 많은 아이지만,

gifts and virtues, / but there is no need of parading them,
그걸 자랑할 필요는 없단다,

/ for conceit spoils the finest genius. There is not much
자만심은 훌륭한 천재를 망치는 법이니까. 훨씬 위험하지

danger / that real talent or goodness / will be overlooked
진정한 재능과 장점이 오랫동안 무시되는 것은;

long; / even if it is, / the consciousness of possessing and
그렇다고 해도, 그것을 가지고 사용하려면

using it / well should satisfy one, / and the great charm
만족할 줄 알아야 한단다, 모든 능력 중 가장 값진 것은

of all power / is modesty."
겸손이란다."

"So it is!" / cried Laurie, / who was playing chess / in a
"정말 그래요!" 로리가 소리쳤다, 체스를 두고 있던

corner with Jo. "I knew a girl once, / who had a really
구석에서 조와. "제가 예전에 알던 한 소녀는,

remarkable talent for music, / and she didn't know it, /
음악에 정말 뛰어난 재능이 있었는데, 자신은 그걸 알지 못했어요,

never guessed / what sweet / little things she composed
짐작도 못했죠 얼마나 멋진지 자신이 만든 곡들이

/ when she was alone, / and wouldn't have believed it / if
혼자 있을 때, 그리고 믿으려 하지 않았어요

anyone had told her."
사람들이 그녀에게 말을 해 줘도."

conceited 자부심이 강한, 뽐내는 | a good many 많은=a great many | virtue 덕 | parade 과시하다, 뽐내다 | consciousness 의식 | modesty 겸손 | compose 작곡하다 | mischievous 장난이 심한

"I wish I'd known / that nice girl; / maybe she would
"나도 알고 싶어요 그 멋진 소녀를; 아마도 그녀가 나를 도와주겠지,

have helped me, / I'm so stupid," / said Beth, / who stood
나는 너무 어리석으니," 베스가 말했다,

beside him, / listening eagerly.
로리 옆에 서 있던, 진지하게 들으며.

"You do know her, / and she helps you / better than
"너도 아는 사람이야, 그리고 그녀는 널 도와주고 있지

anyone else could," / answered Laurie, / looking at her
다른 누구보다도 더," 로리가 대답했다, 베스를 바라보자

/ with such mischievous meaning / in his merry black
장난스런 표정으로 즐거운 듯한 까만 눈동자로

eyes / that Beth suddenly turned very red, / and hid her
베스는 갑자기 얼굴이 매우 빨개져서, 얼굴을 가렸다

face / in the sofa cushion, / quite overcome / by such an
소파 쿠션으로, 완전히 압도되어 예상치 못한 발견에

unexpected discovery.
당황해서.

Key Expression

should have p.p.

should have p.p. '~했어야 했는데'라는 뜻으로 과거에 하지 않은 일에 대한 유감, 후회, 비난을 담고 있는 표현입니다. 이와 함께 '~이었을 것이다'라는 뜻으로 과거의 일에 대해 약간의 확신을 담아 이야기하는 때에 쓰이기도 합니다.
이처럼 '조동사 + have + p.p.' 과거의 일에 대한 후회나 추측을 나타냅니다.

▶ would have p.p. : ~했을 텐데(그러나 하지 않았다)
▶ could have p.p. : ~할 수 있었을 텐데...(그러나 하지 못했다)
▶ must have p.p. : ~했음에 틀림없어
▶ may/might have p.p. : ~했을지도 몰라
▶ cannot have p.p. : ~했을 리가 없다

ex) I should not have chosen that way of mending a fault.
나라면 잘못을 고치는데 그런 방법을 쓰지 않았을 것이다.
I should have gone there.
거기에 갔어야만 했는데(가지 못했음을 후회)

Jo let Laurie win the game / to pay for that praise of her
조는 로리가 게임에 이기도록 두었다 베스를 칭찬한 것에 대한 보답으로,

Beth, / who could not be prevailed upon / to play for
그래서 베스는 수락할 수밖에 없었다 연주해 달라는 부탁을

them / after her compliment. So Laurie did his best, / and
칭찬을 받은 후. 그래서 로리는 최선을 다해서,

sang delightfully, / being in a particularly lively humor, /
즐겁게 노래했는데, 특히 생기 있고 유머스운 태도를 보였다,

for to the Marches / he seldom showed / the moody side
마치 가족들에게 그는 보이는 일이 거의 없었다 우울한 모습을.

of his character. When he was gone, / Amy, / who had
로리가 돌아가자, 에이미가 생각에 잠겨 있던

been pensive / all the evening, / said suddenly, / as if
저녁 내내, 갑자기 말을 꺼냈다, 급히 새로운 생

busy over some new idea, / "Is Laurie an accomplished
각이 떠오른 듯, "로리는 재능이 많은 사람이죠?"라며

boy?"

"Yes, / he has had an excellent education, / and has much
"그래, 그는 좋은 교육을 받은 데다가, 재능도 많아서;

talent; / he will make a fine man, / if not spoiled by
멋진 남자가 될 거야, 응석으로 망치지만 않는다면,"

petting." / replied her mother.
엄마가 대답했다.

"And / he isn't conceited, / is he?" / asked Amy.
"그리고 자만하지도 않고요, 그렇죠?" 에이미가 물었다.

"Not in the least. That is why / he is so charming / and
"전혀 그렇지 않지. 그게 바로 이유란다 그가 그토록 매력적이며

we all like him so much."
우리 모두가 그를 좋아하는."

pensive 생각에 잠긴 | accomplished 뛰어난, 교양이 있는 | pet 응석받아 주다 | accomplishment 성취, 완성
perk 젠체하다, 뽐내다 | thoughtfully 생각이 깊게 | bonnet 보닛(여자, 아이들이 쓰는 모자; 끈으로 턱 밑에서 맴)
lecture 잔소리, 훈계

"I see. It's nice to have accomplishments / and be
"알겠어요. 성공하는 것은 좋은 일이죠 품위를 갖는 것도,

elegant, / but not to show off / or get perked up," / said
하지만 자랑하거나 뽐내면 안 되는 거죠."

Amy thoughtfully.
에이미가 진지하게 말했다.

"These things are always seen and felt / in a person's
"그런 것들은 언제나 보이고 느껴진단다

manner and conversation, / if modestly used, / but it is
사람의 태도나 말하는 모습에서, 겸손하게 사용된다면,

not necessary to display them," / said Mrs. March.
자랑할 필요가 없는 법이지," 마치 부인이 말했다.

"Any more than it's proper / to wear all your bonnets
"정말 이상하겠지 네가 가진 보넷, 외투, 리본을 몽땅 하고 다닌다면

and gowns and ribbons / at once, / that folks may know /
한 번에, 사람들이 알게 하려고

you've got them," / added Jo; / and the lecture ended / in
네가 가진," 조가 덧붙였다; 그리고 훈계는 막을 내렸다

a laugh.
웃음소리와 함께.

Key Expression

that is why~ : 그것이 바로 ~한 이유이다

'that is why~'는 why 앞에 the reason과 같은 이유를 나타내는 선행사가 생략된 관계부사 구문이에요. 관계부사란 '접속사 + 부사'의 역할을 하는 연결어를 의미하죠.
'그것이 바로 ~한 이유이다' 혹은 앞문장의 결과를 나타내는 의미로 '그래서 ~하는 것이다'로 해석하면 편하답니다.

ex) That is why he is so charming and we all like him so much.
그것이 바로 그가 그토록 매력적이고 우리 모두가 그를 좋아하는 이유란다.

mini test 4

A. 다음 문장을 해석해 보세요.

(1) It's nothing but limes now, / for everyone is sucking them / in their desks in schooltime.

→

(2) During the next few minutes / the rumor that Amy March had got twenty-four delicious limes / and was going to treat circulated / through her "set,".

→

(3) No sooner had the guest paid the usual stale compliments / and bowed himself out, / than Jenny, / under pretense of asking an important question, / informed Mr. Davis, the teacher, / that Amy March had pickled limes / in her desk.

→

(4) To others / it might seem a ludicrous or trivial affair, / but to her / it was a hard experience.

→

B. 다음 주어진 문장이 되도록 빈칸에 써 넣으세요.

(1) 저 소년은 완전 키클롭스라니까, <u>그렇지 않아</u>?

That boy is a perfect Cyclops, ________?

(2) 로리가 저 말에 쓰는 <u>돈의 약간이라도 가졌으면 좋겠어</u>.

________ Laurie spends on that horse.

(3) 자리로 돌아가서, 친구들의 동정어린 얼굴이나 적들의 만족해하는 얼굴을 바라보는 것으로 <u>충분했을 것이다</u>.

________ to go to her seat, and see the pitying faces of her friends, or the satisfied ones of her few enemies.

A. (1) 지금은 라임 밖에 없어. 왜냐하면 모두가 수업 시간에 책상에서 꺼내어 라임을 빨아먹거든. (2) 몇 분 후에 에이미 마치가 24개의 맛있는 라임을 가지고 있다는 소문은 그녀의 "그룹"을 통해 퍼져나갔다. (3) 유명 인사가 의례적인 칭찬을 늘어놓고 인사를 하고 떠나자 마자, 제니는 중요한 질문을 하려는 모습으로 데

(4) 그것들은 많지도 세지도 않았지만, 그건 그녀에게 상관없었다.
________________, but that made no difference to her.

C. 다음 주어진 문구가 알맞은 문장이 되도록 순서를 맞춰 보세요.

(1) 얼마면 그것들을 갚고 신용을 회복하는데?
(How much will pay them off))
→

(2) 너희들은 내가 일주일 전에 말한 것을 기억할 거야.
(what / to you / said / a week / I / You / ago / remember)
→

(3) 너야말로 그녀를 알고 있어, 그리고 그녀는 널 그 누구보다 더 도와주고 있지.
(you / she / better / anyone else / could / helps / than)
→

(4) 그게 바로 그가 그렇게 매력적이고 우리 모두 그를 좋아하는 이유야.
(That / is / why / he / is / so / charming)
→

D. 의미가 비슷한 것끼리 서로 연결해 보세요.

(1) retort	▶	◀ ① mistake
(2) blunder	▶	◀ ② break
(3) recess	▶	◀ ③ respond
(4) indignant	▶	◀ ④ shocked and angry

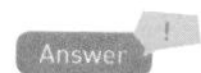

이비스 선생님에게 에이미가 책상 속에 절인 피클을 숨겨두고 있다고 알렸다. (4) 다른 사람들에게는 그것은 우스꽝스럽거나 사소한 사건이었겠지만, 그녀에게는 힘든 경험이었다. | B. (1) isn' t he (2) I just wish I had a little of the money (3) It would have been bad enough (4) They were neither many nor heavy | C. (1) How much will pay them off, and restore your credit? (2) You remember what I said to you a week ago. (3) You do know her, and she helps you better than anyone else could. (4) That is why he is so charming and we all like him so much. | D. (1) ③ (2) ① (3) ② (4) ④

5

Jo meets apollyon

조, 악마를 만나다

"Girls, where are you going?" / asked Amy, / coming
"언니들, 어디 가는 거야?" 에이미가 물었다, 방으로 들어오면서

into their room / one Saturday afternoon, / and finding
어느 토요일 오후에, 그리고 발견했다

/ them getting ready to go out / with an air of secrecy /
그들이 외출 준비를 하고 있는 것을 비밀스런 분위기로,

which excited her curiosity.
그리고 그것이 에이미의 호기심을 자극했다.

"Never mind. Little girls shouldn't ask questions," /
"신경 쓰지 마. 어린애들은 질문하면 안 되는 법이야,"

returned Jo sharply.
조가 날카롭게 대답했다.

Now if there is anything / mortifying to our feelings
무언가가 있다면 굴욕감을 느끼게 하는

/ when we are young, / it is to be told that; / and to be
우리가 어렸을 때, 이런 말을 들을 때일 것이다; 명령 받는

bidden to / "run away, dear" / is still more trying to us.
"저리 가렴, 애야"라고 그건 더더욱 화나게 하는 법이다.

Amy bridled up at this insult, / and determined to find
에이미는 모욕적인 말에 고개를 치켜들었고, 비밀을 알아내겠다고 결심했다,

out the secret, / if she teased for an hour. Turning to
한 시간 동안 졸라서라도. 메그 쪽으로 돌아서서, /

Meg, / who never refused her anything / very long, / she
그녀를 결코 거절하는 법이 없었던 오랜 세월 동안, 그녀는

said coaxingly, / "Do tell me! I should think / you might
응석을 부리며 말했다, "제발 말해 줘! 난 생각해 나도 데려가 줄 거

let me go, too, / for Beth is fussing over her piano, / and I
라고, 왜냐하면 베스는 피아노에만 매달려 있고,

haven't got anything to do, / and am so lonely."
나는 할 일이 없어서, 너무 심심하단 말이야."

secrecy 비밀 | bidden bid의 과거분사 ~에게 명령하다 | bridle 굴레, 속박 | insult ~에게 창피 주다 | determine ~을 결정하다 | tease ~을 졸라대다 | coaxingly 살살 달래며 | fuss over 안절부절 못하다

"I can't dear, / because you aren't invited," / began Meg,
"안 돼, 얘야, 넌 초대받지 못했으니까," 메그가 말하기 시작했다.

/ but Jo broke in **impatiently**, / "Now, Meg, / be quiet /
그러나 조가 참지 못하고 끼어 들었다, "자, 메그, 그만 말해,

or you will spoil it all. You can't go, Amy, / so don't be a
아니면 모두 망쳐버리고 말 거야. 넌 갈 수 없어, 에이미, 그러니 아기처럼 굴지

baby, / and **whine about** it."
말고, 칭얼거리지 마."

"You are going somewhere with Laurie, / I know you
"언니들 로리랑 어딘가 가는 거잖아, 나도 알아;

are; / you were whispering and laughing together / on
언니들 속닥거리며 웃었잖아

the sofa last night, / and you stopped / when I came in.
어젯밤 소파에서, 그러다 말을 멈췄잖아 내가 들어가자마자.

Aren't you going with him?"
그랑 같이 가는 거 아냐?"

"Yes, we are; / now do be still, / and stop bothering."
"그래, 맞아; 그러니 이제 조용히 하고, 그만 귀찮게 해."

Key Expression

비교급을 수식하는 부사 still

still은 '고요한/가만히 있는(형용사)', '여전히(부사)', '장면사진(명사)' 등 다양한 뜻을 가진 단어인데요. 비교급 앞에 쓰여서 '훨씬, 더욱'이란 의미로 강조하는 부사로도 쓰입니다. 비교급을 강조하는 부사에는 이 외에도 much, even, far, a lot이 있어요.

so, very, quite + 원급
even, much, far, a lot, still + 비교급
→ (첫 글자를 따서 emfas로 외워보세요!)
much, by far, the very + 최상급

ex) To be bidden to "run away, dear" is still more trying to us. (비교급 수식)
"저리 가렴, 얘야"이란 말은 우리를 더욱 더 괴롭게 했다.
Jo still looked like a thundercloud, and nothing went well all day. (여전히)
조는 여전히 먹구름처럼 어두웠고, 하루종일 아무것도 제대로 되지 않았다.
Jo stood still with a strange feeling at her heart. (가만히)
조는 이상한 느낌에 가만히 서 있었다.

impatiently 조바심하며, 초조하게 | **whine about** 우는 소리를 하다

Amy held her tongue, / but used her eyes, / and saw Meg
에이미는 입을 다물었지만, 눈으로는, 메그가 슬쩍 부채를 넣는

slip a fan / into her pocket.
걸 봤다 주머니 속으로.

"I know! I know! You're going to the theater / to see the
"알았다! 알았어! 극장에 가는 거지 〈

Seven Castles!" / she cried, / adding resolutely, / "and I
일곱 개의 성〉을 보러!" 그녀가 소리치며, 단호하게 덧붙였다,

shall go, / for Mother said / I might see it; / and I've got my
"그럼 나도 갈 거야, 엄마가 말했으니까 나도 봐도 된다고; 그리고 용돈도 받았어,

rag money, / and it was mean / not to tell me / in time."
그건 비열한 짓이야 나한테 말도 안 하다니 미리."

"Just listen to me a minute, / and be a good child," / said
"잠깐 내 말 좀 들어봐, 착하게 굴어야지,"

Meg soothingly. "Mother doesn't wish / you to go this
메그가 달래듯이 말했다. "엄마는 원하지 않아 네가 이번 주에 가는 것을,

week, / because your eyes are not well / enough yet to bear
왜냐하면 아직 네 눈이 낫지 않았잖아 견딜만큼 충분히

/ the light of this fairy piece. Next week / you can go with
극장의 조명 불빛을. 다음 주에

Beth and Hannah, / and have a nice time."
베스랑 한나랑 같이 가서, 재미있게 지내렴."

"I don't like that half / as well as going with you and
"나는 그 반쪽이 싫어 언니들이랑 로리랑 같이 가는 게 좋아.

Laurie. Please let me. I've been sick with this cold so long,
제발 나도 데려가. 오랫동안 감기에 걸려서,

/ and shut up, / I'm dying for some fun. Do, Meg! I'll be
간혀 있었더니, 심심해 죽겠단 말이야. 그렇게 해 줘, 메그!

ever so good," / pleaded Amy, / looking as pathetic as she
얌전하게 있을게," 에이미는 간청했다, 최대한 불쌍한 모습으로.

could.

resolutely 단호한 | soothing 달래는, 진정시키는 | plead ~해 달라고 탄원하다 | pathetic 측은한, 가슴 아픔 | bundle ~을 마구 싸 보내다 | drag ~을 …에 끌어들이다 | poke 비좁은 곳에 처박아 두다 | fidgety 가만히 못 있는 | aggravating 더욱 악화하는

"Suppose we take her. I don't believe Mother would mind,
"에이미를 데려가도록 생각해 보자. 엄마도 반대하지 않을 거야,

/ if we bundle her up well," / began Meg.
따뜻하게 입히면," 메그가 말을 꺼냈다.

"If she goes I shan't; / and if I don't, / Laurie won't like
"그 애가 간다면 난 안 갈 거야; 그리고 내가 안 가면, 로리도 좋아하지 않을 거야;

it; / and it will be very rude, / after he invited only us, /
무례한 일이라고, 그가 우리만 초대했는데,

to go and drag in Amy. I should think / she'd hate to poke
에이미를 데리고 간다면. 난 생각해 에이미도 처박히는 건 좋아하지

herself / where she isn't wanted," / said Jo crossly, / for
않을 거라고 환영받지 않은 곳에," 조가 뿌루퉁하게 말했다,

she disliked / the trouble of overseeing a fidgety child /
왜냐하면 싫었기 때문에 가만히 있지 못하는 어린애를 지켜봐야 하는 수고로움이

when she wanted to enjoy herself.
그녀가 즐기고 싶을 때.

Her tone and manner angered Amy, / who began to put
그녀의 말투와 태도가 에이미를 화나게 했다, 그리고 부츠를 신으면서,

her boots on, / saying, / in her most aggravating way, /
말했다, 최대한 화난 태도로,

"I shall go; / Meg says I may; / and if I pay for myself, /
"난 갈 거야; 메그가 가도 된다고 했잖아; 그리고 내 것은 직접 내면,

Laurie hasn't anything to do with it."
로리는 아무 관계 없잖아."

Key Expression

have nothing to do with : ~와는 전혀 관계가 없다

have nothing to do with는 '~와는 전혀 관계가 없다'라는 뜻의 숙어입니다. '~와 관계가 있다'라고 할 때에는 have something to do with, '~와 관계가 깊다'라고 할 때에는 have much to do with와 같이 사용합니다.

ex) If I pay for myself, Laurie hasn' t anything to do with it.
내 것은 직접 내면, 로리는 아무 관계 없잖아.

"You can't sit with us, / for our seats are reserved, / and
"넌 우리랑 앉을 수 없단 말이야, 우리 자리는 예약했으니까,

you mustn't sit alone; / so Laurie will give you his place, /
그리고 넌 혼자 앉으면 안 되니까; 로리가 자기 자리를 네게 양보하겠지,

and that will spoil our pleasure; / or he'll get another seat
그게 우리의 즐거움을 망치는 거야; 아니면 로리가 너한테 다른 자리를 구해 주

for you, / and that isn't proper / when you weren't asked.
겠지, 그건 말도 안 돼 넌 초대받지 않았는데.

You shan't stir a step, / so you may just stay / where you
넌 아무 데도 못 가, 그러니 가만히 있어 지금 있는 곳에,"

are," / scolded Jo, / crosser than ever, / having just pricked
조가 꾸짖었다, 더욱 짜증이 나서, 손가락을 찔리자

her finger / in her hurry.
급히 서두르느라고.

Sitting on the floor / with one boot on, / Amy began to
마루에 앉아서 한쪽 부츠만 신은 채, 에이미는 울기 시작했고

cry / and Meg to reason with her, / when Laurie called
그리고 메그는 그녀를 달래었다, 그때 로리가 밑에서 불렀고,

from below, / and the two girls hurried down, / leaving
두 소녀는 급히 내려갔다, 동생이 울부짖는

their sister wailing; / for now and then / she forgot her
걸 내버려둔 채; 왜냐하면 가끔씩 에이미는 어른다운 방식을 잊고

grown-up ways / and acted like a spoiled child. Just as the
버릇없는 아이처럼 행동하기 때문이다. 일행이 막 출발하

party was setting out, / Amy called over the banisters / in
려 할 때, 에이미가 난간에서 불렀다

a threatening tone, / "You'll be sorry for this, Jo March, /
위협하는 목소리로, "후회하게 될 거야, 조 마치,

see if you ain't."
두고 봐."라고.

"Fiddlesticks!" / returned Jo, / slamming the door.
"말도 안 돼!" 조가 되받아쳤다, 문을 쾅 닫으면서.

stir 움직이다 | prick ~을 찌르다 | banisters (계단의) 난간 | fiddlesticks 에이 엉터리다 | slam (문, 창문 등을) 쾅 닫다

They had a charming time, / for The Seven Castles of
그들은 멋진 시간을 보냈다, 왜냐하면 〈다이아몬드 호수의 일곱 개의 성〉은

the Diamond Lake was / as brilliant and wonderful / as
훌륭하고 멋졌기 때문이었다

heart could wish. But, / in spite of the comical red imps, /
바라던 대로. 그러나, 우스꽝스러운 빨간 도깨비에도 불구하고,

sparkling elves, / and gorgeous princes and princesses, / Jo's
활기찬 요정들과, 그리고 멋진 왕자와 공주들에도,

pleasure / had a drop of bitterness in it: / the fairy queen's
조의 기쁨은 그 속에서 씁쓸한 감정에 빠졌다: 요정 여왕의 노란 곱슬머리는

yellow curls / reminded her of Amy, / and between the
그녀에게 에이미를 떠올리게 했고, 막간에

acts / she amused herself with wondering / what her sister
그녀는 궁금함을 느꼈다

would do to make her / "sorry for it." She and Amy / had
여동생이 그녀에게 한다는 "후회하게 될 거라"는 말에. 그녀와 에이미는

had many lively skirmishes / in the course of their lives,
수많은 활발한 접전을 벌여 왔다 살아오면서,

/ for both had quick tempers / and were apt to be violent /
둘 다 성미가 급하고 쉽게 난폭해지는 경향이 있어서

when fairly roused. Amy teased Jo, / and Jo irritated Amy,
꽤 화가 나면. 에이미는 조를 놀려댔고, 조는 에이미를 짜증나게 해서,

/ and semioccasional explosions occurred, / of which both
가끔 폭발이 일어났다,

were much ashamed / afterward. Although the oldest, / Jo
둘 다 매우 후회했지만 나중에는. 언니이면서도,

had the least self-control, / and had hard times trying / to
조는 자제력이 부족해서, 시도하려고 고생해 왔지만

curb the fiery spirit / which was continually getting her into
자신의 불같은 성격을 고치려고 계속적으로 말썽에 빠지곤 했다,

trouble, / her anger never lasted long, / and having humbly
그녀의 화는 오래 가는 법이 없어서, 겸손하게 잘못을 고백하고,

confessed her fault, / she sincerely repented / and tried to do
그녀는 진심으로 뉘우치며 더 나아지기 위해 노력했다.

skirmish 사소한 충돌 | be apt to 흔히 ~하다 | rouse (어떤 감정을) 불러 일으키다 | ashamed 부끄러워하는, 수치스러워하는 | self-control 자제(력) | curb ~을 억제하다 | fiery 불 같은 | repent ~을 뉘우치다

better. Her sisters used to say / that they rather liked / to get
자매들은 말하곤 했다 자기들은 오히려 좋다고 조가 화

Jo into a fury / because she was such an angel / afterward.
를 내는 게 왜냐하면 그녀는 천사가 됐기 때문이다 그런 후에는.

Poor Jo tried desperately / to be good, / but her bosom
불쌍한 조는 필사적으로 노력했다 착해지기 위해, 그러나 그녀의 가슴 속의 적은

enemy / was always ready to / flame up and defeat her, / and
언제나 준비되어 있었다 불꽃을 일으키며 그녀를 굴복시킬,

it took years / of patient effort / to subdue it.
그리고 수년 간 인고의 노력이 들었다 그것을 진압하기 위한.

When they got home, / they found Amy reading / in the
그들이 집에 도착했을 때, 그들은 에이미가 책을 읽고 있는 것을 발견했다

parlor. She assumed an injured air / as they came in, / never
거실에서. 그녀는 기분이 상한 태도를 보였다 그들이 들어왔을 때,

lifted her eyes from her book, / or asked a single question.
책에서 눈을 떼지도 않고, 아무 질문도 하지 않았다.

Perhaps curiosity might have conquered resentment, / if
아마도 호기심이 분노를 이겼을지도 모른다,

Beth had not been there / to inquire / and receive a glowing
만약 베스가 거기 없었다면 질문을 하고 연극에 대해 극찬의 묘사를 들으며.

description of the play. On going up / to put away her best
올라가자마자 그녀의 가장 좋은 모자를 벗기 위해,

hat, / Jo's first look / was toward the bureau, / for in their
조의 첫 번째 시선은 책상을 향했다, 왜냐하면 지난번 싸움

last quarrel / Amy had soothed her feelings / by turning
에서 에이미는 자신의 기분을 달랬기 때문이다 조의 맨 위 서랍을 엎어

Jo's top drawer upside down / on the floor. Everything was
놓음으로써 마루에. 모든 것은 제자리에 있었다,

in its place, / however, / and after a hasty glance into / her
그러나, 그리고 급히 훑어본 후

various closets, bags, and boxes, / Jo decided / that Amy
그녀의 옷장과 가방과 서랍들을, 조는 결론 내렸다

had forgiven / and forgotten her wrongs.
에이미가 용서했고 그녀의 잘못을 잊어버렸다고.

fury 격노 | desperately 필사적으로 | subdue ~을 진압하다 | conquer ~을 정복하다 | resentment 분개, 원한 | hasty 급한

There Jo was mistaken, / for next day / she made a
거기에서 조는 실수했다, 왜냐하면 다음 날 그녀는 발견했기 때문이다

discovery / which produced a tempest. Meg, Beth, and
폭풍우를 일으키는 사실을. 메그, 베스와 에이미는 함께 앉아

Amy were sitting together, / late in the afternoon, / when
있었다, 늦은 오후에,

Jo burst into the room, / looking excited and demanding
그때 조가 방으로 뛰어들어오며, 흥분해서 숨을 헐떡거리며 물었다,

breathlessly, / "Has anyone taken my book?"
"누가 내 책 가져갔어?"라고.

Meg and Beth said, "No," / at once, / and looked surprised.
메그와 베스는 "아니,"라고 대답했다, 즉시, 놀란 얼굴로.

Amy poked the fire / and said nothing. Jo saw her color
에이미는 난로를 들쑤시며 아무 말도 없었다. 조는 그녀의 안색이 일어나는 것

rise / and was down upon her / in a minute.
을 보고 그녀에게 다가갔다 바로.

"Amy, you've got it!"
"에이미, 네가 가져갔지!"

"No, I haven't."
"아니야."

"You know where it is, / then!"
"넌 그게 어디 있는지 알지, 그러면!"

"No, I don't."
"아니, 몰라."

"That's a fib!" / cried Jo, / taking her by the shoulders, /
"거짓말!" 조가 소리쳤다, 그녀의 어깨를 움켜잡으며,

and looking fierce enough to frighten / a much braver child
그리고 놀라게 하기에 충분할 만큼 화난 표정으로 에이미보다 훨씬 용감한 아이라도.

than Amy.

"It isn't. I haven't got it, / don't know / where it is now, /
"아니야. 난 안 가져갔어, 그리고 몰라 그게 지금 어디 있는지,

and don't care."
또 관심도 없어."

tempest 폭풍우, 대소동 | breathlessly 숨막힐 듯하게 | fib 사소한 거짓말 | fierce 사납게, 맹렬하게

"You know something about it, / and you'd better tell at
"넌 뭔가 알고 있어, 당장 말하는 게 좋을 거야,

once, / or I'll make you." And Jo gave her a **slight** shake.
안 그럼 내가 말하게 만들테니." 그러면서 조는 그녀를 살짝 흔들었다.

"Scold as much as you like, / you'll never see / your silly
"원하는 만큼 야단쳐 보시지, 언니는 다시는 볼 수 없을 테니까

old book again," / cried Amy, / getting excited in her turn.
바보같은 낡은 책 따위," 에이미가 소리쳤다, 이번에는 그녀가 흥분하면서.

"Why not?"
"왜 못 보는데?"

"I burned it up."
"내가 태워버렸으니까."

"What! My little book I was so fond of, / and worked over,
"뭐라고! 내가 얼마나 아끼던 책인데, 작업해 왔고,

/ and meant to finish / before Father got home? Have you
그리고 끝낼 참이었는데, 아버지가 집에 돌아오시기 전에? 정말로 그걸 태

really burned it?" / said Jo, / turning very pale, / while her
워 버린 거야?" 조가 말했다, 하얗게 질린 얼굴로,

eyes **kindled** / and her hands **clutched** Amy nervously.
눈을 번뜩이며 손으로는 에이미를 억세게 움켜잡았다.

"Yes, I did! I told you / I'd make you pay / for being so
"그래, 내가 그랬어! 내가 말했잖아 갚아줄 거라고 어제 그렇게 화냈던 것

cross yesterday, / and I have, / so —— "
에 대해, 그래서 내가 그랬어, 그렇게 — "

Key Expression

take + 사람 + by + the + 신체부위 : ~의 ~를 잡다

누군가와의 신체 접촉을 표현할 때는 동사 + 사람 + 전치사 + the + 신체부위의 형식으로 나타내요. 이때 전치사는 동사의 종류에 따라 달라진답니다.

▶ [잡다] take/catch/seize/hold/grasp + 사람 + by + the + 신체부위
▶ [치다] strike/hit/pat/tap/touch + 사람 + on + the + 신체부위
▶ [보다] look/gaze/stare + 사람 + in + the + 신체부위

ex) "That's a fib!" cried Jo, taking her by the shoulders.
"그거 거짓말이지!"라고 조는 그녀의 어깨를 잡으며 소리쳤다.

slight 경멸하는 | **kindle** ~에 불을 붙이다 | **clutch** ~을 꽉 쥐다

Amy got no farther, / for Jo's hot temper mastered her, /
에이미는 더 이상 말을 잇지 못했다, 조의 분노가 그녀를 압도했기 때문에,

and she shook Amy / till her teeth chattered in her head, /
그리고 그녀는 에이미를 흔들었다 이빨이 부딪혀 머리 속에서 울릴 때까지,

crying, / in a passion of grief and anger —
울부짖으면서, 고통과 분노로 —

"You wicked, / wicked girl! I can never write it again, /
"넌 사악해, 악마같은 아이야! 난 다시는 그런 글을 쓸 수 없단 말이야,

and I'll never forgive you / as long as I live."
결코 널 용서하지 않을 거야 내가 살아있는 한."

Meg flew to rescue Amy, / and Beth to pacify Jo, / but Jo
메그가 에이미를 구하기 위해 달려 왔고, 베스가 조를 진정시키려 했다,

was quite beside herself; / and, / with a parting box on
그러나 조는 이성을 잃고 가만히 있었다; 그리고, 동생의 따귀를 한 대 때린 후,

her sister's ear, / she rushed out of the room / up to the old
방에서 달려 나가서

sofa in the garret, / and finished her fight alone.
거실의 낡은 소파에 올라가, 혼자서 자신의 분노를 삭였다.

The storm cleared up below, / for Mrs. March came home,
폭풍우는 가라앉았다, 마치 부인이 집에 돌아왔기 때문에,

/ and, having heard the story, / soon brought Amy to a
그리고 이야기를 듣고는, 곧 에이미에게 잘못을 깨닫도록 타일렀다

sense of the wrong / she had done her sister. Jo's book was
그녀가 언니한테 한 짓에 대해.

the pride of her heart, / and was regarded by her family
조의 책은 자신의 자랑이었으며, 가족에게도 인정받은 작품이었다

/ as a literary sprout of great promise. It was only half
대단히 유망한 작가가 될 싹이 보인다고. 그것은 여섯 편의 짧은 동화에 불

a dozen little fairy tales, / but Jo had worked over them
과했지만, 조는 그것을 끈기있게 작업해 왔고,

patiently, / putting her whole heart into her work, / hoping
모든 열정을 그 작업에 쏟았다,

to make something good / enough to print. She had just
좋은 작품을 되기를 꿈꾸면서 출판하기에 충분한. 조는 그것을 옮겨 적었다

copied them / with great care, / and had destroyed the old
매우 신중하게, 그리고 나서 옛 원고는 이미 없애버렸다,

manuscript, / so that Amy's bonfire had consumed / the
그래서 에이미의 불장난은 모조리 태운 것이었다

loving work of several years. It seemed a small loss / to
몇 년에 걸친 소중한 작업을. 그 일은 별일 아닌 것 같았지만 다른

others, / but to Jo / it was a dreadful calamity, / and she
사람에게는, 그러나 조에게는 엄청난 재앙이었다, 그래서 그녀는

felt / that it never could be made up to her. Beth mourned
느꼈다 결코 복구할 수 없을 것이라고. 베스는 슬픔에 잠겨 있었다

/ as for a departed kitten, / and Meg refused to defend
죽은 새끼 고양이 때문에, 그리고 메그는 자신이 아끼던 애완동물을 지켜주

her pet; / Mrs. March looked grave and grieved, / and
길 거절했다; 마치 부인은 걱정하는 얼굴로 침통해 했다, 그래서 에이

Amy felt / that no one would love her / till she had asked
미는 느꼈다 아무도 자신을 사랑하지 않을 거라고 그녀가 자신의 행동에 대해 용

pardon for the act / which she now regretted / more than
서를 구하기 전에는 이제는 후회하고 있는

any of them.
다른 누구보다도.

When the tea bell rang, / Jo appeared, / looking so grim
티타임을 알리는 종이 울렸을 때, 조가 나타났다, 너무나 암울하여 접근하기 힘

and unapproachable / that it took all Amy's courage / to
든 모습으로 에이미의 모든 용기를 짜내어

say meekly —
약한 목소리로 말했다 —

"Please forgive me, Jo, / I'm very, very sorry."
"제발 용서해 줘, 조, 정말, 정말 미안해."

"I shall never forgive you" / was Jo's stern answer, / and
"난 절대 너를 용서하지 않을 거야" 조가 단호하게 대답했다,

from that moment / she ignored Amy entirely.
그리고 그 순간부터 에이미를 완전히 무시했다.

pacify (화가 난 사람 등)을 달래다 | sprout 자라기 시작하다 | manuscript 필사본, (출판용) 원고 | bonfire 모닥불 | calamity (지진, 홍수, 화재 등) 대재해 | departed 죽은, 지나간 | regret ~을 후회하다 | unapproachable 접근할 수 없는, 어림없는 | meekly 얌전하게

No one spoke of the great trouble — / not even Mrs.
아무도 이 엄청난 사건에 대해 말하지 않았다 — 마치 부인조차도 —

March — / for all had learned by experience that /
모두가 경험으로 알고 있기 때문이었다

when Jo was in that mood / words were wasted, / and
조가 그런 분위기일 때는 어떤 말도 소용없다는 것을,

the wisest course was to wait / till some little accident, /
그리고 가장 현명한 방법은 기다리는 것이라고 다른 사건이 일어나거나,

or her own generous nature, / softened Jo's resentment /
자신의 본성으로, 분노를 삭이고

and healed the breach. It was not a happy evening, / for,
갈라진 관계를 회복할 때까지는. 전혀 행복하지 못한 저녁이었다, 왜냐하면,

/ though they sewed as usual, / while their mother read
그들은 언제나처럼 바느질을 하고 있었지만, 엄마가 큰 소리로 읽고 있는 동안,

aloud / from Bremeer, Scott, or Edgeworth, / something
브레머로부터 스코트나, 에지워스를, 무언가가 빠진 듯

was wanting, / and the sweet home peace was disturbed.
했고, 단란한 가정의 평화는 깨져 버렸다.

They felt this most / when singing time came, / for
그들의 이런 감정은 최고조에 달했다 노래 부르는 시간이 다가오자,

Beth could only play, / Jo stood dumb as a stone, / and
베스는 반주만 할 수 있었고, 조는 돌처럼 말없이 서 있었고,

Amy broke down, / so Meg and Mother sang alone. But
에이미는 훌쩍이고 있었다, 그래서 노래하는 사람은 메그와 엄마뿐이었다.

in spite of their efforts / to be as cheery as larks, / the
그러나 그들의 노력에도 불구하고 종달새만큼 즐겁게 노래하려던,

flutelike voices did not seem to chord / as well as usual, /
플루트 같은 목소리는 화음을 이루지 못하는 듯 했다 언제나처럼,

and all felt out of tune.
그리고 모두 불협화음을 느꼈다.

generous nature 관대한 | soften ~을 부드럽게 하다 | resentment 노함, 분개 | breach 파손, 갈라진 틈, 절교, 불화 | dumb 말문이 막힘 | cheery 기분 좋은 | out of tune 곡조가 안 맞는, 불협화음으로 맞지 않아 | motherly (훌륭한) 어머니 같은, 자애로운 | unmanly 남자답지 못한 | gruffly 걸걸하게, 거칠게 | abominable 혐오스러운, 지겨운 | confidential 은밀한

As Jo received her good-night kiss, / Mrs. March
조에게 굿나잇 키스를 하며, 마치 부인은 상냥하게 속삭였다,

whispered gently, / "My dear, / don't let the sun go down
"얘야, 해가 지도록 하면 안 된다,

/ upon your anger; / forgive each other, / help each other, /
분노를 품은 채로; 서로 용서하렴, 서로 도우렴,

and begin again tomorrow."
그리고 내일을 다시 시작하렴."

Jo wanted to lay her head down / on that motherly bosom,
조는 머리를 묻고 싶었다 엄마의 가슴에,

/ and cry her grief and anger all away; / but tears were an
그리고 엉엉 울며 슬픔과 분노를 떨쳐버리고 싶었다; 그러나 눈물은 남자답지 못한

unmanly weakness, / and she felt so deeply injured / that
약한 짓이라 생각했고, 그녀는 너무 깊이 상처 받아서

she really couldn't quite forgive yet. So she winked hard,
아직은 진짜로 용서할 수 없었다. 그래서 그녀는 힘겹게 눈을 깜빡였고,

/ shook her head, / and said gruffly / because Amy was
고개를 저으며, 무뚝뚝하게 말했다 에이미가 듣고 있었기 때문에,

listening, / "It was an abominable thing, / and she doesn't
"그건 끔찍한 일이었어요, 그러니 에이미는 용서받

deserve to be forgiven."
을 자격이 없어요."라고.

With that she marched off to bed, / and there was no
조가 잠자리로 걸어가자, 즐겁거나 비밀스런 소문 얘기도 없었다

merry or confidential gossip / that night.
그 날 밤에는.

Key Expression

as~as… 원급 비교

as+형용사/부사 원급+as ~는 '~만큼 …한'이라는 의미로 원급 비교 혹은 동등 비교라고 부릅니다. 그러나 첫번째 as 앞에 not을 붙여 'not as[so]+~+as…'라고 하면, '…만큼 ~하지 않은'으로 부정의 뜻을 나타내게 됩니다.

ex) But in spite of their efforts to be as cheery as larks, the flutelike voices did not seem to chord as well as usual. (you=I)
그러나 종달새만큼 즐겁게 노래하려는 그들의 노력에도 불구하고, 플루트 같은 목소리는 언제나처럼 화음을 이루지 못한 것처럼 보였다.

Amy was much offended / that her overtures of peace
에이미는 무척 상처받았다 그녀의 화해 제의가

/ had been repulsed, / and began to wish / she had not
거절당한 것에, 그래서 생각하기 시작했다 겸손하게 굽히지 않았어

humbled herself, / to feel more injured than ever, / and
야 했다고, 그 어느 때보다 상처 받았다고 느껴서,

to plume herself on her superior virtue / in a way which
자신을 뽐내며 우쭐거렸다. 특히 거만한 태도로.

was particularly exasperating. Jo still looked like a
조는 여전히 먹구름 낀 표정을 지었고,

thundercloud, / and nothing went well all day. It was
하루종일 되는 일이 없었다.

bitter cold in the morning; / she dropped her precious
날씨는 아침부터 무척 추웠다; 그녀는 소중한 턴오버를 떨어뜨렸고

turnover / in the gutter, / Aunt March had an attack of
도랑 속으로, 마치 고모는 초조하게 귀찮게 했고,

fidgets, / Meg was pensive, / Beth would look grieved
메그는 생각에 잠겨 있었으며, 베스는 침울하게 생각에 잠겨 있었다

and wistful / when she got home, / and Amy kept making
그녀가 집에 돌아왔을 때, 그리고 에이미는 사람들에 대한 수다

remarks about people / who were always talking about
를 계속 했다 항상 착해지겠다고 하지만

being good / and yet wouldn't try / when other people set
노력하지 않는 다른 사람들이 좋은 모범을 보일 때

them a virtuous example.
에도.

"Everybody is so hateful, / I'll ask Laurie to go skating.
"다들 너무 보기 싫어, 난 로리한테 스케이트 타러 가자고 할 거야.

He is always kind and jolly, / and will put me to rights, / I
그는 언제나 친절하고 재미있으니까, 내 기분도 좋아질 거야,

know." / said Jo to herself, / and off she went.
내 생각에는." 조는 중얼거리고는, 밖으로 나갔다.

repulse (적)을 격퇴하다, 반격하다 | exasperating 애태우게 하는 | thundercloud 뇌운, 험악한 것 | turnover 턴오버(과일이나 잼을 속에 넣어 삼각형이나 반달 모양으로 접어 만든 파이) | pensive 깊은 생각에 잠긴 | wistful 탐내는 듯한, 아쉬운 듯한 | virtuous 덕이 있는 공정한

Amy heard the clash of skates, / and looked out / with an
에이미는 스케이트 부딪치는 소리를 듣고, 내다 보았다

impatient exclamation.
짜증스럽게 소리치며.

"There! She promised / I should go next time, / for this is
"저것 봐! 언니는 약속했으면서 다음 번에 날 데려갈 거라고, 이번이 마지막

the last ice / we shall have. But it's no use to ask / such a
얼음이니까 우리가 가질 수 있는. 그런데 부탁해도 소용없지 그런 잘 삐치

crosspatch / to take me."
는 사람한테 날 데려가 달라고."

"Don't say that. You were very naughty, / and it is hard to
"그렇게 말하지 마. 넌 너무 버릇 없었어, 그리고 용서하는 건 힘든

forgive / the loss of her precious little book; / but I think /
거야 소중한 작은 책을 잃어버렸으니; 하지만 생각이 들어

she might do it now, / and I guess she will, / if you try her
지금은 용서해 줄지도 모른다는, 그리고 용서할 거라고 생각해, 네가 적당할 때 시도

at the right minute," / said Meg. "Go after them; / don't
한다면," 메그가 말했다. "그들을 쫓아가 봐;

say anything / till Jo has got good-natured with Laurie, /
아무 말도 하지 마 조가 로리랑 기분이 풀릴 때까지,

then take a quiet minute / and just kiss her, / or do some
그리고 나서 시간을 들여서 그녀에게 입맞추거나, 아니면 착한 일을 해 봐,

kind thing, / and I'm sure / she'll be friends again / with
그러면 분명히 다시 좋은 친구가 될 거야

all her heart."
마음속 깊이."

impatient 초조해하는 | exclamation 외침, 절규 | crosspatch 성미 까다로운 사람 | naughty (아이가) 장난꾸러기인, 행실이 나쁜 | good-natured 온화한, 부드러운

"I'll try," / said Amy, / for the advice suited her, / and after
"해 볼게," 에이미가 말했다, 그 충고가 맞기 때문에,

a flurry to get ready, / she ran after the friends, / who were
그래서 허겁지겁 준비를 하고, 그녀는 그들을 쫓아갔다,

just disappearing over the hill.
언덕 너머로 막 사라진.

It was not far to the river, / but both were ready / before
강까지는 그리 멀지 않았으나, 둘은 준비를 마친 상태였다

Amy reached them. Jo saw her coming, / and turned her
에이미가 도착하기 전에. 조는 그녀가 오는 것을 보았지만, 등을 돌려 버렸다.

back. Laurie did not see, / for he was carefully skating /
로리는 보지 못했다, 집중해서 스케이트를 타고 있었기 때문에

along the shore, / sounding the ice, / for a warm spell had
혼자 강가에서, 얼음 소리에 귀를 기울이며. 이상고온이 계속 되었기 때문에

preceded / the cold snap.
이번 추위 이전에

"I'll go on to the first bend, / and see if it's all right /
"내가 첫 번째 모퉁이까지 갔다 올게, 얼음이 괜찮은지 보러

before we begin to race," / Amy heard him say, / as he
우리가 경주하기 전에," 에이미는 그가 말하는 것을 들었다,

shot away, / looking like a young Russian / in his fur-
달려나가면서, 러시아 청년처럼 보였다

trimmed coat and cap.
털 장식 코트와 모자를 써서.

Jo heard Amy panting / after her run, / stamping her feet /
조는 에이미가 헐떡이는 소리를 들었다 자신의 뒤를 쫓아오느라, 발을 동동 구르고

and blowing her fingers / as she tried to put her skates on,
손가락을 호호 불면서 스케이트를 신으려고 애쓰는 것을,

/ but Jo never turned / and went slowly zigzagging down
그러나 조는 돌아보지 않았고 천천히 지그재그로 움직이며 강을 내려갔다,

/

flurry (질풍을 동반한) 소나기, (갑작스런) 혼란 | warm spell 이상고온 | precede (위치적으로) 선행하다 | cold snap 한파, 갑작스런 추위 | panting 헐떡거리는, 가슴이 두근거리는 | stamp (발을) 구르다 | zigzag 지그재그형 | cherish ~을 소중히 하다 | cast out ~을 몰아내다 | shore 물가, 해안 | struggle 몸부림치다 | demon 극악무도한 인간 | harbor (생각을) 품다, (범인 따위)를 숨기다

the river, / taking a bitter, / unhappy sort of satisfaction
씁쓸했지만, 불행에 일종의 만족감을 느끼며

/ in her sister's troubles. She had **cherished** her anger /
동생에게 일어난 문제에 대해. 그녀가 간직한 분노는

till it grew strong / and took possession of her, / as evil
점점 커져서 그녀 자신을 소유해 버렸다,

thoughts and feelings always do / unless **cast out** at once.
원래 악한 생각과 감정은 언제나 그런 법이다 즉시 떨쳐 버리지 않으면.

As Laurie turned the bend, / he shouted back —
로리가 모퉁이에서 방향을 바꾸고, 소리쳤다 —

"Keep near the **shore**; / it isn't safe in the middle."
"강가에서 벗어나지 마; 가운데는 안전하지 않으니까."

Jo heard, / but Amy was just **struggling** to her feet / and
조는 들었지만, 에이미는 신발을 신는데 정신이 팔려

did not catch a word. Jo glanced / over her shoulder, / and
아무 말도 듣지 못했다. 조는 흘깃 보았다 어깨 너머로,

the little **demon** / she was **harboring** / said in her ear —
그러자 작은 악마가 그녀 깊숙이 숨어 있는 그녀의 귀에 대고 말했다 —

Key Expression

명령문, and ~ : ~해라, 그러면~할 것이다

명령문에 and/or로 시작하는 문장을 덧붙여 명령을 강조할 수 있어요. 또한 각 문장은 if 조건문으로 바꾸어 쓸 수 있습니다.

▶ 명령문, and ~.: ~해라, 그러면 ~할 것이다.
= If you ~, you will ~.

▶ 명령문, or~.: ~해라, 그렇지 않으면 ~할 것이다.
= If you don' t ~, you will ~.

ex) Take a quiet minute and just kiss her, or do some kind thing, and I' m sure she' ll be friends again with all her heart
가만히 있다가 그녀에게 입맞추거나 친절한 일을 해 봐, 그러면 분명히 그녀도 진심으로 다시 친구가 될 거야.
You'd better tell at once, or I'll make you.
즉시 말하는 게 좋을 거야, 그렇지 않으면 내가 말하게 만들거니까.

"No matter whether she heard or not, / let her take care of
"그 애가 들었든 듣지 않았든, 자기 자신은 스스로 챙기라지."

herself."

Laurie had vanished / round the bend, / Jo was just at the
로리는 시야에서 사라졌다 모퉁이를 돌아서, 조는 막 돌려는 참이었다,

turn, / and Amy, / far behind, / striking out toward the
그리고 에이미는, 한참 뒤쳐져서, 약한 얼음 쪽으로 지치며 나아갔다

smoother ice / in the middle of the river. For a minute /
강 가운데에 있는. 잠시 후

Jo stood still / with a strange feeling at her heart; / then
조는 멈춰 섰다 이상한 기분이 들어서;

she resolved to go on, / but something held / and turned
그리고 다시 앞으로 나아갔으나, 무언가가 그녀를 잡아 돌아보게 했다,

her round, / just in time / to see Amy throw up her hands
바로 그 때 에이미가 두 손을 들고는

/ and go down, / with the sudden crash of rotten ice, / the
가라앉는 것을 보았다, 갑자기 얼음이 갈라지는 소리와 함께,

splash of water, / and a cry / that made Jo's heart stand
물이 튀고, 외침이 들렸다 조를 공포로 멈춰 서게 한.

still with fear. She tried to call Laurie, / but her voice was
그녀는 로리를 부르려 했지만, 목소리가 나오지 않았다;

gone; / she tried to rush forward, / but her feet seemed to
그녀는 앞으로 달려가려 했지만, 발에 전혀 힘이 들어가지 않았다;

have no strength in them; / and, for a second, / she could
그래서 잠시 동안, 그녀는 꼼짝없이

only stand motionless, / staring with a terror-stricken
서 있을 수밖에 없었다, 공포에 젖은 표정으로 바라보며

face / at the little blue hood / above the black water.
작은 파랑색의 두건이 검은 물 위에 떠 있는 것을.

Something rushed swiftly by her, / and Laurie's voice
순간 무엇인가가 그녀의 곁을 스쳐 지나가더니, 로리의 외침이 들렸다 —

cried out ——

"Bring a rail. Quick, quick!"
"난간을 가지고 와. 어서, 빨리!"

How she did it, / she never knew; / but for the next few
어떻게 그렇게 했는지, 그녀도 몰랐다; 하지만 다음 순간

minutes / she worked / as if possessed, / blindly obeying
그녀는 움직였다 무언가에 홀린 듯, 장님처럼 로리에 말을 따라,

Laurie, / who was quite self-possessed, / and, lying flat, /
침착함을 유지한, 얼음 위에 납작하게 엎드려서,

held Amy up / by his arm and hockey / till Jo dragged a
에이미를 잡아 올렸다 자신의 팔과 하키 채로 조가 울타리에서 난간을 빼올

rail from the fence, / and together they got the child out, /
때까지, 그리고 함께 그들은 아이를 끌어냈다,

more frightened than hurt.
그녀는 다친 데는 없지만 겁에 질려 있었다.

"Now then, / we must walk her home / as fast as we can; /
"이제 그럼, 그녀를 집으로 데려가야 해 최대한 빨리,

pile our things on her, / while I get off / these confounded
우리 옷들을 덮어 줘, 내가 벗는 동안 이 빌어먹을 스케이트를,"

stakes," / cried Laurie, / wrapping his coat round Amy,
로리가 소리쳤다, 그의 코트로 에이미를 덮어 주고,

/ and tugging away the straps, / which never seemed so
스케이트 끈을 풀면서, 그렇게 복잡한 것 같지 않았던

intricate / before.
이전에는.

rotten 썩은, 푸석푸석한 | splash (물)을 튀기다 | motionless 움직이지 않는 | terror-stricken 공포에 짓눌린 | swiftly 신속히 | rail 난간, 가로걸이 | pile 쌓다 | confound ~을 뒤섞다 | tug (세게, 흔히 여러 번) 잡아당기다

Shivering, / dripping, / and crying, / they got Amy home,
바들바들 떨며, 흠뻑 젖은 채, 울면서, 그들을 에이미를 집으로 데려갔고,

/ and after an exciting time of it, / she fell asleep, / rolled
흥분의 시간이 지난 후, 그녀는 잠이 들었다,

in blankets / before a hot fire. During the bustle / Jo had
담요로 싸인 채 따뜻한 난로 앞에서. 그 소란 동안

scarcely spoken / but flown about, / looking pale and wild,
조는 거의 말도 없이 돌아다녔다, 새파랗게 질린 얼굴로,

/ with her things half off, / her dress torn, / and her hands
물건들을 내려놓다 만 채, 그녀의 옷은 찢어져 있었고,

cut and bruised / by ice and rails and refractory buckles.
손은 베이고 멍들어 있었다 얼음과 난간, 스케이트 버클로 인해.

When Amy was comfortably asleep, / the house quiet, /
에이미가 편안하게 잠이 들고, 집안이 조용해지자,

and Mrs. March sitting by the bed, / she called Jo to her /
마치 부인은 침대 옆에 앉아, 조를 불렀고,

and began to bind up the hurt hands.
그녀의 상처 입은 손을 붕대로 감아주기 시작했다.

"Are you sure she is safe?" / whispered Jo, / looking
"정말 괜찮을까요?" 조가 속삭였다,

remorsefully at the golden head, / which might have
죄책감에 사로잡혀 금발머리를 쳐다보며, 휩쓸려 버렸을 수도 있었던

been swept away / from her sight forever / under the
그녀의 시야에서 영원히, 위험한 얼음 밑으로.

treacherous ice.

"Quite safe, dear. She is not hurt, / and won't even take
"정말 괜찮단다, 얘야. 다친 데도 없고, 감기도 걸리지 않을 거야,

cold, / I think, / you were so sensible / in covering and
내 생각에는, 네가 현명하게도 그녀를 잘 덮어서 집으로 빨리

getting her home quickly," / replied her mother cheerfully.
데려왔으니," 엄마가 밝게 대답했다.

bustle 활발하게 움직이다 | refractory 고집 센, 다루기 힘든 | remorsefully 후회가 가득해 | treacherous 신뢰를 배반하는 | penitent 뉘우치는 | condemn ~을 옳지 않다고 보다 | hardness 단단함, 곤란, 고집

"Laurie did it all. I only let her go. Mother, / if she should
"모두 로리가 한 거예요. 나는 내버려 둔 것 밖에 안 했어요. 엄마, 만약 에이미가 죽는다면,

die, / it would be my fault." And Jo dropped down beside
그건 내 잘못이에요." 그리고 조는 침대 옆에 주저 앉아

the bed / in a passion of **penitent** tears, / telling all that
후회의 눈물을 쏟으며, 일어난 모든 일을 이야기하면서,

had happened, / bitterly **condemning** / her **hardness** of
쓰라리게 책망했다 자신의 모진 마음을,

heart, / and sobbing out her gratitude / for being spared
그리고 감사의 눈물을 흘렸다 무거운 형벌을 모면한 것에 대해

the heavy punishment / which might have come upon her.
그녀에게 일어났을지도 모르는.

"It's my dreadful temper! I try to cure it; / I think I have,
"내 못된 성질 때문이에요! 그걸 고치려고 노력했는데; 이제 고쳤구나 생각했는데,

/ and then / it breaks out worse than ever. Oh, Mother,
그러면 그게 다시 더 심하게 폭발해요. 오, 엄마,

/ what shall I do? What shall I do?" / cried poor Jo, / in
어떡해야 하죠? 내가 어쩌면 좋아요?" 불쌍한 조가 울부짖었다,

despair.
절망하며.

Key Expression

with를 사용한 부대상황

두 가지 일이 동시에 일어날 때를 부대상황이라고 합니다. with를 사용하여 간단하게 표현할 수 있으며 '~을 …하면서/…한채로'라고 해석합니다.

- ▶ with + 목적어 + 현재분사
- ▶ with + 목적어 + 과거분사
- ▶ with + 목적어 + 형용사 ~을 ~한채로
- ▶ with + 목적어 + 전치사구 ~을 ~한채로

이때, 현재분사와 과거분사의 사용 구분은 목적어가 행동을 직접 하는가(능동-현재분사), 당하는가(수동-과거분사)에 의해 결정됩니다.

ex) During the bustle Jo had scarcely spoken but flown about, / looking pale and wild, with her things half off, her dress torn, and her hands cut and bruised by ice and rails and refractory buckles.
부산함 중에 조는 거의 말도 못했지만 바쁘게 돌아다녔다. 창백하고 흥분한 모습으로, 물건들은 반쯤 없어지고, 옷은 찢어졌으며, 손은 얼음과 가로대와 스케이트 버클로 인해 베이고 멍든 채로.

"Watch and pray, dear, / never get tired of trying, / and never
"조심하고 기도하렴, 얘야, 노력하는 것에 지치지 말고, 생각하지 마라

think / it is impossible to conquer your fault," / said Mrs.
네 결점을 극복하는 것이 불가능하다고," 마치 부인이 이야기했다.

March, / drawing the blowzy head to her shoulder / and
헝클어진 머리를 어깨로 당기며,

kissing the wet cheek so tenderly / that Jo cried harder than
그리고 젖은 뺨에 부드럽게 키스하자 조는 더 심하게 울었다.

ever.

"You don't know, / you can't guess / how bad it is! It seems
"엄마는 몰라요, 상상도 못할 거예요, 얼마나 나쁜지!

as if I could do anything / when I'm in a passion; / I get so
내가 무엇이든지 할 수 있는 듯 보여요 열정에 불타오를 때는; 반면 너무나도 잔

savage, / I could hurt anyone / and enjoy it. I'm afraid / I
인하게 변해서, 아무에게 상처를 주고 그것을 즐겨요. 난 두려워요

shall do something dreadful some day, / and spoil my life,
언젠가 무서운 일을 저지를까 봐, 그래서 내 삶을 망쳐버리고,

/ and make everybody hate me. Oh, Mother, / help me, do
모두가 나를 싫어하게 될까 봐. 엄마, 도와주세요, 제발 도와

help me!"
주세요!"

"I will, my child, I will. Don't cry so bitterly, / but remember
"그럴게, 얘야, 도와줄게. 그렇게 심하게 울지 마렴, 그러나 오늘을 기억하렴,

this day, / and resolve with all your soul / that you will never
그리고 진심으로 다짐하렴 이 같은 다른 일이 일어나지 않

know another like it. Jo, dear, / we all have our temptations,
도록. 조, 얘야, 우리는 모두 유혹이 있단다,

/ some far greater than yours, / and it often takes us / all our
어떤 유혹은 네 것보다 훨씬 거대하고, 종종 우리에게 극복하기 위

lives to conquer them. You think / your temper is the worst
해 평생을 바치기도 하지. 너는 생각하겠지 네 성격이 세상에서 최악이라고,

in the world, / but mine used to be just like it."
하지만 나도 예전엔 똑같았단다."

savage 야만스런, 무례한

"Yours, Mother? Why, you are never angry!" And for the
"엄마가요? 에이, 엄마는 화를 내는 법이 없잖아요!" 그 순간

moment / Jo forgot **remorse** / in surprise.
조는 죄책감도 잊었다 놀라서.

"I've been trying to cure it / for forty years, / and have
"나는 그걸 고치기 위해 노력해 왔단다 40년 동안이나,

only succeeded / in controlling it. I am angry / nearly
그리고 겨우 성공했어 감정을 조절하는데. 나도 화를 낸단다

every day of my life, Jo, / but I have learned not to show
거의 매일 살아가면서, 조, 하지만 난 그걸 드러내지 않는 법을 배웠단다;

it; / and I still hope to learn / not to feel it, / though it
그리고 여전히 배우고 싶어 그걸 느끼지 않는 법을, 걸린다고 해도

may take me / another forty years / to do so."
또 다른 40년이 그렇게 하기 위해서."

The patience and the **humility** / of the face she loved so
인내와 겸손은 그녀가 그토록 사랑하는 얼굴의

well / was a better lesson to Jo / than the wisest lecture, /
조에게 더 좋은 교훈이었다 어떤 현명한 연설이나,

the sharpest **reproof**. She felt comforted at once / by the
날카로운 꾸짖음보다도. 그녀는 곧 위안을 느꼈다

sympathy and confidence / given her; / the knowledge /
동정과 신뢰감에 자신이 받은; 그 사실은

that her mother had a fault like hers, / and tried to mend
엄마가 자신과 같은 잘못을 가지고 있으며, 고치기 위해 노력한다는,

it, / made her own easier to bear / and strengthened her
그녀가 참아내기 쉽게 만들었고 그 성격을 고치겠다는 결심을 강하게

resolution to cure it, / though forty years seemed rather a
했다, 40년은 너무 긴 시간이었지만

long time / to watch and pray / to a girl of fifteen.
조심하고 기도하기에는 15세의 소녀에게는.

remorse 후회, 양심의 가책 | **humility** 겸손, 비하 | **reproof** 책망, 질책 | **dishevel** (머리 따위)를 헝클어뜨리다

"Mother, / are you angry / when you fold your lips tight
"엄마, 화를 내는 건가요 입을 굳게 다물고서

together / and go out of the room / sometimes, / when
방을 나가버릴 때는 때때로,

Aunt March scolds / or people worry you?" / asked Jo, /
마치 고모가 잔소리를 하거나 사람들이 엄마를 걱정시킬 때?" 조가 물었다,

feeling nearer and dearer to her mother / than ever before.
엄마에게 더 가깝고 소중하게 느끼면서 그 어느 때보다.

"Yes, / I've learned to check the hasty words / that rise to
"그렇단다, 나는 성급한 말들을 자제하는 법을 배웠지 입 밖으로 튀어나

my lips, / and when I feel / that they mean to break out
오려는, 그리고 느낄 때는 그게 튀어 나오려는 것을

/ against my will, / I just go away a minute, / and give
내 의지와 반대로, 잠시 밖에 나가서, 자신을 흔드는 거야

myself a little shake / for being so weak and wicked,"
그렇게 약하고 사악한 것에 대해,"

answered Mrs. March / with a sigh and a smile, / as she
마치 부인이 대답했다 한숨과 미소를 지으며,

smoothed and fastened up / Jo's disheveled hair.
정리하고 묶어주면서 조의 헝클어진 머리를.

Key Expression

try to 동사원형 & try 동사~ing

동사 중에는 to 부정사와 동명사 둘 다 목적어로 가지는 동사가 있지요. try의 경우에도 뒤에 to 부정사와 동명사 둘 다 올 수 있지만 그 의미에 차이가 있습니다.

▶ try to + 동사원형: ~하려고 애쓰다

▶ try + 동사~ing : (시험삼아) 한번 해 보다

둘의 차이점은 '얼마만큼 노력이 들어갔느냐'입니다. 그리고 to 부정사가 오는 경우에는 목적어라기 보다는 목적(~하기 위해)를 나타내는 부사적용법으로 해석한다고 볼 수 있겠네요.

ex) I've been trying to cure it for forty years.
나는 40년 간 그걸 고치려고 노력해왔다.
Try talking to her. 그녀에게 말을 걸어 봐.

"How did you learn / to keep still? That is what troubles
"어떻게 배웠어요 가만히 참는 걸? 그게 제 문제에요 —

me — / for the sharp words fly out / before I know / what
날카로운 말이 튀어 나오는 게 제가 알아차리기도 전에

I'm about, / and the more I say / the worse I get, / till it's
뭘 하려는지를, 그리고 말하면 할수록 더욱 악화되요,

a pleasure / to hurt people's feelings / and say dreadful
즐길 때까지 사람들의 감정을 상처 입히고 무서운 말을 하면서.

things. Tell me / how you do it, / Marmee dear."
말해 주세요 엄마는 어떻게 하시는지, 엄마 제발."

"My good mother used to help me — "
"네 외할머니가 나를 도와주셨단다 —"

"As you do us — " / interrupted Jo, / with a grateful kiss.
"엄마가 우리한테 하시는 것처럼 —" 조가 끼어 들었다 감사의 입맞춤과 함께.

"But I lost her / when I was a little older than you are, /
"하지만 할머니를 잃고서 내가 너보다 나이를 좀 더 먹었을 적에,

and for years / had to struggle on alone, / for I was too
수년 동안 혼자서 싸워야만 했단다, 나는 너무 자존심이 세서 고

proud to confess / my weakness to anyone else. I had a
백하지 못했으니까 내 나약함을 어느 누구에게도. 힘들었단다 조,

hard time, Jo, / and shed a good many bitter tears / over
그리고 많은 쓰라린 눈물을 흘렸지

my failures, / for in spite of my efforts / I never seemed to
내 실수들에 대해서, 왜냐하면 내 노력에도 불구하고 나아지지 않는 것 같았으니까.

get on. Then your father came, / and I was so happy / that I
그때 네 아빠가 다가왔고, 난 너무 행복해서

found it easy to be good. But by-and-by, / when I had four
좋은 사람이 되는 게 쉽다고 생각했어. 하지만 머지 않아,

little daughters round me / and we were poor, / then the
내 주위에 네 명의 딸이 생겼고 우리가 가난했을 때

old trouble began again, / for I am not patient by nature,
오래된 문제가 다시 시작됐단다, 왜냐하면 난 천성적으로 인내심이 없어서,

/ and it tried me very much / to see my children wanting
많은 노력이 필요했으니까 내 아이들이 무언가 원하는 모습을 지켜보는 것

anything."
에는."

"Poor Mother! What helped you then?"
"가엾은 엄마! 그럴 땐 뭐가 도움이 되었나요?"

"Your father, Jo. He never loses patience — / never doubts
"네 아버지였단다, 조. 아버지는 절대 참을성을 잃는 법이 없었다 — 의심하지도 불평하지
or complains — / but always hopes, / and works and waits
도 않고 — 언제나 희망을 가지고, 즐겁게 일하고 기다리는 분이라
so cheerfully / that one is ashamed / to do otherwise /
사람들은 부끄러움을 느꼈지 그렇지 않은 일을 하는 데에
before him. He helped and comforted me, / and showed me
아버지 앞에서. 아버지는 나를 돕고 편안하게 해 주었고, 내게 보여 주었단다
/ that I must try to practice / all the virtues / I would have
연습하려고 노력해야 한다고 모든 미덕을
my little girls possess, / for I was their example. It was
딸들이 갖기를 원하는, 왜냐하면 나는 딸들의 본보기이니까. 노력하는 것은 훨
easier to try / for your sakes / than for my own; / a startled
씬 쉬웠단다 너희들을 위해서 내 자신을 위하기 보다;
or surprised look from one of you / when I spoke / sharply
너희들의 놀란 표정은 내가 뭔가 말을 했을 때 날카롭게 꾸
rebuked me / more than any words could have done; / and
짖었단다 그 어떤 말보다도;
the love, respect, and confidence of my children / was the
그리고 아이들의 사랑과 존경과 신뢰는
sweetest reward / I could receive / for my efforts / to be the
가장 달콤한 보상이었지 내가 받을 수 있는 노력에 대한 대가로 여자가 되기
woman / I would have them copy."
위한 딸들에게 따라 하라고 할 수 있는."

fly out 뛰어 나가다 | interrupt 방해하다, 차단하다 | by-and-by 미래, (가까운) 장래 | possess ~을 가지다, 소유하다 | sake 동기, 이익 | startle ~을 깜짝 놀라게 하다 | reward 보수, 포상

"Oh, Mother, / if I'm ever half as good as you, / I shall be
"오, 엄마, 제가 엄마 반만큼이라도 된다면 ,

satisfied," / cried Jo, / much touched.
만족하겠어요," 조가 소리쳤다, 무척 감동받아서."

"I hope / you will be a great deal better, dear, / but you
"엄마는 바란다 네가 훨씬 좋은 사람이 되기를, 얘야,

must keep watch over / your 'bosom enemy,' / as Father
그러나 계속 주의해야 해 네 '마음 속에 적'에 대해, 아버지가 말씀하

calls it, / or it may sadden, / if not spoil your life. You
시는, 그렇지 않으면 슬픔을 줄 거야, 인생을 망치지 않는다 해도.

have had a warning; / remember it, / and try with heart
넌 경고를 받았잖니; 그걸 기억하렴, 그리고 마음을 다해 노력하렴

and soul / to master this quick temper, / before it brings
성급한 성미를 다스리기 위해, 그것이 네게 안겨 주기 전에

you / greater sorrow and regret / than you have known
더 큰 슬픔과 후회를 오늘 겪은 일보다."

today."

"I will try, Mother, / I truly will. But you must help me,
"그렇게 할게요, 엄마, 정말 그럴 거예요. 하지만 엄마가 도와주셔야 해요,

/ remind me, / and keep me from flying out. I used to see
절 일깨워 주세요, 그리고 뛰쳐나가지 않도록 막아 주세요. 난 보곤 했었어요

/ Father sometimes put his finger on his lips, / and look
아빠가 가끔 손가락을 입술에 얹고, 엄마를 쳐다보는

at you / with a very kind but sober face, / and you always
것을 상냥하지만 슬픈 얼굴로, 그러면 엄마는 언제나 입

folded your lips tight / or went away: was he reminding
술을 굳게 닫거나, 나가 버리셨죠: 그때 아빠가 엄마를 일깨워주신 건가요?

you then?" / asked Jo softly.
" 조가 부드럽게 물었다.

"Yes. I asked him to help me so, / and he never forgot it,
"그래. 아빠한테 나를 그렇게 도와달라고 부탁했지, 그리고 아빠는 그걸 잊은 적이 없단다,

/ but saved me from many a sharp word / by that little
나를 수많은 심한 말들로부터 구해 줬지 그런 작은 몸짓과 상냥한

gesture and kind look."
표정으로."

Jo saw that her mother's eyes filled / and her lips
조는 엄마의 눈이 젖어 드는 걸 보고 그리고 엄마의 입술이 떨리는 것을

trembled / as she spoke, / and fearing / that she had said
말하면서, 걱정이 들었다 말을 너무 많이 한 것이 아닌지,

too much, / she whispered anxiously, / "Was it wrong /
그녀는 걱정스럽게 속삭였다. "잘못한 건가요

to watch you and to speak of it? I didn't mean to be rude,
엄마를 지켜본 일과 그걸 말한 게? 무례하게 굴려고 한 건 아니었어요,

/ but it's so comfortable to say / all I think to you, / and
하지만 말하기 매우 편하니까요 제가 생각한 걸 엄마에게 모두 말하면,

feel so safe and happy here."
안정감을 느끼고 행복해져요."

"My Jo, / you may say anything to your mother, / for it is
"우리 조, 엄마에게 무슨 말이든 해도 된단다,

my greatest happiness and pride / to feel / that my girls
왜냐하면 내게 가장 큰 기쁨이자 자랑이니까 느끼는 것이 내 딸들이 날 신뢰한다고

confide in me / and know / how much I love them."
그리고 아는 것이 내가 아이들을 얼마나 사랑하는지를."

"I thought / I'd grieved you."
"생각했어요 엄마를 슬프게 했다고."

"No, dear; / but speaking of Father / reminded me / how
"아니다, 얘야; 하지만 아빠 얘기가 나를 상기시켜 줬단다

much I miss him, / how much I owe him, / and how
얼마나 그리워하는지, 얼마나 도움을 받았는지, 그리고 얼마나 진실하게

faithfully I should watch / and work to keep his little
내가 돌봐야 하는지 어린 딸들을 안전하게 지키기 위해서

daughters safe / and good for him."
그리고 아빠를 위해서."

remind ~에게 …을 일깨우다 | **faithfully** 충실하게

"Yet you told him to go, Mother, / and didn't cry when he
"하지만 엄마가 아빠한테 가라고 하셨잖아요, 그리고 아빠가 떠날 때 울지 않으셨잖아요,

went, / and never complain now, / or seem as if you needed
지금도 불평 한 마디 없고, 어떤 도움도 필요하지 않은 것처럼 보이잖

any help," / said Jo, / wondering.
아요," 조가 말했다, 의아해하며.

"I gave my best / to the country I love, / and kept my tears
"난 가장 소중한 사람을 사랑하는 조국을 위해 드렸지, 그래서 울지 않으려 했단다

/ till he was gone. Why should I complain, / when we
아빠가 떠날 때까지. 왜 불평을 하겠니,

both have merely done our duty / and will surely be the
우리 모두 의무를 지키는 것 뿐이고 그로 인해 더 행복한 세상이 될 것이 확실

happier for it / in the end? If I don't seem to need help, /
한데 결국에는? 내가 도움이 필요없는 것 같아 보이면,

it is because I have a better friend, / even than Father, /
그건 더 좋은 친구를 가졌기 때문이란다, 아빠보다도 더,

to comfort and sustain me. My child, / the troubles and
나를 위로해 주고 지지해 주는. 아가야, 네 인생의 문제와 유혹은

temptations of your life / are beginning and may be many,
겨우 시작이고 더 많을 거야,

/ but you can overcome / and outlive them all / if you learn
하지만 넌 극복할 수 있고 그 모든 걸 견뎌낼 수 있을 거란다 만약 네가 느낄 수

to feel / the strength and tenderness / of your Heavenly
있다면 강함과 부드러움을 천국에 계신 하나님의

Father / as you do that of your earthly one. The more you
네가 땅에서 그러하듯. 네가 하나님을 더 사랑하

love and trust Him, / the nearer you will feel to Him, / and
고 신뢰할수록, 하나님을 더 가깝게 느낄 수 있을 거란다,

the less you will depend on / human power and wisdom.
그리고 덜 의지하게 될 거야 인간의 권력과 지식에.

sustain (무게, 부담)을 견디다, 지탱하다 | **outlive** ~보다는 오래 살다 | **confidingly** 신뢰하게

His love and care / never tire or change, / can never be
아빠의 사랑과 보살핌은 결코 지치거나 변하지 않고, 빼앗길 수도 없으며,

taken from you, / but may become / the source of lifelong
되어줄 거야 평생 동안 평화와 행복과 힘의 원천이.

peace, happiness, and strength. Believe this heartily, / and
이 사실을 진심으로 믿고, 하나님

go to God / with all your little cares, and hopes, and sins,
을 찾아가거라 네 걱정과, 희망과, 죄와, 슬픔을 가지고,

and sorrows, / as freely and confidingly / as you come to
자유롭고 은밀하게 네가 엄마에게 왔듯이."

your mother."

Key Expression

the + 비교급~, the 비교급… : ~하면 할수록 …하다

원래 the는 최상급 형용사/부사 앞에 붙이고 비교급에는 쓰지 않죠. 비교급에 the를 사용하는 때가 바로 이 경우에요. 'the + 비교급' 뒤에는 '주어 + 동사'의 절이 오게 됩니다.

ex) The more I say the worse I get. 내가 말을 하면 할수록 더 나빠져요.

Jo's only answer was / to hold her mother close, / and in
조의 유일한 대답은 엄마를 꼭 끌어안는 것이었다,

the silence / which followed the sincerest prayers / he had
그리고 침묵 속에서 가장 진실한 기도를 드렸다 자신에 마

ever prayed left her heart / without words; / for in that sad
음속에 남아있는 가장 진실한 기도를 아무 말 없이; 그런 슬프지만 행복한

yet happy hour, / she had learned / not only the bitterness
시간 속에서, 그녀는 배웠다

of remorse and despair, / but the sweetness of self-denial
후회와 절망의 쓰라림 뿐만 아니라, 금욕과 자제의 달콤함을;

and self-control; / and, led by her mother's hand, / she
그리고 엄마의 손에 이끌려;

had drawn nearer to the Friend / who welcomes every
그녀는 '그 분'에게 더 가까이 다가갔다, 모든 아이들을 사랑으로 맞아 주는

child with a love / stronger than that of any father, /
어떤 아버지보다도 강하고,

tenderer than that of any mother.
어떤 엄마보다 다정한,

Key Expression

if it were nor for ~ : ~가 없다면

가정법 표현의 하나인 if it were not for는 '~가 없다면'의 의미입니다. 현재의 상황을 표현할 때는 가정법 과거인 if it were not for를, 과거의 상황을 표현할 때에는 if it had not been for~를 씁니다.
또한 if it were not for는 but for, 혹은 without으로 바꿔 쓸 수 있어요.

ex) If it hadn't been for Laurie, it might have been too late!
만약 로리가 없었다면 너무 늦어버렸을지도 모른다.

Amy stirred and sighed / in her sleep, / and, / as if eager to
에이미는 몸을 뒤척이며 한숨을 내쉬었다 자면서, 그리고, 당장 시작하고 싶어

begin at once / to mend her fault, / Jo looked up / with an
하듯이 자신의 잘못을 고치는 것을, 조는 올려다 보았다

expression on her face / which it had never worn before.
얼굴에 표정을 지으며 지금까지 한 번도 보지 못했던.

"I let the sun go down / on my anger; / I wouldn't forgive
"난 해가 지도록 뒀어요 분노를 품은 채; 난 그녀를 용서하지 않으려 했어

her, / and today, / if it hadn't been for Laurie, / it might
요, 그리고 오늘, 로리가 없었다면,

have been too late! How could I be so wicked?" / said Jo, /
너무 늦었을지도 몰라요! 나는 어떻게 그렇게 사악할 수 있었을까요?" 조가 말했다,

half aloud, / as she leaned over her sister / softly stroking
목소리를 높이며, 여동생에게 몸을 굽히면서 젖은 머리를 부드럽게 어루

the wet hair / scattered on the pillow.
만졌다 배게 위에 흩어진.

As if she heard, / Amy opened her eyes, / and held out
그 말을 들은 듯이, 에이미가 눈을 뜨고, 팔을 내밀었다,

her arms, / with a smile / that went straight to Jo's heart.
미소 지으며 조의 마음을 감동시킨.

Neither said a word, / but they hugged one another close, /
아무 말도 없이, 그들은 서로를 꼭 끌어안았다,

in spite of the blankets, / and everything was forgiven and
담요에도 불구하고, 모든 것은 용서되고 잊혀졌다

forgotten / in one hearty kiss.
진실한 입맞춤 속에서.

despair 절망, 낙담 | self-denial 자제, 자기 부정 | scatter ~을 뿌리다 | hearty 마음으로부터의

mini test 5

A. 다음 문장을 해석해 보세요.

(1) Now if there is anything / mortifying to our feelings / when we are young, / it is to be told that; / and to be bidden to / "run away, dear" / is still more trying to us.

→

(2) But, / in spite of the comical red imps, / sparkling elves, / and gorgeous princes and princesses, / Jo's pleasure / had a drop of bitterness in it.

→

(3) Amy was much offended / that her overtures of peace had been repulsed, / and began to wish / she had not humbled herself, / to feel more injured than ever.

→

(4) I hope / you will be a great deal better, dear, / but you must keep watch over / your 'bosom enemy,' / as Father calls it, / or it may sadden, / if not spoil your life.

→

B. 다음 주어진 문장이 되도록 빈칸에 써 넣으세요.

(1) 자, 메그, 조용히 하지 않으면 <u>모든 걸 망쳐 버릴 거야</u>.

Now, Meg, be quiet or ________________.

(2) <u>그녀가 들었든 듣지 않았든</u>, 스스로 돌보라지.

________________________, let her take care of herself.

A. (1) 우리가 어렸을 때 굴욕감을 주는 무언가가 있다면, 그건 그런 말을 들을 때며, 또한 "나가버려, 얘야" 라고 명령받는 것은 더욱 화나게 하는 법이다. (2) 그러나, 우스꽝스러운 빨간 도깨비와 활기찬 요정들과 멋진 왕자와 공주들에도 불구하고 조는 즐거움 속에서 씁쓸한 감정이 들었다. (3) 에이미는 무척 기분이 상해

(3) 네가 하나님을 더욱 사랑하고 믿을수록, 넌 하나님을 더 가까이 느끼게 될 거란다.

________________, the nearer you will feel to Him.

(4) 만약 로리가 없었다면, 아마도 너무 늦었을지도 몰라요!

________________, it might have been too late!

C. 다음 주어진 문장이 본문의 내용과 맞으면 T, 틀리면 F에 동그라미 하세요.

(1) Meg and Jo took Amy to the theater.
(T / F)

(2) Amy hided Jo's manuscript.
(T / F)

(3) Amy didn't hear Laurie saying " Keep near the shore".
(T / F)

(4) Jo's mother used to have bad temper.
(T / F)

D. 다음 단어에 대한 맞는 설명과 연결해 보세요.

(1) repent ▶ ◀ ① difficult to deal with or control

(2) calamity ▶ ◀ ② feel sorry for something wrong you have done

(3) pensive ▶ ◀ ③ an event that causes a great deal of damage

(4) refractory ▶ ◀ ④ thinking deeply about something

서 그녀의 화해 제의가 거절당하자, 그 어느 때보다 상처 받았다고 느껴서 겸손하게 굴지 말았어야 했다고 생각하기 시작했다. (4) 나는 네가 더 잘할 거라고 믿는단다. 하지만 너는 아빠가 '가슴속의 적'이라 부른 것에 계속 지켜봐야 해. 그렇지 않으면 그건 네 인생을 망치지는 않는다 해도 슬픔을 줄 거란다. | B. (1) you will spoil it all (2) No matter whether she heard or not (3) The more you love and trust Him (4) If it hadn' t been for Laurie | C. (1) F (2) F (3) T (4) T | D. (1) ② (2) ③ (3) ④ (4) ①

6

Meg goes to vanity fair
메그, 허영이 가득한 곳에 가다

"I do think / it was the most fortunate thing / in the world
"난 정말 생각해 가장 운좋은 일이었다고 세상에서

/ that those children should have the measled / just now,"
그 아이들이 홍역에 걸리다니 바로 지금,"

/ said Meg, / one April day, / as she stood packing the "go
메그가 말했다, 4월의 어느 날, "여행" 가방을 챙기면서 섰다

abroad" trunk / in her room, / surrounded by her sisters.
그녀의 방에서, 자매들에게 둘러싸인 채.

"And so nice / of Annie Moffat / not to forget her promise.
"그리고 정말 잘됐지 애니 모팻이 약속을 잊지 않았다니.

A whole fortnight of fun / will be regularly splendid,"
신나는 2주 간이 딱 맞게 빛나겠지,"

replied Jo, / looking like a windmill / as she folded skirts /
조가 대답했다, 마치 풍차처럼 스커트를 접으면서

with her long arms.
긴 팔로.

"And such lovely weather, / I'm so glad of that," / added
"게다가 이렇게 화창한 날씨라니, 정말 기뻐," 베스가 덧붙였다,

Beth, / tidily sorting neck and hair ribbon / in her best
깃과 머리 리본을 정리하며 가장 좋은 상자에,

box, / lent for the great occasion.
특별한 순간을 위해 빌린.

"I wish I was going to have a fine time / and wear all these
"나도 정말 멋진 시간을 보냈으면 좋겠어 이렇게 멋진 옷들을 입고,

nice things," / said Amy / with her mouth full of pins, / as
에이미가 말했다 입술에 핀을 가득 물고,

she artistically replenished / her sister's cushion.
솜씨 좋게 꽂으며 언니의 바늘꽂이에.

measled 홍역의 | fortnight 2주일 간 | windmill 풍차 | sort 분류하다 | artistically 예술적으로 | replenish ~을 다시 채우다

"I wish you were all going, / but as you can't, / I shall
"너희들도 모두 가면 좋을텐데, 하지만 할 수 없지,

keep my adventures to tell you / when I come back. I'm
내가 꼭 모험담을 너희들한테 얘기해 줄게 돌아오면. 분명하니까

sure / it's the least I can do / when you have been so kind,
내가 할 수 있는 최소한의 일임에 너희들이 이렇게 친절하게 해 줬는데,

/ lending me things / and helping me get ready," / said
물건들을 빌려 주고 준비를 도와주고 있으니," 메그가 말했다,

Meg, / glancing round the room / at the very simple outfit,
방을 둘러보며 매우 수수한 물건들을,

/ which seemed nearly perfect / in their eyes.
그러나 꽤 완벽해 보이는 그녀들의 눈에는.

"What did Mother give you / out of the treasure box?" /
"엄마는 뭘 주셨어 보물상자에서?"

asked Amy, / who had not been present / at the opening of
에이미가 물었다, 자리에 없었던 삼나무 상자를 열 때

a certain cedar chest / in which Mrs. March kept / a few
마치 부인이 간직해 두는

relics of past splendor, / as gifts for her girls / when the
오래된 귀중품들을, 그리고 딸들에게 선물로 주는

proper time came.
적당한 때가 왔을 때.

"A pair of silk stockings, / that pretty carved fan, / and a
"실크 스타킹 한 켤레랑, 예쁜 조각이 새겨진 부채,

lovely blue sash. I wanted the violet silk, / but there isn't
그리고 예쁜 장식띠야. 난 보라색 실크 옷을 원했지만, 수선할 시간이 없었어,

time to make it over, / so I must be contented / with my
그러니 만족해야만 해

old tarlatan."
옛날에 입던 모슬린 옷으로."

outfit 옷 | cedar 삼나무 | carve ~을 새기다, 조각하다 | tarlatan 탈러턴(얇은 모슬린)

"It will look nice over / my new muslin skirt, / and the
"그건 어울릴 거야, 내 새 모슬린 치마랑,

sash will set it off beautifully. I wish I hadn't smashed /
그리고 장식띠가 멋지게 맞춰질 거야. 망가뜨리지 않았으면 좋았을텐데,

my coral bracelet, / for you might have had it," / said Jo, /
내 산호 팔찌를 언니가 낄 수 있도록." 조가 말했다,

who loved to give and lend, / but whose possessions were
주거나 빌려주는 것을 좋아하는, 그러나 그녀의 물건들은 대부분

usually / too **dilapidated** / to be of much use.
너무 낡은 것이었다 너무 많이 사용해서.

"There is a lovely old-fashioned pearl set / in the treasure
"예쁘고 오래된 진주 세트가 있었어 보물 상자에는,

box, / but Mother said / real flowers were the prettiest
하지만 엄마가 말씀하셨어 생화가 가장 예쁜 장신구라고

ornament / for a young girl, / and Laurie promised to send
어린 소녀에게는, 그래서 로리가 보내 주기로 약속했어

me / all I want," / replied Meg. "Now, / let me see, / there's
내가 원하는 만큼," 메그가 대답했다. "자, 보자, 새로 산 회

my new gray walking suit / — just curl up the feather /
색 산책복도 있고 — 깃털을 말아주기만 하면 되겠어

in my hat, / Beth — / then my poplin / for Sunday and
모자에 달린, 베스 — 그러면 내 포플린 드레스 있잖아 일요일이나 간단한 파티에

the small party / — it looks heavy for spring, / doesn't it?
입을 — 그건 봄에는 너무 무거워 보이는데, 그렇지 않아?

The violet silk would be so nice; oh, dear!"
보라색 실크 드레스라면 좋을텐데!"

"Never mind, / you've got the tarlatan / for the big party, /
"괜찮아, 모슬린 드레스가 있잖아 큰 파티에는,

and you always look like an angel / in white," / said Amy,
그리고 언니는 언제나 천사 같으니까 하얀 옷을 입으면," 에이미가 말했다,

/ **brooding** over the little store of **finery** / in which her soul
화려한 옷과 장신구들을 곱씹어보며 들뜬 모습으로.

delighted.

dilapidate ~을 황폐케 하다, 파손시키다 | **brood** 곰곰이 생각하다 | **finery** 화려한 옷 | **sacque** 헐렁한 드레스 (=sack dress) | **disfavor** 냉대, 악감정

"It isn't low-necked, / and it doesn't sweep enough, / but it
"그건 목이 파이지 않아 갑갑하고, 길이도 충분히 끌릴 정도는 아니지만,

will have to do. My blue housedress looks so well, / turned
입을 수밖에 없지. 파란색 실내복은 정말 좋아,

and freshly trimmed, / that I feel as if I'd got a new one. My
뒤집어서 새로 장식했더니, 새 옷을 산 것 같아.

silk sacque isn't a bit the fashion, / and my bonnet doesn't
실크 드레스는 좀 유행에 맞지 않아, 그리고 보닛도 샐리 것이랑 달라;

look like Sallie's; / I didn't like to say anything, / but I was
아무 말도 안했지만,

sadly disappointed / in my umbrella. I told Mother / black
실망스러웠어 우산도. 엄마한테 말했는데

with a white handle, / but she forgot / and bought a green
흰색 손잡이가 달린 검정색 우산을, 엄마는 깜박 하시고 녹색을 사 오셨어

one / with a yellowish handle. It's strong and neat, / so I
노란색 손잡이가 달린. 튼튼하고 깔끔하니까,

ought not to complain, / but I know / I shall feel ashamed of
불평하면 안 되지만, 난 알아 창피할 거라는 걸

it / beside Annie's silk one / with a gold top," / sighed Meg,
애니의 실크 우산 옆에 있으면 금색 꼭지가 있는," 메그가 한숨쉬었다,

/ surveying the little umbrella / with great disfavor.
작은 우산을 살펴보며 엄청 싫어하면서.

Key Expression

의무의 조동사 ought to

ought to는 '~해야 한다'라는 뜻의 의무를 나타내는 조동사로, should와 비슷한 의미이며 부정형은 ought not to입니다.
ought to나 should는 어길 경우 처벌을 받지는 않지만, 도덕적·사회적 양심에서 마땅히 해야 하는 의무를 표현합니다. should보다는 ought to가 좀 더 강한 의미를 가지고 있어 아랫사람이 윗사람에게 ought to를 사용할경우 기분을 상하게 할 수 있습니다.

ex) It's strong and neat, so I ought not to complain.
그건 튼튼하고 깔끔하니까, 난 불평하면 안 돼.
I didn't remember that I ought to go away.
난 자리를 떠야 한다는 생각도 나지 않았어.

"Change it," / advised Jo.
"그럼 바꾸지 그래," 조가 충고했다.

"I won't be so silly, / or hurt Marmee's feelings, / when she
"그렇게 어리석진 않아, 엄마 기분을 상하게 만들 거야, 얼마나 수고하

took so much pains / to get my things. / It's a nonsensical
셨는데 내 물건들을 준비하느라고. 내가 말도 안 되는 생각을 했어,

notion of mine, / and I'm not going to give up to it. My silk
난 그걸 버리지 않을 거야.

stockings / and two pairs of new gloves are / my comfort.
내 실크 스타킹과 새 장갑 두 켤레가 안심이 돼.

You are a dear to lend me yours, / Jo. I feel so rich and sort
네 것을 빌려 주다니 정말 고마워, 조. 난 부유하고 우아한 사람이 된 것

of elegant, / with two new pairs, / and the old ones cleaned
같아, 새 것이 두 켤레나 되고, 있던 것도 빨아 놓았으니."

up for common." And Meg took a refreshing peep / at her
그리고 메그는 생기를 찾은 표정으로 들여다 보았다

glove box.
그녀의 장갑 상자를.

"Annie Moffat has blue and pink bows / on her nightcaps;
"애니 모팻은 파란색과 분홍색 리본이 있던데 나이트캡에;

/ would you put some on mine?" she asked, / as Beth
내 것에도 좀 달아 줄래?" 그녀가 물었다, 베스가 하얀 모슬린 옷

brought up a pile of snowy muslins, / fresh from Hannah's
더미를 들고오자, 한나의 손에 의해 깨끗해진.

hands.

"No, I wouldn't, / for the smart caps won't match / the
"아니, 하지 않을래, 맵시 있는 모자는 어울리지 않을 거니까

plain gowns / without any trimming on them. Poor folks
밋밋한 드레스에, 아무런 장식도 없는. 가난한 사람들은 갖

shouldn't rig," / said Jo decidedly.
춰 입으면 안 된다고," 조가 단호하게 말했다.

rig ~을 치장하다

"I wonder / if I shall ever be happy / enough to have real
"궁금해 나도 행복해질 수 있을지 옷에 진짜 레이스를 달 만큼

lace on my clothes / and bows on my caps?" / said Meg
그리고 모자에도 리본을?" 메그가 조바심을 내

impatiently.
며 말했다.

"You said the other day / that you'd be perfectly happy /
"언니가 전에 말했잖아 정말로 행복할 거라고

if you could only go to Annie Moffat's," / observed Beth
애니 모팻 집에 갈 수만 있다면," 베스가 말했다

/ in her quiet way.
조용하게.

"So I did! Well, I am happy, / and I won't fret, / but it
"그랬었지! 그래, 난 행복해, 그러니 조바심 내지 않겠어, 하지만

does seem / as if the more one gets / the more one wants,
더 많이 가질수록 더 원하게 되는 걸,

/ doesn't it? There, now, / the trays are ready, / and
그렇지 않아?" 자, 이제, 가방은 준비됐고,

everything in but my ball dress, / which I shall leave for
무도회 드레스만 빼고 모든 게, 그것은 엄마한테 챙겨 달라고 남겨 둬야지,"

Mother to pack," / said Meg, / cheering up, / as she glanced
메그가 말했다, 들떠서, 바라보며

/ from the half-filled truck / to the many-times-pressed-
반쯤 채워진 가방을 여러 번 다리고 손본 하얀 모슬린 드레스까지,

and-mended white tarlatan, / which she called her "ball
그녀가 자신의 "무도회 드레스"라고 부른

dress" / with an important air.
젠체하면서.

The next day was fine, / and Meg departed in style /
다음 날은 맑았고, 메그는 멋을 부리고 출발했다

for a fortnight of novelty and pleasure. Mrs. March had
2주 간의 새로운 즐거움을 찾아서. 마치 부인은 이번 방문에 동의했다

consented to the visit / rather reluctantly, / fearing that
내켜하지 않으며, 마가렛이 돌아오지 않을까

Margaret would come back / and Sallie had promised to
하는 걱정에 하지만 샐리가 잘 돌보겠다고 약속했고,

take good care of her, / and a little pleasure seemed so
딸이 아주 즐거워 보여서

delightful / after a winter of irksome work / that the mother
지긋지긋한 일로 보낸 겨울이 지난 후에 엄마는 굴복했다,

yielded, / and the daughter went to take her first taste / of
그리고 딸은 처음으로 맛보기 위해 떠났다

fashionable life.
상류사회 생활을.

an important air 젠체 | novelty 새로움, 신기함 | irksome 지루한, 귀찮은

The Moffats were very fashionable, / and simple Meg was
모팻 집안은 대단히 화려했었기에, 소박한 메그는 기가 좀 죽었다.

rather daunted, / at first, / by the splendor of the house / and
처음에는, 화려한 집과

the elegance of its occupants. But they were kindly people,
그 집 사람들의 고상함에. 그러나 그들은 매우 친절한 사람들이었다,

/ in spite of the frivolous life they led, / and soon put their
경박한 삶을 보내왔음에도 불구하고, 그래서 곧 메그는 편안해졌다.

guest at her ease. Perhaps Meg felt, / without understanding
메그는 느꼈다, 이유는 모르지만,

why, / that they all their gilding could not quite conceal
그들의 화려함이 완전히 감출 수는 없다고

/ the ordinary material / of which they were made. It
평범한 것을 그들 내면을 이루는.

certainly was agreeable to fare day, / and do nothing but
그것은 분명히 멋진 일이었다, 아무것도 안 하면서 즐기는 것은.

enjoy herself. It suited her exactly, / and soon she began
그런 생활은 메그에게 잘 맞았고, 곧 그녀는 흉내 내기 시작했다

to imitate / the manners and conversation of those about
그들이 그녀에게 하는 태도와 말투를,

her, / to put on little airs and graces, / use French phrases,
약간 고상하게 굴고, 프랑스어 문장을 쓰고,

/ crimp her hair, / take in her dresses, / and talk about the
머리를 곱슬거리게 하고, 옷을 몸에 맞게 줄여 입고, 모팻의 예쁜 물건들에 대해 얘기하

Moffat's pretty things, / the more she envied her / and
면서, 메그가 그녀를 부러워하면 할수록

sighed to be rich. Home now looked bare and dismal / as
한숨도 늘어갔다. 집은 이제 텅 비고 울적하게 보였다

she thought of it, / work grew harder than ever, / and she
집에 대해 생각할 때마다, 일은 그 전보다 더욱 힘들어 보였다, 그녀는 느꼈다

felt / that she was a very destitute a much-injured girl, / in
자신이 몹시 가난하고 비참한 소녀라고,

spite of the new gloves and silk stockings.
새 장갑과 실크 스타킹에도 불구하고.

daunt ~을 위압하다 | occupant 입주자 | frivolous 불성실한, 경박한 | gild ~에 금도금하다 | imitate 모방하다 | crimp ~에 잔주름이 지게 하다 | destitute 빈곤한

She had not much time for repining, / however, / for the
그녀는 불평할 시간이 없었다, 그러나,

three young girls were / busily employed in "having a good
세 명의 어린 소녀는 바쁘게 즐거운 시간을 보냈기 때문에.

time." They shopped, walked, rode, and called / all day, /
그들은 쇼핑하고, 산책하고, 말을 타거나, 방문했다 하루 종일,

went to theaters and operas / or frolicked at home / in the
극장이나 오페라를 보러 가거나 집에서 흥겹게 놀았다

evening, / for Annie had many friends / and knew how
밤에는, 애니는 친구가 많았기 때문에 즐기는 법을 알고 있었다.

to entertain them. Her older sisters were very fine young
그녀의 언니들은 아주 멋진 여성들이었다,

ladies, / and one was engaged, / which was extremely
한 명은 약혼했는데, 그것이 무척 흥미로왔고 낭만적이었다,

interesting and romantïc, / Meg thought. Mr. Moffat was a
메그가 생각하기에. 모팻 씨는 뚱뚱하고 유쾌한 신

fat, jolly old gentleman, / who knew her father, / and Mrs.
사였는데, 메그의 아버지를 알고 있었다, 그리고 모팻 부인

Moffat, a fat, jolly old lady, / who took as great a fancy to
은 뚱뚱하고 유쾌한 부인이었는데, 메그에게 무척 호감을 갖고 있었다

Meg / as her daughter had done. Everyone petted her, / and
자신의 딸만큼이나. 모든 사람들이 그녀를 귀여워했고,

"Daisy," / as they called her, / was in a fair way to have her
"데이지"라고 그녀를 불렀기 때문에, 그녀는 우쭐해졌다.

head turned.

When the evening for the "small party" came, / she found /
"작은 파티"의 밤이 다가오자, 메그는 알았다

that the poplin wouldn't do at all, / for the other girls / were
포플린 드레스가 결코 어울리지 않는다는 것을, 왜냐하면 다른 소녀들은 입고

putting on thin dresses / and making themselves very fine
얇은 드레스를 정말로 멋지게 치장했기 때문에;

repine 투덜거리다, 불평하다 | frolic 즐겁게 뛰놀다 | in a fair way ~할 것 같은

indeed; / so out came the tarlatan, / looking older, limper,
그래서 모슬린 드레스를 입고 나왔을 때, 더 낡고, 초라하고, 흐느적거리고,

and shabbier / than ever / beside Sallie's crisp new one.
허름해 보였다 그 어느 때보다 샐리의 하늘하늘한 새 드레스 옆에 서니.

Meg saw / the girls glance at it and then at one another, /
메그는 봤다 소녀들을 힐끗 보고 나서 서로를 보는 걸,

and her cheeks began to burn, / for with all her gentleness
그녀의 양 볼은 붉게 달아오르기 시작했다, 왜냐하면 얌전했지만

/ she was very proud. No one said a word about it, / but
자존심이 매우 강했기 때문에. 아무도 옷에 대해 뭐라 하지 않았지만,

Sallie offered to dress her hair, / and Annie to tie her
샐리는 그녀의 머리를 치장해 주겠다고 제안했고, 애니는 자신의 장식띠를 매어 주겠다고 했

sash, / and Belle, the engaged sister, / praised her white
으며, 약혼한 언니인 벨은, 그녀의 하얀 팔을 칭찬했다;

arms; / but in their kindness / Meg saw only pity for her
그러나 그들의 친절함 속에서 메그는 자신의 가난함에 대한 동정으로 느꼈고,

poverty, / and her heart felt very heavy / as she stood by
마음이 매우 무거워져서 혼자 서 있었다,

herself, / while the others laughed, chattered, / and flew
다른 사람들은 울고 떠들고, 나비처럼 돌아다

about like gauzy butterflies. The hard, bitter feeling was
니는 동안에. 힘들고, 씁쓸한 기분은 점점 심해져갔다,

getting pretty bad, / when the maid brought in a box of
하녀가 꽃이 든 상자를 가져왔을 때.

flowers. Before she could speak, / Annie had the cover
그녀가 뭐라 말하기 전에, 애니가 뚜껑을 열었고,

off, / and all were exclaiming / at the lovely roses, heath,
모두 탄성을 질렀다 안에 든 아름다운 장미와, 히스, 양치 식물

and fern within.
들을 보고.

limper 발을 절다, 흐느적거리는 | shabby 닳아버린, 누더기의 | poverty 가난, 빈곤 | gauzy 얇은, 비쳐 보이는
heath 히스(황야에 자생하는 석남과의 상록관목) | fern 양치류의 식물

"It's for Belle, / of course, / George always sends her
"벨에게 온 거겠지, 물론, 조지는 언제가 언니에게 꽃을 보내 오거든,

some, / but these are altogether ravishing," / cried Annie,
하지만 이번에는 특히나 더 아름답네," 애니가 소리쳤다,

/ with a great **sniff**.
꽃 향기를 맡으며.

"They are for Miss March," / the man said. "And here's
"마치 양에게 온 것입니다," 남자가 말했다. "그리고 여기 메모가

note," / put in the maid, / holding it to Meg.
있습니다," 하녀가 끼어들어, 메그에게 그것을 건넸다.

"What fun! Who are they from? Didn't know you had a
"어머나! 누가 보낸 거야? 네게 애인이 있는 줄은 몰랐는데,"

lover," / cried the girls, / **fluttering** about Meg / in a high
소녀들이 소리쳤다, 메그에 대해 소동을 벌이며 호기심과 놀라움

state of curiosity and surprise.
이 가득한 모습으로.

"The note is from Mother, / and the flowers from Laurie,"
"메모는 엄마한테서 온 것이고, 꽃은 로리가 보낸 거야,"

/ said Meg simply, / yet much gratified / that he had not
메그가 간단히 대답했지만, 무척 고마워했다 자신을 잊지 않은 것에.

forgotten her.

"Oh, indeed!" / said Annie with a funny look, / as Meg
"오, 그렇구나!" 애니가 재미있는 표정으로 말했다,

slipped the note into her pocket / as a sort of **talisman** /
메그가 메모를 주머니 속에 집어넣을 때 일종의 부적처럼

against envy, vanity, and false pride, / for the few loving
질투와 허영과 그릇된 자존심에 대한, 왜냐하면 짧은 사랑의 말들은

words / had done her good, / and the flowers cheered her
그녀의 마음을 바르게 잡아 주었고, 꽃들은 기분을 북돋워 주었기 때문에

up / by their beauty.
그 아름다움으로.

sniff 코를 훌쩍이다 | **flutter** 펄럭이다, 휘날리다 | **talisman** 부적, 액막이 | **despondency** 낙심, 실망

Feeling almost happy again, / she laid by a few ferns
기분이 다시 행복해지자, 메그는 약간의 양치 식물과 장미들을 남겨 두고

and roses / for herself, / and quickly made up the rest
자신을 위한, 나머지로 재빠르게 만들었다

/ in dainty bouquets / for the breasts, hair, or skirts of
작은 꽃다발을 친구들의 가슴이나, 머리, 스커트에 달 수 있도록,

her friends, / offering them so prettily / that Clara, the
아주 아름답게 만들어 주었기 때문에 맏언니인 클라라는,

elder sister, / told her / she was "the sweetest little thing
그녀에게 말했다 "지금까지 본 가장 사랑스러운 사람"이라고,

she ever saw," / and they looked quite charmed / with
그리고 그들은 매료된 듯 보였다

her small attention. Somehow / the kind act / finished
그녀의 작은 배려에. 어쨌든 이 친절한 행동이 그녀의 낙담한 기분을

her despondency; / and when all the rest went / to show
풀어주었고; 다른 모두가 갔을 때

themselves to Mrs. Moffat, / she saw a happy, bright-eyed
모팻 부인에게 자랑하기 위해, 그녀는 자신의 행복하고 빛나는 얼굴을 보았다

face / in the mirror, / as she laid her ferns against her
거울 속에서, 양치 식물을 자신의 곱슬한 머리에 꽂고

rippling hair / and fastened the roses in the dress / that
장미를 드레스에 장식하고

didn't strike her / as so very shabby now.
그것으로 기분이 들지 않았다 이제 그렇게 초라하다고는.

Key Expression

altogether

부사 altogether는 'all together'와 형태와 비슷하여 헷갈릴 수가 있지만 더 다양한 의미를 가지고 있어요. all together 대신 '모두 합쳐, 총~'라는 의미로도 쓰이지만 그보다 더 자주 강조의 의미인 '완전히, 전적으로' 혹은 '대체로, 전체적으로 보아'라는 뜻으로 쓰입니다.

ex) George always sends her some, but these are altogether ravishing.
조지는 언제나 그녀에게 꽃을 보내오지만 이번 것은 정말로 기가 막히게 아름답다.
That comes to 99 dollars altogether. 모두 합쳐 99달러입니다.

She enjoyed herself very much / that evening, / for she
그녀는 마음껏 즐겼다 그 날 저녁,

danced to her heart's content; / everyone was very kind,
만족할 만큼 춤을 추면서; 모두들 매우 친절했고,

/ and she had three compliments. Annie made her sing, /
그녀는 세 번이나 칭찬을 받았다. 애니는 그녀에게 노래하라고 했고,

and someone said / she had a remarkably fine voice. Major
누군가가 말했다 그녀가 놀랄 만큼 아름다운 목소리를 가졌다고.

Lincoln asked / who "the fresh little girl with the beautiful
링컨 소령은 물었다 누가 "아름다운 눈을 가진 참한 아가씨냐고",

eyes" was, / and Mr. Moffat insisted on dancing with her /
그리고 모팻 씨는 그녀와 춤을 추자고 청했다

because she "didn't dawdle, but had some spring in her," /
그녀는 "둔하지 않고, 생기가 넘치니까"라고,

as he gracefully expressed it. So altogether she had a very
메그를 점잖게 표현하면서. 그래서 정말로 메그는 즐거운 시간을 보냈다,

nice time, / till she overheard a bit of conversation, / which
약간의 대화를 우연히 들었을 때까지는,

disturbed her extremely. She was sitting just inside the
무척 기분 상하게 한. 그녀는 온실 안에 앉아서,

conservatory, / waiting for her partner to bring her an ice,
파트너가 얼음을 가져 오는 것을 기다리고 있었다,

/ when she heard a voice / asked on the other side of the
목소리를 들었을 때 꽃으로 장식한 벽 건너편에서 물어보는 —

flowery wall —

"How old is he?"
"그는 몇 살이래?"

"Sixteen or seventeen, I should say," / replied another voice.
"열 여섯 아니면 열 일곱일 거야," 다른 목소리가 대답했다.

"It would be a grand thing / for one of those girls, / wouldn't
"대단한 일이겠지 자매들 중 한 명에게는, 그렇지 않아?

it? Sallie says / they are very intimate now, / and the old
샐리가 말하기를 그들은 이제 매우 친하다는데, 그리고 그 노인도 그사람

man quite dotes on them"
들에게 홀딱 빠져 있고."

"Mrs. M. has made her plans, / I dare say, / and will play
"마치 부인이 계획이 있겠죠, 분명히, 그리고 잘 처리하겠지,

her cards well, / early as it is. The girl evidently doesn't
좀 빠르긴 하지만. 그 아이는 분명히 아직 그런 생각은 안 하는

think of it yet," / said Mrs. Moffat.
것 같지만," 모팻 부인이 말했다.

"She told that fib about her mamma, / as if she did know,
"그녀는 엄마 핑계를 대며 거짓말을 했지만, 모르는 듯이,

/ and colored up / when the flowers came quite prettily.
그래도 얼굴이 빨개지던데요 꽃이 꽤 아름답게 도착했을 때.

Poor thing! She'd be so nice / if she was only got up in
불쌍하기도 하지! 정말 예뻤을 텐데 제대로 차려 입기만 했으면.

style. Do you think she'd be offended / if we offered to
기분 나빠할까요 우리가 그녀에게 빌려 주겠다

lend her / a dress for Thursday?" / asked another voice.
고 제안한다면 목요일에 드레스를?" 다른 목소리가 물었다.

Key Expression

간접의문문

의문문이 다른 문장 속에 명사절 형태로 들어갈 때 이를 간접의문문이라 합니다. 이때 의문사 + 주어 + 동사의 형태로 어순이 바뀌게 되며 동사의 시제도 주절에 시제에 맞춰야 해요. 간접의문문은 명사절이므로 문장 속에서 주어, 목적어, 보어로 사용됩니다.

I don't know. + Who is he?
→ I don't know who he is.(간접의문문이 know의 목적어)

ex) Major Lincoln asked who the fresh little girl with the beautiful eyes was.
링컨 소령은 아름다운 눈을 가진 저 참한 아가씨가 누구냐고 물었다.

dawdle 빈둥빈둥 시간을 보내다 | overhear (남의 대화 등을) 우연히 듣다 | intimate 친밀한

"She's proud, / but I don't believe she'd mind, / for that
"자존심이 강하니까, 하지만 거절할 것 같진 않네요, 왜냐하면 그 촌스러

dowdy tarlatan is / all she has got. She may tear it tonight, /
운 모슬린 드레스가 그 애가 가진 전부일 테니까. 오늘 밤에 찢어버릴지도 몰라,

and that will be a good excuse / for offering a decent one."
그러면 좋은 변명거리가 될 텐데 새 옷을 줄."

"We'll see. I shall ask young Laurence, / as a compliment
"알겠어요. 로렌스에게 물어 볼게요, 그녀에 대해 칭찬하면서,

to her, / and we'll have fun about it / afterward."
재밌을 거야 나중에."

Here Meg's partner appeared, / to find her looking much
메그의 파트너가 나타났을 때, 얼굴을 붉힌 그녀를 보았다

flushed / and rather agitated. / She was proud, / and her
불안해하기까지 하는. 그녀는 자존심이 강했고,

pride was useful just then, / for it helped her hide / her
그 자존심은 그때 딱 유용했다, 왜냐하면 감추도록 도와주었기 때문에

mortification, anger, and disgust / at what she had just
자신이 느낀 수치, 분노, 혐오감을 방금 들었던;

heard; / for, innocent and unsuspicious as she was, / she
순진하고 남을 의심하지 않는 그녀였지만,

could not help understanding / the gossip of her friends.
이해할 수밖에 없었다 사람들이 말한 소문을.

She tried to forget it, / but could not, / and kept repeating
그녀는 잊어버리려 했지만, 그럴 수 없었고, 계속 귓가에서 울렸다,

to herself, / "Mrs. M. has made her plans," / "that fib about
"마치 부인이 계획하고 있다,"거나 "엄마 핑계를 댔다"거나,

her mamma," / and "dowdy tarlatan," / till she was ready to
"촌스러운 모슬린,"이란 말들이 그녀는 거의 울 뻔 했다

cry / and rush home to tell her troubles / and ask for advice.
그리고 집에 달려가 얘기를 털어놓고 조언을 구하고 싶었다.

dowdy (옷차림이) 단정치 못한, 촌스러운 | decent 적당한, 예절 바른 | agitate (심하게) ~을 뒤흔들다 | mortification 굴욕, 수치 | disgust 혐오감 | fume (화가 나서) 씩씩대다 | worldly 이 세상의, 세속의 | attribute (원인을) ~에 돌리다 | wardrobe 옷

As that was impossible, / she did her best to seem gay, / and
하지만 그것은 불가능했기 때문에, 그녀는 명랑하게 보이려고 최선을 다 했고,

being rather excited, / she succeeded so well / that no one
약간 흥분했지만, 제대로 성공해서 누구도 눈치 채지

dreamed / what an effort she was making. She was very
못했다 그녀가 하고 있는 노력을. 그녀는 매우 기뻤다

glad / when it was all over / and she was quiet in her bed, /
모든 것이 끝나자 그리고 조용히 침대에 누워,

where she could think and wonder and **fume** / till her head
의문과 분노를 곱씹어볼 수 있게 되었다 머리가 아파왔고

/ ached and her hot cheeks were cooled by a few natural
달아오른 뺨은 저절로 흐른 눈물로 식혔다.

tears. Those foolish, / yet well-meant words, / had opened
그런 바보 같지만, 좋은 의미이기도 했던 말들은,

a new world to Meg, / and much disturbed the peace of the
메그에게 새 세상을 열어 주며, 오랜 평화를 무너뜨렸다

old one / in which till now she had lived / as happily as a
그녀가 이제껏 살아온 아이처럼 행복하게.

child. Her innocent friendship with Laurie / was spoiled /
로리와의 순수한 우정은 망가지고 말았다

by the silly speeches / she had overheard; / her faith in her
어리석은 이야기로 그녀가 엿들은;

mother was a little shaken / by the **worldly** plans **attributed**
엄마에 대한 믿음도 약간 흔들렸다 속물적인 계획을 갖고 있다는 말에

to her / by Mrs. Moffat, / who judged others by herself; /
모팻 부인의, 제멋대로 사람을 평가하는;

and the sensible resolution / to be contented with the simple
그리고 사리분별 있는 결심도 초라한 옷에 만족하겠다는

wardrobe / which suited a poor man's daughter / was
가난한 집의 딸에 맞게

weakened / by the unnecessary pity of girls / who thought a
힘을 잃었다 쓸데없는 동정으로 인해

shabby dress one of the greatest calamities / under heaven.
초라한 드레스가 가장 큰 불행이라고 생각하는 하늘 아래서.

Poor Meg had a **restless** night, / and got up / **heavy-eyed**,
불쌍한 메그는 밤에 제대로 잠들지 못했고, 일어났다 퉁퉁 부은 눈으로,

/ unhappy, half **resentful** toward her friends, / and half
불행해 하며, 한편으로는 친구들에게 화가 났고, 또 한편으로는 자기 자

ashamed of herself / for not speaking out frankly / and
신이 부끄러웠다 솔직하게 말해서

setting everything right. Everybody dawdled that morning, /
바로 잡지 못한 것이. 그날 아침에는 모두들 꾸물거렸다,

and it was noon / before the girls found energy enough even
그리고 정오가 되어서야 소녀들은 기운을 차렸다

/ to take up their worsted work. Something in the manner
뜨개질을 할 만큼. 친구들의 태도에서 무엇인가가

of her friends / struck Meg at once: / they treated her with
바로 그녀에게 느낌을 줬다; 그들은 더 정중하게 대했고,

more respect, / she thought, / took quite a tender interest /
그녀가 생각하기에, 깊은 관심을 보였으며

in what she said, / and looked at her with eyes / that **plainly**
그녀가 하는 말에, 그녀의 눈을 쳐다보았다 호기심이 가득한 채.

betrayed curiosity. All this surprised and flattered her, /
이 모든 일이 그녀를 놀라게 우쭐하게 했다,

though she did not understand it / till Miss Belle looked up
비록 이해하지는 못했지만 벨 양이 쓰던 것에서 고개를 들 때까지는,

from her writing, / and said, / with a sentimental air —
그리고 말했다, 감상적인 목소리로 —

"Daisy, dear, / I've sent an invitation / to your friend, Mr.
"데이지, 초청장을 보냈단다 네 친구, 로렌스 씨에게,

Laurence, / for Thursday. We should like to know him, /
이번 목요일을 위한. 우리도 그분을 만나고 싶고,

and it's only a proper **compliment** to you."
그저 너에 대한 적당한 감사의 표시이기도 해."

restless 침착하지 못한, (마음이) 불안한 | **heavy-eyed** 눈이 거슴츠레한 | **resentful** 화난, 분개한 | **plainly** 분명히, 솔직하게 | **compliment** 찬사, (의례적) 인사 | **tease** ~을 집적거리다, 괴롭히다 | **demurely** 품위 있게, 침착하게 | **stitch** 바늘땀 | **merriment** 유쾌하게 떠들썩 함 | **sly** (행동이) 교활한, 엉큼한

Meg colored, / but a mischievous fancy to tease the girls
메그는 얼굴을 붉혔지만, 친구들을 놀려 주고 싶은 장난기로

/ made her reply demurely, / "You are very kind, / but
점잔을 빼며 대답했다, "정말 친절하시네요,

I'm afraid he won't come."
하지만 그는 못 올 것 같은데요."

"Why not, chérie?" / asked Miss Belle.
"왜 못 오는데?" 벨이 물었다.

"He's too old."
"그는 나이가 너무 많거든요."

"My child, / what do you mean? What is his age, / I beg
"아가야, 그게 무슨 말이니? 몇 살인데,

to know!" / cried Miss Clara.
알려 줘!" 클라라가 소리쳤다.

"Nearly seventy, I believe," / answered Meg, / counting
"거의 일흔은 되었을 걸요," 메그가 대답했다, 바늘땀을 세면서

stitches / to hide the merriment / in her eyes.
유쾌한 표정을 숨기기 위해 눈에 가득한.

"You sly creature! Of course / we meant the young man,"
"이런 장난꾸러기! 물론 우린 젊은 분을 말한 거야,"

/ exclaimed Miss Belle, / laughing.
벨이 소리쳤다, 웃으면서.

Key Expression

I'm afraid~ : 유감이지만~

'두려워하는'이라는 뜻을 가진 형용사 afraid는 'I'm afraid(유감이지만/죄송하지만~이다)'의 형태로 자주 사용됩니다.
부정적인 추측을 할 때나 좋지 않은 정보를 전할 때 정중함을 더하기 위해 사용하며 뒤에는 주로 that을 생략한 형태의 절이 옵니다.

ex) I'm afraid he won't come.
유감이지만 그는 오지 않을 것 같습니다.

"There isn't any, / Laurie is only a little boy." And
"젊은 분은 없어요, 로리는 어린 소년일 뿐인 걸요."

Meg laughed also / at the queer look / which the sisters
그리고 메그도 웃었다 어리둥절해 하는 시선에 친구들이 교환하는

exchanged / as she thus described her supposed lover.
그녀가 미래의 애인을 얘기하는 줄 알았기 때문에.

"About your age," / Nan said.
"네 나이 정도겠지," 낸이 말했다.

"Nearer my sister Jo's, / I am seventeen in August," /
"내 동생 조랑 비슷해요, 전 8월이면 열 일곱이 되요,"

returned Meg, / tossing her head.
메그가 대답했다, 고개를 들며.

"It's very nice / of him to send you flowers, / isn't it?" /
"매우 친절하구나 네게 꽃을 보낸 걸 보니, 그렇지 않니?"

said Annie, / looking wise about nothing.
애니가 말했다, 아무것도 모르는 표정으로.

"Yes, he often does, / to all of us, / for their house is full,
"응, 그는 종종 그래, 우리 모두에게, 그들 가족 모두가,

/ and we are so fond of them. My mother and old Mr.
그리고 우리도 그들을 정말 좋아해. 엄마와 로렌스 씨는 친구야,

Laurence are friends, / you know, / so it is quite natural /
너도 알다시피, 그래서 자연스러워

that we children should play together." And Meg hoped /
우리 아이들도 함께 어울리는 것이." 그리고 메그는 바랐다

they would say no more.
그들이 더 이상 이야기 하지 않기를.

"It's evident / Daisy isn't out yet," / said Miss Clara to
"분명해 데이지는 아직 모르는 게," 클라라가 벨에게 말했다

Belle / with a nod.
고개를 끄덕이며.

"Quite a **pastoral** state of innocence all round," /
"완전 순진한 시골 소녀 그 자체라니까,"

returned Miss Belle / with a **shrug**.
벨이 대답했다 어깨를 으쓱이며.

"I'm going out / to get some little matters for my girls;
"나는 외출할 건데 너희들을 위한 것을 사러;

/ can I do anything for you, / young ladies?" / asked Mrs.
뭐 사다 줄까, 아가씨들?" 모팻 부인이 물었다,

Moffat, / lumbering in like an elephant / in silk and lace.
코끼리처럼 쿵쿵 걸으며 실크 레이스 옷을 입고.

"No, thank you, ma'am," / replied Sallie. "I've got my new
"아니요, 괜찮아요," 샐리가 대답했다. "새로 산 핑크색 실크 드레스

pink silk / for Thursday / and don't want a thing."
가 있으니까 목요일에는 아무것도 필요 없어요."

"Nor I — " / began Meg, but stopped / because it occurred
"저도요 — " 메그가 말을 시작하려다 멈췄다 왜냐하면 생각이 났기 때문에

to her / that she did want several things / and could not
정말 원하는 것이 몇 가지 있었지만 가질 수 없다는 생각이.

have them.

"What shall you wear?" / asked Sallie.
"넌 뭘 입을 거야?" 샐리가 물었다.

"My old white one again, / if I can mend it fit to be seen;
"전에 입었던 하얀 드레스를 다시 입을 거야, 제대로 고칠 수 있다면;

/ it got sadly torn last night," / said Meg, / trying to speak
어젯밤에 찢어졌거든," 메그가 말했다, 편안하게 말하려고 노력하면서,

quite easily, / but feeling very uncomfortable.
하지만 마음은 불편해하며.

Key Expression

It is natural that…should~ : ~하는 것도 당연하다

It is 형용사 that… 구문에서 형용사 자리에 감정·이성적 판단을 나타내는 형용사가 올 경우 that절에는 'should + 동사원형'을 사용합니다.
감정적 판단 형용사는 surprising(놀라운), amazing(놀라운), strange(이상한), wonderful(멋진), regrettable(유감스러운) 등이 있으며 이때 should는 '~하다니'로 해석합니다.
이성적 판단 형용사는 important(중요한), necessary(필수적인), essential(필수적인), reasonable(이성적인), right(옳은), wrong(틀린) 등이 있으며 이때 should는 해석하지 않고 생략할 수 있습니다.

ex) It is quite natural that we children should play together.
우리 아이들도 함께 어울리는 것이 너무 당연해요.

pastoral 전원의, 한가로운 | **shrug** (어깨를) 으쓱하다 | **lumber** 잡동사니

"Why don't you send home / for another?" / said Sallie, /
"집에 보내 달라고 하지 다른 것을?" 샐리가 말했다,

who was not an observing young lady.
눈치가 없는 아가씨인.

"I haven't got any other." It cost Meg an effort to say that, /
"난 다른 옷이 없거든." 메그는 힘들게 대답했지만,

but Sallie did not see it / and exclaimed in amiable surprise,
샐리는 알아채지 못했고 놀란 목소리로 소리쳤다,

/ "Only that? How funny — " / She did not finish her
"그것 뿐이라고? 어떻게 그런 말도 안 되는 — " 그녀는 말을 끝내지 못했다,

speech, / for Belle shook her head at her and broke in, /
벨이 그녀에게 고개를 흔들며 끼어들었기 때문에,

saying kindly —
친절하게 말하면서 —

"Not at all; / where is the use / of having a lot of dresses
"괜찮아; 무슨 소용이 있니 드레스가 많아봤자

/ when she isn't out? There's no need of / sending home, /
그녀는 아직 사교계에 나오지도 않았는데? 필요 없어 집에 보내 달라고 할,

Daisy, / even if you had a dozen, / for I've got a sweet blue
데이지, 옷이 열 두 벌 있다고 해도, 왜냐하면 내게 예쁜 파란색 실크 드레스

silk laid away, / which I've outgrown, / and you shall wear
가 있는데, 나한테는 작으니까, 네가 입는다면

Key Expression

even if : ~ 일지라도

even if는 양보의 부사절을 이끄는 접속사로, '~일지라도, ~하더라도'라는 뜻을 나타냅니다. 가정의 접속사 if에서 양보의 의미를 강조한 것이죠.
even if와 비슷한 형태의 양보의 접속사로 even though가 있는데, 둘다 '~일지라도'의 의미를 가지고 있지만 그 쓰임에서 차이가 있습니다. if에서 출발한 even if의 뒤에는 'even if I had a million dollars~'와 같이 조건이나 가정의 문장, 즉 일어날 수도 있는 일이 나옵니다. 하지만, though를 강조하는 even though의 경우 'even though I am a woman~'처럼 변할 수 없는 기존의 사실과 같이 쓰입니다.

ex) There's no need of sending home, even if you had a dozen.
열두 벌 가지고 있다고 해도 집에 연락을 보낼 필요는 없어.

observe ~을 관찰하다 | amiable 호감을 주는, 상냥한 | outgrow 몸이 커져서 옷을 입지 못하게 되다

it / to please me, / won't you, dear?"
기쁠 거야, 그렇게 해 줄래?"

"You are very kind, / but You don't mind my old dress / if
"정말 친절하세요, 하지만 제 드레스에 신경 쓰지 마세요

you don't mind my old dress / if you don't, / it does well
제 것으로 괜찮다면 괜찮다면, 그것으로 충분하니까요

enough / for a little girl like me," / said Meg.
저 같은 어린 소녀에게는," 메그가 말했다.

"Now / do let me please myself / by dressing you up in
"자 날 기쁘게 해 줘 널 멋지게 꾸미도록.

style. I admire to do it, / and you'd be a regular little beauty
정말 그러고 싶어, 그리고 너도 정말 예쁜 미인이 될 거야

/ with a touch here and there. I shan't let anyone see you /
여기저기를 조금만 손보면. 아무한테도 보여 주지 않을게

till you are done, / and going to the ball," / said Belle / in
치장이 끝날 때까지, 그리고 무도회에 등장할 때까지," 벨이 말했다

her persuasive tone.
설득력 있게.

Meg couldn't refuse the offer / so kindly made, / for a
메그는 그 제안을 거절할 수 없었다 너무 친절하게 말해서, 왜냐하면 보고 싶

desire to see / if she would be "a little beauty" / after
은 욕망이 자신이 "예쁜 미인"이 되는 걸

touching up caused her to accept / and forget all her former
그녀의 제안을 받아들여 손본 후에는 이전에 불편했던 감정도 잊어버렸다

uncomfortable feelings / toward the Moffats.
모팻 집안 사람들에 대한.

On the Thursday evening, / Belle shut herself up with her
목요일 저녁에, 벨은 하녀와 함께 틀어박혔고,

maid, / and between them / they turned Meg into a fine
그들 사이에서 메그를 멋진 숙녀로 변신시켰다.

lady. They crimped and curled her hair, / they polished
그들은 메그의 머리를 곱슬곱슬하게 말고, 목과 팔에 윤을 냈으며

her neck and arms / with some fragrant powder, / touched
향기로운 분으로,

persuasive 설득력이 있는 | touch up 손보다 | polish ~을 닦다, ~을 세련되게 하다 | fragrant 향기로운

her lips with coralline salve / to make them redder, / and
입술에 산호색 립스틱을 발라서 붉게 만들었다,

Hortense would have added / "a soupcon of rouge," / if
호르텐스는 더 했을지도 몰랐다 "약간의 루즈를",

Meg had not rebelled. They laced her into a sky-blue
메그가 싫다고 하지 않았다면. 그들은 메그에게 하늘색 드레스를 입혔는데,

dress, / which was so tight / she could hardly breathe /
너무 꽉 졸라서 그녀는 숨쉬기가 힘들었다

and so low in the neck / that modest Meg blushed / at
그리고 목을 아주 깊게 파서 얌전한 메그는 얼굴을 붉혔다

herself in the mirror. A set of silver filigree was added,
거울에 비친 모습을 보고. 은으로 된 장신구를 더했다,

/ bracelets, necklace, brooch, / and even earrings, / for
팔찌, 목걸이, 브로치, 거기에 귀걸이까지,

Hortense tied them / on with a bit of pink silk / which did
호르텐스가 묶어준 핑크 실크로 보이지 않도록.

not show. A cluster of tea-rose buds at the bosom and a
가슴에 단 월계화 꽃송이와 비단 장식은

ruche / reconciled Meg / to the display of her pretty white
메그와 잘 어울렸다 그녀의 아름답고 하얀 어깨와,

Key Expression

재귀대명사 '~self'의 두 가지 용법

재귀대명사의 쓰임에는 '~자신'이란 의미로 문장의 주어와 목적어가 같을 때 쓰는 재귀용법과 주어나 목적어의 의미를 강조하기 위해 쓰는 강조용법의 두 가지가 있습니다.

재귀용법와 강조용법을 구분하려면 재귀대명사를 가려놓고 문장을 읽어보세요. 재귀대명사가 없이 문장이 성립하면 강조용법, 재귀대명사가 없어서 목적어가 사라지는 경우 재귀용법으로 쓰인 것입니다.

ex) Belle shut herself up with her maid. ('자기 자신을 가두다'라는 뜻의 재귀용법)
벨은 하녀와 함께 방에 틀어박혔다.
I shall tell them myself all about it. ('직접 하겠다'는 뜻을 강조하는 강조용법)
내가 직접 그들에게 그것에 대해 모두 말할 거야.

coralline 산호빛의 | salve 위로, 위안 | soupcon 조금, 소량 | filigree 금[은] 줄 세공 | cluster 송이, 다발 | tea-rose 월계화 | ruche 주름장식(여성복의 깃이나 소매 끝의 장식용) | reconcile ~을 감수하게 하다, 만족시키다

shoulders, / and a pair of high-heeled blue silk boots /
그리고 굽 높은 파란색 실크 부츠는

satisfied the last wish of her heart. A lace handkerchief, / a
메그의 마지막 바람을 충족시켰다. 레이스 손수건과,

plumy fan, / and a bouquet in a silver holder / finished her
깃털 부채, 그리고 은 용기에 꽂은 꽃다발로 그녀의 치장은 끝났고,

off, / and Miss Belle surveyed her with the satisfaction / of
벨은 만족스러운 눈길로 메그를 바라보았다

a little girl with a newly dressed doll.
새 옷으로 갈아입은 인형 같은 소녀를.

"Mademoiselle is charmante, très jolie, / is she not?" / cried
"아가씨는 정말 아름다워요, 그렇죠?" 호르텐

Hortense, / clasping her hands / in an affected rapture.
스가 소리쳤다 손뼉을 치면서 황홀한 표정으로.

"Come and show yourself," / said Miss Belle, / leading the
"이제 가서 네 모습을 보여 줘," 벨이 말했다, 방으로 이끌면서

way to the room / where the others were waiting.
모두가 기다리고 있는.

As Meg went rustling after, / with her long skirts trailing,
메그가 바스락거리면서 쫓아갈 때, 긴 치맛자락을 끌며,

/ her earrings tinkling, / her curls waving, / and her heart
귀걸이를 달랑거리고, 곱슬거리는 머리카락을 날리며, 가슴은 두근거리며,

beating, / she felt as if her "fun" had really begun / at
그녀는 "재미있는 일"이 시작될 거라고 느꼈다 드디어,

last, / for the mirror had plainly told her / that she was "a
왜냐하면 거울이 그녀에게 말해 주고 있었기 때문에 자신이 "예쁜 미인"이라고.

little beauty." Her friends repeated the pleasing phrase /
친구들은 계속 칭찬했다

enthusiastically, / and for several minutes / she stood, / like
열광하면서, 그래서 몇 분 동안 그녀는 서 있었다,

the jackdaw in the fable, / enjoying her borrowed plumes, /
우화 속 까마귀처럼, 빌려 온 깃털을 달고 즐기는,

while the rest chattered / like a party of magpies.
나머지 친구들이 재잘대는 동안 까치 무리 같은.

plumy 깃으로 장식한 깃털이 있는 | fan 부채 | clasp ~을 고정시키다 | rapture 큰 기쁨, 황홀(경) | tinkle (작은 방울 따위가) 딸랑딸랑 울(리)다 | jackdaw 갈가마귀, 수다쟁이 | fable 우화

"While I dress, / do you drill her, / Nan, / in the
"내가 옷을 입는 동안, 메그에게 연습을 시켜 줘, 낸,

management of her skirt and those French heels, / or she
스커트와 하이힐을 신고 걷는 법을, 그렇지 않으면

will trip herself up. Take your silver butterfly, / and catch
넘어질 거야. 네 은 나비를 가져와서,

up that long curl on the left side of her head, / Clara, /
왼쪽의 긴 머리카락에 달아 줘, 클라라,

and don't any of you disturb / the charming work of my
그리고 누구도 망치면 안 돼 내 손으로 만든 멋진 작품에,"

hands," / said Belle, / as she hurried away, / looking well
벨이 말했다, 서둘러 나가면서, 자신의 성공에 기뻐하

pleased with her success.
는 모습으로.

"I'm afraid to go down, / I feel so queer and stiff and half-
"내려가기 두려워, 이상하고 어색하고 반만 입은 느낌이야,"

dressed," / said Meg to Sallie, / as the bell rang, / and Mrs.
메그가 샐리에게 말했다, 종이 울리자,

Moffat sent to ask the young ladies / to appear at once.
모팻 부인이 소녀들에게 전갈을 보냈다 즉시 나오라고.

Key Expression

접속사 while

접속사 while에는 크게 두 가지 뜻이 있어요. '~하는 동안'이란 의미의 시간 접속사, 그리고 '~한 반면에'라는 의미로 양보 접속사나 상반되는 두 문장을 연결하는 역접의 개념으로 쓰입니다.

ex) She stood, like the jackdaw in the fable, enjoying her borrowed plumes, while he rest chattered like a party of magpies. (반면에)
그녀는 빌려온 깃털을 달고 즐기는 우화 속 까마귀처럼 서 있었다. 반면에 나머지들은 까치 무리처럼 재잘거렸다.
While I dress, do you drill her. (~동안)
내가 옷을 입는 동안, 그녀를 훈련시켜 줘.

"You don't look a bit like yourself, / but you are very nice.
"딴 사람 같아 보이긴 하지만, 정말 아름다워.

I'm nowhere beside you, / for Belle has heaps of taste, /
네 옆에 있을 곳이 없는 걸, 벨 언니의 미적 감각은 대단해서,

and you're quite French, / I assure you. Let your flowers
완전 프랑스 여자 같아, 정말로. 네 꽃을 달도록 하자,

hang, / don't be so careful of them, / and be sure you don't
그렇게 신경쓰지 말고, 넘어지지 않도록 조심해."

trip," / returned Sallie, / trying not to care / that Meg was
샐리가 대답했다, 신경 쓰지 않으려고 애쓰며

prettier than herself.
메그가 자신보다 더 예쁘다는 사실에.

Keeping that warning carefully in mind, / Margaret got
경고를 명심하면서, 마가렛은 조심스럽게 계단

safely downstairs / and sailed into the drawing rooms /
을 내려가서 거실로 들어갔다

where the Moffats and a few early guests were assembled.
모팻 집안 사람들과 일찍 온 몇 명의 손님들이 모여 있는.

She very soon discovered / that there is a charm about
그녀는 곧 알아차렸다 좋은 옷에는 매력이 있다는 것을

fine clothes / which attracts a certain class of people / and
상류층 사람들의 관심을 끌고

secures their respect. Several young ladies, / who had
존경을 불러 일으키는. 몇 명의 젊은 여자들이, 전에는 그녀에게 눈길

taken no notice of her before, / were very affectionate all
도 주지 않았던, 갑자기 호감을 나타냈다;

of a sudden; / several young gentlemen, / who had only
몇 명의 젊은 남자들은, 그녀를 바라보기만 했던

stared at her / at the other party, / now not only started,
지난번 파티에서는, 지금은 쳐다보는 것 뿐만이 아니라,

heap ~을 쌓아 올리다 | keep~in mind 명심하다 | assemble ~을 모으다, 정리하다 | affectionate 애정 어린

/ but asked to be introduced, / and said all manner of
소개를 청하며, 온갖 방법으로,

foolish / but agreeable things to her; / and several old
그녀를 기쁘게 했다; 그리고 몇 명의 노부인들은,

ladies, / who sat on sofas, / and criticized the rest of the
소파에 앉아서, 사람들에 대해 흉만 보던,

party, / inquired who she was / with an air of interest. She
그녀가 누구인지 물어 보았다 흥미로운 눈길로.

heard Mrs. Moffat reply / to one of them.
그녀는 모팻 부인의 대답을 들었다 그들 중 한 명에게 말하는.

"Daisy March/ — father a colonel in the army — / one
"데이지 마치예요 — 아버지가 육군 소령인 —

of our first families, / but **reverses** of fortune, / you know;
명문 집안의 아이예요, 가세는 기울었지만, 있잖아요;

/ intimate friends of the Laurences; / sweet creature, / I
로렌스 집안과도 가깝게 지낸데요; 사랑스런 아이죠,

assure you; / my Ned is quite wild about her."
단언하건대; 우리집 네드도 저 애한테 푹 빠져 있지요."

"Dear me!" / said the old lady, / putting up her glass / for
"저런!" 노부인이 말했다, 안경을 들어올리며

another **observation** of Meg, / who tried to look as if she
메그를 다시 살펴보기 위해, 메그는 못 들은 척 하려 했지만

had not heard / and been rather shocked / at Mrs. Moffat's
꽤 놀랐다 모팻 부인의 거짓말에.

fibs.

The "queer feeling" did not pass away, / but she imagined
"어색한 기분"은 사라지지 않았지만, 그녀는 자신을 상상했다

herself / acting the new part of fine lady / and so got on
멋진 숙녀역을 연기하고 있다고 그리고 그렇게 잘해 나갔다,

pretty well, / though the tight dress gave her a side-ache,
꽉 끼는 드레스가 옆구리를 아프게 했고,

/ the train kept getting under her feet, / and she was in
치맛자락은 계속해서 발에 밟혔으며, 마음속으로 두려워하면서도

constant fear / lest her earrings should fly off / and get
귀걸이가 날아가버려서 잃어버리거나 망가

lost or broken. She was flirting her fan / and laughing at
뜨릴까 봐. 그녀는 부채를 펄럭였고 젊은 신사들의 소소한 농담에

the feeble jokes of a young gentleman / who tried to be
웃었다 재치 있게 보이려 애쓰는,

witty, / when she suddenly stopped laughing / and looked
그때 그녀가 갑자기 웃음을 멈추고 당황한 표정을 지었다,

confused, / for, just opposite, / she saw Laurie, / who, she
왜냐하면 반대편에, 로리를 보았기 때문에,

was happy to see, / looked unusually boyish and shy.
그녀가 만나고 싶어 했던, 그는 드물게 소년다운 수줍음을 보이고 있었다.

"Silly creatures, / to put such thoughts into my head. I
"어리석은 멍청이들, 그런 생각들은 내 머리에 넣으려 하다니.

won't care for it, / or let it change me a bit," / thought
난 신경 쓰지 않을 거야, 아니면 날 바꿔 버릴 테니까," 메그는 생각하며

Meg, / and rustled across the room / to shake hands with
방을 가로질러 갔다 친구와 악수를 하기 위해.

her friend.

Key Expression

lest~should… : ~가 …하지 않도록/…할까 봐

lest + 주어 + (should) + 동사원형
= for feat that + 주어 + (should) + 동사원형
= so that + 주어 + may not + 동사원형

'~하지 않도록/~할까 봐'의 의미를 가진 lest는 위와 같은 형태로 쓰입니다. 여기서 should는 생략 가능하며 이럴 때는 바로 동사원형이 오게 됩니다. 또한 lest가 부정의 의미를 포함하고 있기 때문에 should 다음에 not이 쓰이지 않는다는 점에 주의하세요. 또한 '~할까 봐'라는 의미가 될 때는 afraid와 같은 두려움을 뜻하는 단어와 함께 쓰이는 경우가 많아요.

ex) She was in constant fear lest her earrings should fly off and get lost or broken.
그녀는 귀걸이가 날아가버려 잃어버리거나 망가뜨릴까봐 두려웠다.

reverse 반대의, 거꾸로의 | **observation** 관찰, 감시 | **flirt** (남녀가) 시시덕거리다, ~을 홱 움직이다 | **feeble** 연약한

"I'm glad you came, / I was afraid you wouldn't," / she
"네가 와 줘서 기뻐, 오지 않을 거라 생각했는데," 그녀가 말

said, / with her most grown-up air.
했다, 최대한 어른스러운 모습으로.

"Jo wanted me to come, / and tell her how you looked, / so
"조가 가 보라고, 그리고 네가 어떤지 말해 달라고,

I did," / answered Laurie, / without turning his eyes upon
그래서 왔어," 로리가 대답했다, 눈을 그녀에게서 떼지 않으며,

her, / though he half smiled / at her maternal tone.
살짝 미소지었지만 메그의 어른같은 말투에.

"What shall you tell her?" / asked Meg, / full of curiosity
"조에게 뭐라고 말할 거야?" 메그가 물었다, 호기심 가득한 표정으로

/ to know his opinion of her, / yet feeling ill at ease with
자신에 대한 그의 의견을 알고 싶었다, 그를 불편하게 느끼면서

him / for the first time.
처음으로.

"I shall say I didn't know you, / for you look so grown-up
"보지 못했다고 말할 거야, 왜냐하면 너무 어른처럼 보여서

/ and unlike yourself, / I'm quite afraid of you," / he said, /
누나 같지 않으니까, 좀 두려운 걸," 그가 말했다,

fumbling at his glove button.
장갑 단추를 만지작거리며.

"How absurd of you! The girls dressed me up for fun, /
"그런 말도 안 되는 소리를! 친구들이 재미로 꾸며준 거야,

and I rather like it. Wouldn't Jo stare / if she saw me?" /
그리고 나도 꽤 좋은 걸. 조는 그렇게 바라보지 않았을 걸 날 봤다면?"

said Meg, / bent on making him say / whether he thought
메그가 말했다, 그에게 듣고 싶은 마음에

her improved or not.
자신이 나아졌다고 생각하는지.

"Yes, I think she would," / returned Laurie gravely.
"응, 조도 그랬을 거라고 생각해," 로리가 진지하게 대답했다.

maternal 어머니다운 | **fumble** 만지작거리다, 더듬다 | **gravely** 엄숙하게 | **blunt** 무딘, 퉁명스러운 | **petulant** 성미 급한, 까다로운

"Don't you like me so?" / asked Meg.
"내가 그렇게 보기 싫으니?" 메그가 물었다.

"No, I don't," / was the **blunt** reply.
"보기 싫어" 무뚝뚝하게 대답했다.

"Why not?" / in an anxious tone.
"어째서 싫은데?" 걱정스러운 말투로 말했다.

He glanced at her frizzled head, / bare shoulders, / and
그는 메그의 곱슬거리는 머리를 힐끗 보았다, 드러난 어깨,

fantastically trimmed dress / with an expression / that
그리고 환상적으로 장식된 드레스를 표정으로

abashed her more than his answer, / which had not a
대답보다도 사람을 겸연쩍게 만드는, 티끌만큼도 없었다

particle / of his usual politeness / about it.
그가 평소 보여 준 예의는 그 태도에.

"I don't like fuss and feathers."
"난 화려한 의상이나 장식들은 싫어."

That was altogether too much / from a lad younger than
그것은 너무나도 과한 소리였다 자신보다 어린 남자애에게 듣기에는,

herself, / and Meg walked away, / saying **petulantly**, /
그래서 메그는 걸어나가며, 화를 내며 말했다,

"You are the rudest boy / I ever saw."
"넌 최고로 무례한 아이야 내가 이제껏 봤던."

Key Expression

명사절을 이끄는 접속사 if&whether

if와 whether가 접속사로서 명사절을 이끌 때 '~인지 아닌지'라는 의미로 쓰입니다. whether의 경우 의미를 확실히 하기 위해 or not을 동반하기도 하며 주어나 전치사의 목적으로 쓰일 경우에는 if는 쓰일 수 없습니다.
또한 if/whether 명사절은 원래 yes/no 의문문이 간접의문문으로 변환하면서 비롯된 구문으로 ask, wonder 등 의문을 나타내는 동사와 함께 쓰이는 경우가 많아요.

ex) Meg bent on making him say whether he thought her improved or not.
메그는 그가 자신이 나아졌다고 생각하는지 말하게 하고자 작정했다.
I wonder if I shall ever be happy. 내가 언젠가 행복해질지 궁금해.

Feeling very much **ruffled**, / she went and stood at a
매우 화가 나서, 그녀는 창가로 가서 가만히 서 있었다
quiet window / to cool her cheeks, / for the tight dress
달아오른 뺨을 식히기 위해, 꽉 끼는 드레스 때문에
gave her / an uncomfortably brilliant color. As she stood
얼굴빛이 불안하게 창백해졌다. 그녀가 거기 서 있을 때,
there, / Major Lincoln passed by, / and a minute / after
링컨 소령이 지나갔고, 잠시 후
she heard him saying to his mother —
그녀는 그가 자기 엄마에게 말하는 것을 들었다 —

"They are making a fool of that little girl; / I wanted you
"사람들이 저 어린 소녀를 바보로 만들고 있어요; 어머니께 보여 드리고
to see her, / but they have spoiled her entirely; / she's
싶지만, 그들이 그녀를 완전히 망쳐 놓았어요;
nothing but a doll tonight."
그녀는 오늘 밤 인형이나 마찬가지예요."

"Oh, dear!" / sighed Meg. / "I wish I'd been sensible
"오 이런!" 메그는 한숨 쉬었다. "내가 분별 있게 생각했어야 했는데
/ and worn my own things, / then I should not have
내 옷을 입었어야 했는데, 그랬다면 다른 사람들에게 혐오감을 주지도 않
disgusted other people, / or felt so uncomfortable / and
았을 것이고, 불편하게 느끼거나 부끄러워
ashamed myself."
하지도 않았을텐데."

She leaned her forehead on the cool pane, / and stood
그녀는 차가운 유리창에 이마를 기대었다,
half hidden by the curtains, / never minding / that her
커튼에 반쯤 몸을 숨긴 채 서서, 신경 쓰지 않고
favorite waltz had begun, / till someone touched her; /
가장 좋아하는 왈츠가 시작되는 것도, 누군가가 그녀를 건드릴 때까지;
and turning, / she saw Laurie, / looking **penitent**, / as he
뒤돌았을 때, 그녀는 로리를 보았다, 후회하는 표정으로, 그는 말했다,
said, / with his very best bow / and his hand out —
가장 정중한 인사와 함께 그리고 손을 내밀었다 —

"Please forgive my rudeness, / and come and dance with
"무례를 용서해 줘, 이리 와서 같이 춤추자."

me."

"I'm afraid / it will be too disagreeable to you," / said
"아닐 것 같은데 네게는 별로 내키는 일이," 메그가 말했다,

Meg, / trying to look offended / and failing entirely.
화가 난 듯 보이려고 했지만 완전히 실패한 채.

"Not a bit of it, / I'm dying to do it. Come, / I'll be good.
"천만에요, 정말로 춤추고 싶어. 자, 괜찮을 거야.

I don't like your gown, / but I do think you are / — just
난 그 옷이 싫지만, 누나는 ~이라고 생각해 — 정말로

splendid." And he waved his hands, / as if words failed
아름답다고." 그리고 그는 손을 흔들었다, 말로는 표현 못하겠다는 듯이

to express / his admiration.
자신의 찬사를.

Meg smiled and relented, / and whispered / as they stood
메그는 웃으며 화를 풀었고, 속삭였다 춤출 시간을 기다리며

waiting to catch the time, / "Take care my skirt doesn't
서 있을 때, "내 치마를 밟지 않도록 조심해;

trip you up; / it's the plague of my life / and I was a
내 인생에서 가장 괴로운 옷이니까 이걸 입다니 바보같아."

goose to wear it."

"Pin it round your neck, / and then it will be useful,"
"목 주위에 핀으로 고정시켜 봐, 그러면 괜찮을거야,"

/ said Laurie, / looking down at the little blue boots, /
로리가 말했다, 파란 부츠를 내려다 보며,

which he evidently approved of.
자신의 말을 입증하는.

ruffle 화나게 하다, 구기다 | penitent 후회하는 | admiration 감탄 | trip 발을 헛디디다 | plague 전염병, 재난 | goose 거위, 바보, 멍청이

Away they went fleetly and gracefully, / for, having
그들은 빠르고 우아하게 나아갔다, 집에서 연습했기 때문에,

practiced at home, / they were well matched, / and the
그들은 잘 어울렸고,

blithe young couple / were a pleasant sight to see, / as they
쾌활한 젊은 커플은 보기에도 즐거웠다,

twirled merrily round and round, / feeling more friendly
그들이 즐겁게 빙글빙글 돌 때에는, 전보다 더욱 친해진 듯 느껴져서

than ever / after their small tiff.
사소한 말다툼 후에.

"Laurie, / I want you to do me a favor, / will you?" / said
"로리, 부탁 하나만 들어줘, 그래 줄래?" 메그가 말

Meg, / as he stood fanning her / when her breath gave out,
했다, 그가 그녀에게 부채질을 하며 서 있을 때 숨을 몰아쉬면서,

/ which it did very soon / though she would not own why.
갑자기 이유는 모르면서.

"Won't I!" / said Laurie, / with alacrity.
"그럴게!" 로리가 말했다, 기꺼이.

"Please don't tell them at home / about my dress tonight.
"집에 있는 사람들에게 말하지 말아 줘 오늘 밤 내 드레스에 대해.

They won't understand the joke, / and it will worry
그들은 농담을 이해하지 못할 거야, 그리고 엄마도 걱정할 거야."

Mother."

"Then why did you do it?" / said Laurie's eyes, / so plainly
"그러면 왜 그런 거야?" 로리의 눈이 말하는 듯해,

that Meg hastily added —
메그는 급하게 덧붙였다 —

"I shall tell them myself all about it, / and 'fess' to Mother
"내가 직접 얘기할 테니까, 엄마한테 '고백'할 거야

/ how silly I've been. But I'd rather do it myself; / so you'll
내가 얼마나 어리석었는지. 하지만 내가 직접 해야 해; 그러니까 말하

not tell, / will you?"
지 말아줘, 그렇게 해 줄 거지?"

fleetly 빠르게 | blithe 쾌활한 | tiff 가벼운 말다툼 | alacrity 활발 | hastily 급히, 서둘러서 | fess 고백하다 | horrid 진저리 나는, 지독한

"I give you my word I won't, / only what shall I say / when
"말 안 하겠다고 약속할게, 다만 뭐라고 해야 할까

they ask me?"
그들이 물어 보면?"

"Just say I looked pretty well / and was having a good
"그냥 내가 예뻐 보였다고만 해 그리고 즐거워 하더라고."

time."

"I'll say the first with all my heart, / but how about the
"첫 번째 건 진심으로 말하겠지만, 두 번째 건 어떻게 해?

other? You don't look / as if you were having a good time.
보이지 않는 걸 즐거운 시간을 보내고 있는 것처럼.

Are you?" And Laurie looked at her / with an expression /
어때?" 그러면서 로리는 그녀를 쳐다보았다 표정을 지으며

which made her answer in a whisper —
작은 소리로 대답할 수밖에 없는 —

"No, not just now. Don't think I'm horrid. I only wanted
"아니, 지금은 아니야. 끔찍하다고는 생각하지 않아. 난 단지 재미를 원했을 뿐

a little fun, / but this sort doesn't pay, I find, / and I'm
인데, 이런 것은 별로야, 그리고 싫증이 나기

getting tired of it."
시작하네."

"Here comes Ned Moffat; / what does he want?" / said
"네드 모팻이 이리로 오는데; 뭘 원하는 거지?" 로리가 말했다.

Laurie, / knitting his black brows / as if he did not regard
까만 눈썹을 찌푸리며 여기지 않는다는 듯이

/ his young host in the light of a pleasant addition to the
젊은 주인이 파티를 즐겁게 한다고.

party.

Key Expression

here/there 도치구문

here/there + 동사 + 명사 주어 / here/there + 대명사 주어 + 동사

장소를 나타내는 부사인 here/there가 문장 맨 앞에 올 경우 뒤따르는 주어와 동사가 도치되어 현상이 나타납니다. 하지만 주어가 대명사일 경우에는 'here you are.'와 같이 도치가 일어나지 않아요.

ex) Here comes Ned Moffat. 네드 모팻이 이쪽으로 오는데.

"He put his name down for three dances, / and I suppose
"그는 세 번이나 춤추자고 청했거든,

he's coming for them. What a bore!" / said Meg, /
그것 때문에 오는 것 같은데. 얼마나 지루한지!" 메그가 말했다,

assuming a languid air / which amused Laurie immensely.
내키지 않는 태도를 취하며 로리를 무척 즐겁게 만든.

He did not speak to her again / till suppertime, / when he
그는 그녀에게 다시는 말을 걸지 않았다 저녁 시간까지,

saw her drinking champagne / with Ned and his friend
메그가 샴페인을 마시고 있는 것을 봤을 때 네드와 그의 친구 피셔와 함께,

Fisher, / who were behaving "like a pair of fools," / as
"한 쌍의 얼간이들"처럼 행동하는,

Laurie said to himself, / for he felt a brotherly sort of
로리가 생각하기에, 왜냐하면 일종의 형제애를 느꼈기 때문에

right / to watch over the Marches / and fight their battles /
마치 집안 사람들은 지켜야 한다고 그리고 그들과 함께 싸웠다

whenever a defender was needed.
지켜야 할 것이 있을 때마다.

"You'll have a splitting headache tomorrow, / if you drink
"내일 머리가 깨질 듯 아플 거야, 그렇게 많이 마시면.

much of that. I wouldn't, Meg, / your mother doesn't like
나라면 그만 마시겠어, 메그, 엄마가 좋아하지 않으실 거야, 알겠지만,"

it, you know," / he whispered, / leaning over her chair, / as
그가 속삭였다, 그녀의 의자에 기대며,

Ned turned to refill her glass / and Fisher stooped to pick
네드가 그녀의 잔을 채우려고 돌아섰고 피셔는 부채를 주우려고 멈췄을 때.

up her fan.

"I'm not Meg tonight, / I'm 'a doll' / who does all sorts of
"오늘 밤 난 메그가 아니야, 난 '인형'이야 모든 종류의 정신나간 짓을 하는.

crazy things. Tomorrow / I shall put away my 'fuss and
내일이면 난 요란한 치장을 벗어던지고

feathers' / and he desperately good again," / she answered
아주 착한 메그로 다시 돌아갈 거야,"

with an affected little laugh.
그녀는 살짝 웃으며 대답했다.

"Wish tomorrow was here, then," / muttered Laurie, /
"내일이 지금 당장 왔으면 좋겠군," 로리가 투덜거리며,

walking off, / ill-pleased at the change he saw in her.
자리를 떴다, 그가 목격한 그녀의 변화에 불쾌해 하며.

Meg danced and flirted, / chattered and giggled, / as
메그는 춤추고 남자들과 어울리며, 수다를 떨고 킬킬댔다,

the other girls did; / after supper / she undertook the
다른 모든 소녀들이 그랬듯이; 저녁 식사 후 그녀는 독일식 춤을 추다가,

German, / and blundered through it / nearly upsetting her
실수를 저질러버렸다 파트너를 거의 넘어뜨릴 뻔한

partner / with her long skirt, / and romping / in a way /
그녀의 긴 치맛자락 때문에, 그리고 떠들고 놀았다 ~한 방법으로

that scandalized Laurie, / who looked on and meditated a
그것이 로리를 불쾌하게 했고, 지켜보다 한 마디 해 주겠다고 생각했던.

lecture. But he got no chance to deliver it, / for Meg kept
그럴 기회를 잡을 수가 없었다, 메그가 그를 피해 다녔기

away from him / till he came to say good night.
때문에 밤 인사를 할 때까지.

Key Expression

복합관계부사 whenever

'관계부사 + ever' 형태의 복합관계부사는 양보 부사절을 이끕니다.

▶ whenever : ~할 때는 언제든지(= at any time when), 언제 ~하더라도(no matter when)

▶ wherever : ~한 곳은 어디든지(= at any place where), 어디서 ~하더라도(= no matter where)

▶ however : 어떤 식으로 ~해도 (= no matter how), 아무리 ~하더라도 (however + 형용사/부사 + 주어 + 동사

ex) He felt a brotherly sort of right to watch over the Marches and fight their battles whenever a defender was needed.
그는 마치 집안을 지켜보며 일종의 형제애를 느꼈고 지켜야 할 것이 있을 때면 언제나 그들과 함께 싸웠다.

assume (태도를) 취하다, ~인 체하다 | languid 나른한, 내키지 않는 | champagne 샴페인 | brotherly 형제의, 형제 같은 | defender 옹호자 | splitting (두통이) 머리가 빠개지는 듯한 | desperately 절망적으로, 몹시 | affected 가장된, 꾸민 | mutter (특히 기분이 나빠서) 중얼거리다 | blunder (어리석은) 실수 | scandalize (충격적인 행동으로) 분개하게 만들다 | meditate 명상하다, ~을 꾀하다

"Remember!" / she said, / trying to smile, / for the splitting
"기억해!" 그녀가 말했다, 웃으려고 애쓰며,

headache had already begun.
머리가 깨질듯한 두통이 이미 시작되었기 때문에.

"Silence à la mort," / replied Laurie, / with a melodramatic
"영원히 입 다물게," 로리가 대답했다, 멜로드라마 주인공처럼 과장된 말

flourish, / as he went away.
투로, 떠나면서.

This little bit of byplay / excited Annie's curiosity, / but
두 사람의 연극같은 장면이 애니의 호기심을 자극했지만,

Meg was too tired for gossip / and went to bed, / feeling
메그는 소문을 신경 쓰기에는 너무 피곤해서 잠자리에 들었다,

as if she had been to a masquerade / and hadn't enjoyed
가면 무도회에 다녀온 것 같았고 즐기지도 못한 것 같았다

herself / as much as she expected. She was sick all the next
기대했던 것만큼. 그녀는 다음 날 하루종일 아팠다,

day, / and on Saturday went home, / quite used up with her
그리고 집으로 돌아가는 일요일에, 2주 동안의 쾌락에 완전히 지쳐서

fortnight's fun and feeling / that she had "sat in the lap of
"호화로운 생활"을 충분히 맛보았다고 생각했다.

luxury" long enough.

"It does seem pleasant to be quiet, / and not have company
"조용히 있으니 정말 좋아요, 예절 같은 것도 없고

manners / on all the time. Home is a nice place, / though
항상 집이 정말 좋아요,

it isn't splendid," / said Meg, / looking about her with a
화려하지 않아도," 메그가 말했다, 느긋한 표정으로 주위를 둘러보며,

restful expression, / as she sat with her mother and Jo / on
엄마와 조와 앉아 있을 때

the Sunday evening.
일요일 저녁에.

melodramatic 멜로드라마 같은 | flourish 번창하다 | masquerade 가면무도회, 겉치레 | lap (여정의) 한 구간

"I'm glad to hear you say so, dear, / for I was afraid
"네가 그렇게 말하니 기쁘구나, 아가야, 네게 집이 지루하고 초라하게 느껴질

home would seem **dull** and poor to you / after your fine
까 봐 걱정했는데 좋은 곳에서 보내고 와서,"

quarters," / replied her mother, / who had given her many
엄마가 대답했다, 하루종일 걱정스러운 눈길로 바라보았던;

anxious looks that day; / for motherly eyes are quick / to
엄마의 눈치는 빠른 법이다

see any change / in children's faces.
변화를 감지하는데 자녀들의 얼굴에 나타난.

Meg had told her adventures **gaily** / and said over and over
메그는 자신의 모험담을 신나게 얘기했고 몇 번이나 말했다

/ what a charming time she had had, / but something still /
얼마나 멋진 시간을 보냈는지를, 그러나 무언가가 여전히

seemed to weigh upon her spirits, / and when the younger
그녀의 마음을 짓누르는 듯 보였고, 동생들이 잠자리에 든 후,

girls were gone to bed, / she sat thoughtfully staring at
그녀는 난로를 바라보며 생각에 잠겨 앉아 있었다,

the fire, / saying little and looking worried. As the clock
말없이 걱정스런 표정으로. 시계가 9시를 치고

struck nine / and Jo proposed bed, / Meg suddenly left her
조가 잠자리에 들자고 말하자, 메그는 갑자기 자리에서 일어나,

chair and, / taking Beth's stool, leaned her elbows / on her
베스의 피아노 의자를 가져와서는, 팔꿈치를 기대고

mother's knee, / saying bravely —
엄마의 무릎에, 용기를 내어 말했다 —

"Marmee, I want to 'fess.'"
"엄마, '고백'할 게 있어요."

"I thought so; / what is it, dear?"
"그럴거라고 생각했단다; 무슨 일이니, 애야?"

"Shall I go away?" / asked Jo **discreetly**.
"난 자리를 피해 줄까?" 조가 조심스럽게 물었다.

dull 따분한 | **gaily** 화사하게 | **discreetly** 신중하게

"Of course not. Don't I always tell you everything? I
"괜찮아. 네겐 항상 뭐든지 말했잖아?

was ashamed to speak of it / before the children, / but I
말하기가 부끄러워서 동생들 앞에서는,

want you to know / all the dreadful things / I did at the
하지만 넌 알았으면 좋겠어 모든 끔찍한 일들을 내가 모팻 씨 댁에서 저

Moffats'."
지른."

"We are prepared," / said Mrs. March, / smiling but
"우린 들을 준비가 됐단다." 마치 부인이 말했다, 미소를 지었지만 약간 걱정스러

looking a little anxious.
운 표정으로.

"I told you they dressed me up, / but I didn't tell you / that
"친구들이 절 치장해 줬다고 했잖아요, 하지만 말하지 않은 게 있어요

they powdered and squeezed and frizzled, / and made me
그들이 분을 바르고 허리를 졸라매고 머리를 곱슬거리게 해서, 저를 최신 유행복을 입은

look like a fashion plate. Laurie thought I wasn't proper.
사람으로 꾸몄어요. 로리는 내가 이상하다고 생각했을 거예요.

Key Expression

사역동사의 목적보어

let/have/make + 목적어 + 동사원형

help + 목적어 + (to) + 동사원형

사역동사는 '(목적어를) ~하게 시키다, 만들다'라는 의미를 가진 5형식 동사입니다. 사역동사로는 let, have, make가, 사역동사와 비슷하게 쓰이는 동사로 help가 있어요.

이때 주의할 점은 목적어와 목적보어가 능동(목적어가 직접 행동)의 관계일 때는 목적보어 자리에 동사원형을, 수동(목적보어가 행동을 당함)의 관계일 때는 과거분사를 써야 합니다.

ex) I let them make a fool of me. (능동)
그들이 나를 바보로 만들도록 내버려 두었어요.
I hate to have people say and think such things about us and Laurie.(능동)
사람들이 우리와 로리에 대해 그렇게 말하고 생각하도록 하는 게 싫어요.
I have my car repaired. (수동)
내 차를 수리했어요.

I know he did, though / he didn't say so, / and one man
그가 그럴 거라는 걸 알았죠 아무 말도 하지 않았지만, 그리고 한 남자는 저를 '인형'

called me 'a doll.' I knew it was silly, / but they flattered
이라고 불렀어요. 어리석은 짓이었다는 걸 알아요,

me / and said I was a beauty, / and quantities of nonsense, /
하지만 친구들이 칭찬의 말을 늘어놓았고 터무니없는 소릴 해서,

so I let them make a fool of me."
그들이 하는 대로 놀림감이 되고 말았어요."

"Is that all?" / asked Jo, / as Mrs. March looked silently /
"그것뿐이야?" 조가 말했다, 마치 부인이 말없이 바라보았을 때

at the downcast face of her pretty daughter, / and could not
딸의 시무룩한 얼굴을, 엄마에게서는 찾을 수

find it in her heart / to blame her little follies.
가 없었다 자신의 어리석은 짓들을 비난하는 모습을.

"No, / I drank champagne / and romped and tried to
"아니요, 샴페인도 마셨구요 웃고 떠들며 남자들과 어울리기도 했어요,

flirt, / and was altogether abominable," / said Meg self-
정말로 형편없었어요." 메그가 자책하며 말했다.

reproachfully.

"There is something more, I think." And Mrs. March
"더 할 말이 남은 것 같구나, 내 생각에는." 그리고 마치 부인은 부드러운 뺨을 어

smoothed the soft cheek, / which suddenly grew rosy / as
루만졌다, 갑자기 빨개진

Meg answered slowly —
메그가 천천히 대답할 때 —

"Yes. It's very silly, / but I want to tell it, / because I hate
"그래요. 정말 어리석은 일이지만, 말할게요, 왜냐하면 사람들이 말하고

to have people say and think / such things about us and
생각하는 게 싫으니까 우리랑 로리에 대해 이러쿵 저러쿵."

Laurie."

frizzle 곱슬곱슬하게 만들다 | fashiong plate 최신 유행복을 입은 사람 | downcast 풀이 죽은 | folly 판단력 부족, 어리석음 | romp 즐겁게 뛰놀다 | abominable 심히 끔찍한 | reproachfully 비난하는 듯

Then she told the various bits of gossip / she had heard at
그리고 나서 그녀는 여러 가지 소문들을 말했다 모팻가에서 들었던,

the Moffats', / and as she spoke, / Jo saw her mother fold
그녀가 얘기하는 동안, 조는 엄마가 입술을 꾹 다물고 있는 모

her lips tightly, / as if ill pleased / that such ideas should
습을 보았다, 안타까운 듯

be put into Meg's innocent mind.
순진한 메그가 그런 생각을 하게 된 것이.

"Well, if that isn't the greatest rubbish / I ever heard," /
"가장 쓰레기 같은 말이잖아 지금까지 들었던,"

cried Jo indignantly. "Why didn't you pop out and tell
조가 분개하며 소리쳤다. "왜 당장 일어나서 그들에게 말하지 않았어

them so / on the spot?"
그 자리에서?"

"I couldn't, / it was so embarrassing for me. I couldn't
"그럴 수 없었어, 정말 당황했으니까.

help hearing at first, / and then I was so angry and
처음에는 듣고 있을 수밖에 없었고, 그 다음에는 너무 화가 나고 창피해서,

ashamed,/ I didn't remember / that I ought to go away."
생각도 못 했어 자리를 떠야 한다는."

"Just wait till I see Annie Moffat, / and I'll show you /
"내가 애니 모팻을 만날테니 두고봐, 그래서 보여 주겠어

how to settle such ridiculous stuff. The idea of having
그런 어리석은 사람을 어떻게 다뤄야 하는지. '계획'이 있어서,

'plans,' / and being kind to Laurie / because he's rich
로리에게 친절하게 대한다니 그가 부자이기 때문에

/ and may marry us by-and-by! Won't he shout / when
그리고 곧 우리랑 결혼할지 모른다니! 그가 소리치지 않을까 내가 그에게 얘

I tell him / what those silly things / say about us poor
기하면 이런 어처구니 없는 이야기를 가난한 우리에 대한?"

children?" And Jo laughed, / as if on second thoughts /
그리고 조는 웃었다, 다시 생각해 보니

the thing struck her as a good joke.
농담처럼 느껴졌는지.

rubbish 쓰레기 | indignantly 분개하여 | by-and by 머지않아, 곧

"If you tell Laurie, / I'll never forgive you! She mustn't,
"네가 로리한테 말한다면, 용서하지 않겠어! 그러면 안 돼죠,

must she, / Mother?" / said Meg, / looking distressed.
그렇죠, 엄마?" 메그가 말했다, 고통스러운듯이.

"No, / never repeat that foolish gossip, / and forget it as
"안 돼, 그런 말도 안 되는 얘기는 다시는 하지 말고, 되도록 빨리 잊도록 해라,"

soon as you can," / said Mrs. March gravely. "I was very
마치 부인이 엄하게 말했다. "내가 현명하지 못했

unwise / to let you go among people / of whom I know
구나 너를 그런 사람들 속에 있도록 하다니 잘 알지도 못하는 — 친절하긴 하

so little — kind, I dare say, / but worldly, ill-bred, / and
지만, 속물적인데다, 못 배우고,

full of these vulgar ideas / about young people. I am more
그런 천박한 생각으로 가득찬 젊은이들에 대해. 표현할 수 없을

sorry than I can express for / the mischief this visit may
만큼 미안하구나 이번 여행이 네게 준 상처에 대해, 메그."

have done you, Meg."

"Don't be sorry, / I won't let it hurt me. I'll forget all the
"사과하지 마세요, 전 상처받지 않을 거예요. 나쁜 일들은 모두 잊고

bad / and remember only the good, / for I did enjoy a
좋은 일만 기억할 거예요, 정말 즐거운 일들도 많았으니까요,

great deal, / and thank you very much for letting me go.
그리고 보내 주신 것에 정말 고마워요.

I'll not be sentimental with you / till I'm fit to take care
감상에 빠지진 않을 거예요 제 자신을 돌볼 수 있을 때까지.

of myself. But it is nice / to be praised and admired, / and
하지만 좋잖아요 칭찬 받고 찬사 받는 것은,

I can't help saying I like it," / said Meg, / looking half
그런 건 좋아할 수밖에 없잖아요," 메그가 말했다, 고백한 것을 약간 쑥쓰러

ashamed of the confession.
워하며.

foolish 어리석은 | gravely 중대하게, 근엄하게 | worldly 세속적인, 속세의 | ill-bred 버릇없이 큰 | vulgar 저속한

"That is perfectly natural, / and quite harmless, / if the
"그건 정말 당연하고, 나쁜 일이 아니란다,

liking does not become a passion / and lead one to do /
거기에 집착하지 않고 행동하도록 이어지지만 않는다면.

foolish or unmaidenly things. Learn to know and value
어리석거나 숙녀답지 못한 일을 구별하는 법을 배우도록 하렴

the praise / which is worth having, / and to excite the
들을 만한 가치가 있는 칭찬을, 그리고 훌륭한 사람들에게서 칭찬

admiration of excellent people / by being modest / as well
을 듣도록 하렴 겸손해져서

as pretty, Meg."
예쁜 것 뿐만 아니라, 메그."

Margaret sat thinking a moment, / while Jo stood / with
마가렛은 생각에 잠겨 앉아 있었다, 조가 그녀의 옆에서 서 있는 동안

her hands behind her, / looking both / interested and
뒷짐을 지고, 두 사람을 바라보면서 호기심과 당혹감이 섞인 눈길로,

a little perplexed, / for it was a new thing / to see Meg
왜냐하면 처음이었기 때문에 메그가 얼굴을 붉히는 것

blushing / and taking about admiration, lovers, and things
을 본 것은 그리고 찬사나 애인과 같은 것에 대해서 말하는 것을 들은 것도;

of that sort; / and Jo felt / as if during that fortnight / her
그리고 조는 느꼈다 그 2주 동안

sister had grown up amazingly, / and was drifting away
언니가 부쩍 성장했으며, 세계로 떠나버린 것 같다고

from her into a world / where she could not follow.
자신이 좇아 갈 수 없는 곳으로.

"Mother, / do you have 'plans,' / as Mrs. Moffat said?" /
"엄마, 정말로 무슨 '계획'이 있으신 거예요, 모팻 부인이 말한 것처럼?"

asked Meg bashfully.
메그가 수줍어하며 말했다.

unmaidenly 처녀답지 않은 | perplexed (무엇을 이해할 수 없어서) 당혹한 | bashfully 수줍음을 타는

"Yes, my dear, / I have a great many; / all mothers do, / but
"그럼, 애들아, 나는 많은 계획이 있단다; 모든 엄마들이 그렇듯이,

mine differ somewhat / from Mrs. Moffat's, / I suspect. I
하지만 내 계획은 좀 다르단다 모팻 부인의 얘기와는, 내 생각에.

will tell you some of them, / for the time has come / when a
너희들에게 약간 들려주마, 때가 온 것 같으니

word may set this romantic little head / and heart of yours
말로써 낭만적인 공상을 정리할 때가, 네 작은 머리와 마음에 가득찬,

right, / on a very serious subject. You are young, Meg, / but
진지한 주제로. 메그, 넌 아직 어리지만,

not too young to understand me, / and mothers' lips are the
엄마를 이해하지 못할 정도로 어리진 않아, 그리고 엄마가 가장 적당하지

fittest / to speak of such things / to girls like you. Jo, / your
그런 이야기를 말하기에는 너희 같은 아이들에게. 조,

turn will come in time, / perhaps, / so listen to my 'plans', /
네 차례도 곧 올 거야, 아마도, 그러니 엄마의 '계획'을 들어보고,

and help me carry them out, / if they are good."
실천할 수 있도록 도와주렴, 그게 마음에 들면."

Key Expression

~as well as… : …뿐만 아니라 ~도

as well as는 '~뿐만 아니라 …도'라는 뜻의 상관접속사입니다. 이때 나중에 해석하는 ~에 인칭 및 수를 일치시켜야 합니다.
비슷한 의미의 상관접속사로는 not only…but also~가 있는데 이때는 해석할 때 ~와 …의 위치가 바뀌어요. 즉 ~as well as… = not only…but also~입니다.

ex) Excite the admiration of excellent people by being modest as well as pretty.
예쁜 것 뿐만 아니라 겸손해져서 훌륭한 사람들의 칭찬을 듣도록 하렴.

Jo went and sat / on one arm of the chair, / looking as if
조가 다가와서 앉았다 의자 팔걸이에, 생각하는 표정으로

she thought / they were about to join in some very solemn
뭔가 엄숙한 행사에 참여하려 한다는 듯한.

affair. Holding a hand of each, / and watching the two
두 딸의 손을 각각 잡고, 아이들의 얼굴을 바라보며,

young faces wistfully, / Mrs. March said, / in her serious
마치 부인은 말했다,

yet cheery way —
진지하면서도 쾌활한 목소리로 —

"I want my daughters / to be beautiful, accomplished, and
"나는 내 딸들에게 바란단다 아름답고, 교양 있고, 훌륭한 사람이 되어;

good; / to be admired, loved, and respected; / to have a
칭찬 받고, 사랑 받고, 존경 받게 되기를; 행복한 젊은 시절을

happy youth, / to be well and wisely married, / and to lead
보내고, 현명하게 결혼하고,

useful, pleasant lives, / with as little care and sorrow / to
유익하고 즐거운 삶을 누리기를, 걱정과 슬픔이 없이

try them as God sees fit to send. To be loved and chosen
하나님이 준비하신 삶을 실천하도록. 좋은 남자에게 선택 받고 사랑 받는 것은

by a good man / is the best and sweetest thing / which can
최고로 행복한 일이지

happen to a woman, / and I sincerely hope / my girls may
여자의 삶에서 생길 수 있는, 그리고 진심으로 바란다, 내 딸들도 할 수 있기를

know / this beautiful experience. It is natural to think of it,
이런 아름다운 경험을. 그걸 생각하는 건 자연스러운 일이란다,

Meg, / right to hope and wait for it, / and wise to prepare
메그, 희망을 갖고 기다리는 것도 바람직한 일이고, 그것을 준비하는 것은 현명한 일이지,

for it, / so that when the happy time comes, / you may
행복한 시간이 왔을 때, 알 수 있도록

wistfully (지난일을) 애석해 하는 | needful 필요한 | strive 분투하다 | throne 왕좌

feel / ready for / the duties and worthy of the joy. My dear
준비하고 해야 할 의무와 기쁨의 가치를. 사랑하는 딸들아,

girls, / I am ambitious for you, / but not to have you make
엄마는 너희들에게 기대하고 있단다, 하지만 서둘러 내보내려 하진 않는단다

a dash / in the world / — marry rich men merely because
세상 속으로 — 부자라는 이유로 결혼을 시키거나,

they are rich, / or have splendid housed, / which are not
혹은 멋진 집을 가졌다는 이유로, 왜냐하면 사랑에 없다면 진정

homes because love is wanting. Money is a **needful** and
한 집이 아니니까. 돈은 필요하고 가치있는 것이지

precious thing / — and when well used, a noble thing —
— 잘 사용하면 고귀한 것이 되기도 하고 —

/ but I never want you to think / it is the first / or only prize
하지만 너희들이 생각하길 바라진 않는다 그게 최상의 가치라거나 쟁취해야 할 유일한

to **strive** for. I'd rather see you poor men's wives, / if you
보상이라고. 차라리 가난한 남자의 아내가 되는 편이 낫지,

were happy, beloved, contented, / than queens on **thrones**, /
너희들만 행복하고, 사랑받고, 만족한다면, 여왕이 되는 것보다는,

without self-respect and peace."
자존심도 평화도 없는."

Key Expression

would rather~ : 차라리 ~하는 게 낫다

rather는 '약간, 상당히, 오히려' 등의 의미를 가진 부사지만 rather와 함께 쓰인 would rather는 '차라리 ~하는 게 낫다'는 본인의 의지나 희망을 나타내는 조동사입니다. 조동사이므로 뒤에는 동사원형이 따라오며 부정형은 would rather not입니다.
또한~than…를 덧붙여 '…하느니 차라리~하는 게 낫다'라는 의미로 쓰기도 합니다.

ex) I'd rather see you poor men's wives.
차라리 네가 가난한 남자의 부인이 되는 것을 보는 게 낫겠어.

“Poor girls don’t stand any chance, / Belle says, / unless
"가난한 여자들은 기회를 잡을 수 없대요, 벨이 말하기를,

they put themselves forward,” / sighed Meg.
자신을 적극적으로 내보이지 않으면," 메그가 한숨을 쉬었다.

“Then we’ll be old maids,” / said Jo stoutly.
"그러면 노처녀로 지내면 되지," 조가 힘있게 말했다.

“Right, Jo; / better be happy old maids / than unhappy
"맞아, 조; 노처녀로 행복하게 지내는게 낫지 불행한 아내나,

wives, / or unmaidenly girls, / running about to find
정숙하지 못한 아가씨들보다는, 남편감을 찾아 다니는,"

husbands,” / said Mrs. March decidedly. “Don’t be
마치 부인이 단호하게 말했다. "걱정하지 말거라, 메그,

troubled, Meg, / poverty seldom daunts a sincere lover.
가난은 진정한 사랑을 기죽게 하지 않는단다.

Some of the best and most honored / were not allowed to
훌륭하고 존경받는 사람들 중에는 노처녀가 되지 못한 사람도 있지.

be old maids. Leave these things to time; / make this home
이런 것들은 시간에 맡기고; 이 집을 행복하게 만들자

happy, / so that you may be fit for homes of your own, / if
꾸나, 네 자신만의 가정을 이룰 수 있도록,

they are offered you, / and contented here / if they are not.
네게 주어졌을 때, 그리고 여기에 만족하렴 만약 기회가 오지 않는다면.

One thing remember, my girls: / Mother is always ready /
한 가지만 기억하렴, 얘들아: 엄마는 항상 준비가 되어 있단다

to be your confidante, / Father to be your friend; / and both
너희들의 안식처가 되어 줄, 아빠는 네 친구가 되어줄 거고;

of us trust and hope that our daughters, / whether married
우리 둘은 딸들을 믿고 바란단다, 결혼을 하든 안 하든,

or single, / will be the pride and comfort of our lives.”
엄마 아빠의 삶의 자랑과 위안이 될 것을."

“We will, Marmee, / we will!” / cried both, / with all their
"그럴게요, 엄마, 꼭 그럴게요!" 두 딸은 외쳤다,

hearts, / as she bade them good night.
진심으로, 그리고 엄마는 딸들에게 밤 인사를 건넸다.

stoutly 용감히, 완강히 | confidante 일종의 긴 의자

mini test 6

A. 다음 문장을 해석해 보세요.

(1) She was sitting just inside the conservatory, / waiting for her partner to bring her an ice, / when she heard a voice / asked on the other side of the flowery wall.

→

(2) She was proud, / and her pride was useful just then, / for it helped her hide / her mortification, anger, and disgust / at what she had just heard.

→

(3) As Meg went rustling after, / with her long skirts trailing, / her earrings tinkling, / her curls waving, / and her heart beating, / she felt as if her "fun" had really begun / at last.

→

(4) It is natural to think of it, Meg, / right to hope and wait for it, / and wise to prepare for it.

→

B. 다음 주어진 문장이 되도록 빈칸에 써 넣으세요.

(1) 애니 모팻 집에 갈 수만 있으면 <u>완전 행복할 거라고</u> 언니가 며칠 전에 말했잖아.

You said the other day that ________________ if you could only go to Annie Moffat's.

(2) <u>더 많이 가질수록 더 많이 원하게 되는</u> 것 같아, 그렇지 않아?

It does seem as if ____________________________, doesn't it?

(3) 엄마랑 로렌스 씨가 친구라서, <u>우리 아이들도 같이 노는 것이 아주 자연스러워</u>.

My mother and old Mr. Laurence are friends, you know, so

A. (1) 꽃으로 장식된 벽 건너편에서 질문하는 목소리를 들었을 때, 그녀는 파트너가 얼음을 가져오는 것을 기다리며 온실 안에 앉아 있었다. (2) 그녀는 자존심이 강했고, 그 자존심이 그때는 유용했다. 왜냐하면 그게 그녀가 들은 내용에 대한 수치심과, 분노, 역겨움을 감춰 주었다. (3) 메그가 긴 치맛자락을 끌고 귀걸이

(4) 처음에는 듣고 있을 수밖에 없었고, 그 다음에는 너무 화나고 수치스러워서, 떠나야한다고 생각하지 못했어.

______, and then I was so angry and ashamed, I didn't remember that I ought to go away.

C. 다음 주어진 문구가 알맞은 문장이 되도록 순서를 맞춰보세요.

(1) 넌 흰색을 입으면 언제나 천사 같아 보여.
(in / look like / always / an angel / you / white)
→

(2) 네가 와 줘서 너무 기뻐, 안 올거 라고 생각했거든.
(glad / I / you / afraid / was / wouldn't / I'm / you / came,)
→

(3) 로리, 내 부탁을 들어주었으면 좋겠어, 그래 줄래?
(Laurie, / a favor, / you / will / me / to do / I want / you?)
→

(4) 나는 그들이 나를 바보로 만들도록 두었어요.
(let / a fool / I / of / make / them / me)
→

D. 다음 단어에 대한 맞는 설명과 연결해 보세요.

(1) ornament ▶ ◀ ① tiresome
(2) fortnight ▶ ◀ ② accessory
(3) irksome ▶ ◀ ③ ridiculous
(4) absurd ▶ ◀ ④ two weeks

를 달랑거리며, 곱슬거리는 머리카락을 날리고 두근거리는 마음으로 바스락거리며 쫓아갈 때, 그녀는 마침내 재미있는 일이 정말로 시작된 것 같다고 느꼈다. (4) 그렇게 생각하는 건 당연하고 바라며 기다리는 것도 바람직하다. | B. (1) you'd be perfectly happy (2) the more one gets the more one wants (3) it is quite natural that we children should play together (4) I couldn't help hearing at first | C. (1) You always look like an angel in white. (2) I'm glad you came, I was afraid you wouldn't. (3) Laurie, I want you to do me a favor, will you? (4) I let them make a fool of me. | D. (1) ② (2) ④ (3) ① (4) ③

7

Experiments
실험

"The first of June! The kings are off / to the seashore /
"6월의 첫날이야!" 킹 씨 가족들은 갈 거야 해안으로

tomorrow, / and I'm free. Three months' vacation —— / how
내일, 그러면 난 자유야. 석 달 간의 방학 —

I shall enjoy it!" / exclaimed Meg, / coming home / one
어떻게 즐길까나!" 메그가 외쳤다, 집으로 돌아와

warm day / to find Jo / laid upon the sofa / in an unusual
어느 맑은 날 조를 찾아 소파에 누워 있는 특히 지친 상태로,

state of exhaustion, / while Beth took off / her dusty boots,
베스가 벗는 동안 그녀의 더러운 부츠를,

/ and Amy made lemonade / for the refreshment / of the
에이미는 레모네이드를 만들었다 요기할 만한

whole party.
파티 내내.

"Aunt March went today, / for which, / oh, be joyful!" /
"마치 고모가 오늘 가셨어, 그러니까, 기뻐하렴!"

said Jo. "I was mortally afraid / she'd ask me / to go with
조가 말했다. "난 엄청 두려웠어 고모가 물어 보실까봐 함께 가자고 말이야;

her; if she had, / I should have felt / as if I ought to do it, /
만약 그러셨다면, 느꼈을 거야 마치 내가 그래야 될 것처럼,

but Plumfield is / about as gay as a churchyard, / you know,
하지만 플럼필드는 거의 묘지처럼 따뜻한 곳이잖아, 알다시피,

/ and I'd rather be excused. We had a flurry / getting the
난 용서를 비는 게 나았을 거야. 우리는 혼란스러웠지 고모가 내리셨기 때문에,

old lady off, / and I had a fright / every time she spoke to
난 겁이 났어 고모가 내게 말씀하실 때마다,

me, / for I was in such a hurry / to be through that / I was
그렇게 허둥지둥 말을 끝내기 위해서

mortally 치명적으로 | churchyard 교회 경내(흔히 묘지로 쓰임) | flurry (잠시 한바탕 벌어지는) 소동

uncommonly helpful and sweet, / and feared / she'd find
나는 눈에 띄게 온순하고 다정하게 굴었어, 그리고 두려워했지 그녀가 불가능하다

it impossible / to part from me. I quaked / till she was
고 생각할까 봐 나랑 떨어지는 것이. 나는 떨었어

fairly in the carriage, / and had a final fright, / for as it
고모가 완전히 마차에 타실 때까지, 마지막까지 무서웠어, 마차가 갑자기 멈

drove off, / she popped out her head, saying, / 'Josypine,
춰서, 고모께서 갑자기 머리를 내밀고, 말씀하시길, '조세피인', 나와 함

won't you — ?' I didn't hear any more, / for I basely
께 — ?' 더 이상 듣지 않았어, 비열하게 돌아서 도망쳤거든.

turned and fled. I did actually run, / and whisked round
나는 진짜로 뛰었어, 그리고 모퉁이를 돌아 사라졌지

the corner / where I felt safe."
내가 안전하다고 느끼는 곳으로."

"Poor old Jo! She came in / looking / as if bears were
"불쌍한 조! 언니가 들어왔잖아 표정을 하고 마치 곰이 뒤를 쫓아오는 듯이."

after her," / said Beth, / as she cuddled / her sister's feet /
베스가 말했다, 그녀가 껴안으면서 언니의 발을

with a motherly air.
엄마처럼 다정하게.

"Aunt March is / a regular samphire, / is she not?" /
"마치 고모는 전형적인 샘파이어야, 그렇지 않아?"

observed Amy, / tasting her mixture / critically.
에이미가 말했다, 혼합 주스를 맛보며 신중하게.

Key Expression

be off the seashore

여기에서 seashore은 '해안'이라는 의미로, be off the seashore 라고 하면 '바닷가로 (놀러) 떠나다'라는 뜻을 가지고 있어요.

ex) I will be off the seashore in this summer.
이번 여름에 난 해변으로 놀러 갈 거야.

uncommonly 굉장히, 극도로 | quake (몸을) 떨다 | basely 천하게, 비열하게 | whisk 재빨리 가져가다 | samphire 샘파이어(미나릿과 식물)

"She means vampire, / not seaweed, / but it doesn't matter;
"흡혈귀를 말하는 거겠지, 해초가 아니라, 하지만 상관없어;

/ it's too warm / to be particular / about one's parts of
너무 더워서 까다롭게 굴 수 없어 화법에 대해서 말이야."

speech," / murmured Jo.
조가 중얼거렸다.

"What shall you do / all your vacation?" / asked Amy, /
"언니들은 뭐 할 거야 방학 내내?" 에이미가 물었다,

changing the subject / with tact.
화제를 바꾸려고 재치 있게.

"I shall lie / abed late, / and do nothing," / replied Meg, /
"난 누워 있을 거야 침대에 늦게까지, 그리고 아무것도 안 할 거야," 메그가 대답했다,

from the depths of the rocking chair. "I've been routed up
흔들의자에 깊숙이 앉아서. "나는 일찌감치 노선을 정했어

early / all winter / and had to spend my days / working for
겨울 내내 내 시간을 써야 했잖아 다른 사람을 위해 일

other people, / so now / I'm going to rest and revel / to my
하면서, 그래서 이제 쉬고 흥청망청 놀 거야

heart's content."
내 마음껏."

"No," / said Jo, / "that dozy way / wouldn't suit me. I've
"안 돼," 조가 말했다, "그런 따분한 방법은 나한테 맞지 않아.

laid in a heap of books, / and I'm going to improve / my
책을 한가득 쌓아놨으니, 난 발전시킬 거야

shining hours / reading / on my perch in the old apple tree,
나의 소중한 시간을 독서하면서 오래된 사과나무에 앉아서,

/ when I'm not having / I —— "
그렇지 않으면 나는 — "

"Don't say 'larks!'" / implored Amy, / as a return snub / for
"'종달새'라고 놀리지 마!" 에이미가 애원하며 외쳤다, 무시당한 것에 앙갚음으로

the "samphire" correction.
"샘파이어"에게 지적당한 것에 대해서 말이다.

"I'll say 'nightingales,' then, / with Laurie; that's proper
"그럼 나는 '나이팅게일'을 하지 뭐, 로리와 함께; 그건 적절하고 알맞을 거야,

and appropriate, / since he's a warbler."
그는 노래를 좋아하는 사람이니까."

"Don't let us do any lessons, Beth, / for a while, / but play
"공부는 하지 말고, 베스, 잠시만,

all the time and rest, / as the girls mean to," / proposed Amy.
하루 종일 놀고 쉬자, 언니들처럼 말이야," 에이미가 제안했다.

"Well, I will, / if Mother doesn't mind. I want to learn / some new songs, / and my children need / fitting up / for the summer; they are dreadfully / out of order / and really suffering for clothes."
"글쎄, 그럴게, 엄마가 괜찮으시다면. 나는 배우고 싶어 새로운 노래를, 그리고 내 인형들은 수선할 필요가 있어 여름 동안; 걔네는 완전히 망가졌고 그리고 정말 옷 때문에 문제거든."

"May we, Mother?" / asked Meg, / turning to Mrs. March, / who sat sewing / in what / they called "Marmee's corner."
"그래도 되요, 엄마?" 메그가 물었다, 마치 부인을 향해, 바느질을 하고 계시던, 그곳에서 애들이 "엄마의 자리"라고 부르는.

"You may try / your experiment / for a week / and see how you like it. I think / by Saturday night / you will find that / all play and no work / is as bad as all / work and no play."
"해 보렴 너희들의 실험을 일주일 동안 말이야 그러면 그게 어떤지 알게 될 거야. 내 생각에는 토요일 밤이면 너희들은 알게 될 거야 놀기만 하고 일하지 않는 건 몹쓸 거라는 걸 말이야 놀지 않고 종일 일만 하는 것이."

Key Expression

will

말하는 시점에 결심한 '미래(즉흥적)'에서는 will을 씁니다. 그러나 주의할 것은 이미 해 둔 결심이나 약속에서는 will 대신 'be going to'를 사용해요.

ex) I left the door open. I'll go and shut it.
문을 열어 두고 왔어. 내가 가서 닫을게

tact 요령, 재치 | dozy 졸리는 | perch 높은 자리 | snub 모욕하다 | appropriate 적절한 | warbler 휘파람새 | out of order 고장난

"Oh, dear, no! It will be delicious, / I'm not sure," / said
"오 , 엄마, 아니에요! 재밌을 거예요, 확신할 수 없지만,"

Meg complacently.
메그가 흡족하게 말했다.

"I now propose a toast, / as my 'friend and pardner, / Sairy
"자 건배하자, 나의 '친구이자 단짝인, 새어리 갬

Gamp,' says. Fun forever, / and no grubbing!" / cried Jo, /
프'라 말하면서. 즐거움은 영원히, 일은 그만!" 조가 외쳤다,

rising, glass in hand, / as the lemonade went round.
손에 든 컵을 올리며, 레모네이드가 다 돌아갔을 때.

complacently 현실에 안주하여 | pardner 파트너(비격식) | lounging 활기 없는, 편하게 입을 수 있는 | solitary 혼자 하는 | untied 묶이지 않은, 제한되지 않은 | reside 살다, 거주하다 | bower (시원한) 나무 그늘 | frock 드레스 | honeysuckle 인동(덩굴식물의 일종)

They all drank it merrily, / and began the experiment / by
그들은 모두 그걸 즐겁게 마셨다, 그리고 그 실험을 시작했다 늘어지

lounging / for the rest of the day. Next morning, / Meg did
게 쉼으로써 하루의 남은 시간을. 다음 날 아침, 메그는 보이지

not appear / till ten o'clock; / her solitary breakfast / did
않았다 10시까지; 혼자 먹는 아침 식사는

not taste nice, / and the room seemed lonely and untied, /
맛이 없었고, 방은 고독하고 어수선해 보였다,

for Jo had not filled the vases, / Beth had not dusted, / and
조가 꽃병을 채우지 않았고, 베스는 청소를 안 했으며, 에이미의

Amy's books / lay scattered about. Nothing was neat and
책은 여기 저기 흩어져 있었기 때문에. 아무것도 정리되지 않았다

pleasant / but "Marmee's corner," / which looked as usual; /
"엄마의 자리" 외에는, 평소 같아 보이는;

and there Meg sat, / to "rest and read," / which meant yawn
그래서 메그는 거기에 앉았다, "휴식과 독서"를 하려고, 하지만 하품을 하고 상상한 것

and imagine / what pretty summer dresses / she would get
뿐이었다 예쁜 여름 옷을 그녀가 살 수 있을지에 대해

/ with her salary. Jo spent the morning / on the river / with
그녀의 봉급으로. 조는 아침을 강에서 보냈다

Laurie / and the afternoon / reading and crying over The
로리와 함께 그리고 오후에는 〈넓고 넓은 세계〉를 읽고 눈물을 흘렸다,

Wide, Wide World, / up in the apple tree. Beth began by
사과나무 위에서. 베스는 뒤지기 시작했다

rummaging / everything out of the bit closet / where her
작은 옷장에 있는 모든 것을 그녀의 식구들이 살고

family resided, / but getting tired / before half done, / she
있는, 하지만 피곤해졌기 때문에 절반도 하기 전에,

left her establishment / topsy-turvy / and went to her music,
그녀는 그 일을 엉망진창으로 내버려두고 피아노를 치러 가버렸다,

/ rejoicing that / she had no dishes to wash. Amy arranged
기쁨을 만끽하며 설거지 할 게 없다는. 에이미는 자신의 나무그늘

her bower, / put on her best white frock, / smoothed her
을 정리했다, 그녀가 제일 좋아하는 하얀색 드레스를 입고, 고수머리를 쓸어내리고,

curls, / and sat down to draw / under the honeysuckles, /
그림을 그리려고 앉았다 인동덩쿨 아래,

hoping / someone would see / and inquire / who the young
바라면서　누군가가 보길　그리고 물어 봐 주길　저 젊은 예술가가 누구인지.

artist was. As no one appeared / but an inquisitive daddy-
아무도 나타나지 않았다　호기심 어린 장님거미만 빼고 말이다.

longlegs, / who examined her work / with interest, / she
그녀의 작품을 뜯어본　흥미롭게,　그래서 그녀

went to walk, / got caught in a shower, / and came home
는 산책을 나갔는데,　소나기를 만나서,　흠뻑 젖어 집으로 돌아왔다.

dipping.

At teatime / they compared notes, / and all agreed that / it
차 마시는 시간에　그들은 기록을 비교했다,　그리고 모두 동의했다

had been a delightful, / though unusually long day. Meg, /
그것은 즐거웠다고,　이상하게 긴 하루였지만 말이다.　메그는,

who went shopping in the afternoon / and got a "sweet blue
오후에 쇼핑을 가서　"귀엽고 파란 모슬린 드레스"를 샀는데,

muslin," / had discovered, / after she had cut the breadths
알아냈다,　폭을 잘라내고 난 후에,

off, / that it wouldn't wash, / which mishap made her /
그것이 세탁이 안 된다는 것을,　그 불상사에 그녀는

slightly cross. Jo had burned the skin off her nose / boating,
성호를 작게 그었다.　조는 피부가 타서 코가 벗겨졌다　뱃놀이를 하느라,

/ and got a raging headache / by reading too long. Beth was
그리고 쑤시는 두통을 겪었다　책을 너무 오래 읽었기 때문에.　베스는 걱정스러

worried / by the confusion of her closet / and the difficulty
웠다　어수선한 옷장과

of learning three or four songs / at once, / and Amy deeply
3~4곡을 익혀야 되는 어려움 때문에　한 번에,　그리고 에이미는 깊이 반성했다

regretted / the damage done her frock, / for Katy Brown's
드레스에 흠을 낸 것을,　케이티 브라운의 파티가

party / was to be the next day / and now, / like Flora
그 다음 날이었다　그리고 지금,　플로라 맥플림시처럼,

McFlimsey, / she had "nothing to wear." But these were
그녀도 "입을 옷이 없어져버렸다".　그러나 이것들은 단지 조그만

inquisitive 꼬치꼬치 캐묻는 | daddy-longlegs 장님거미 | dip (액체에) 살짝 담그다

mere trifles, / and they assured their mother / that the
일에서, 그들은 엄마를 안심시켰다

experiment was working finely. She smiled, / said nothing,
그 실험은 꽤 잘 되고 있다고. 그녀는 미소지었다, 아무 말 없이,

/ and with Hannah's help / did their neglected work, /
그리고 한나의 도움으로 자매들이 내버려 둔 일을 했다,

keeping home pleasant / and the domestic machinery /
집을 쾌적하게 만들고 집안의 기기를

running smoothly. It was astonishing / what a peculiar
잘 돌아가게 했다. 놀라운 것이었다

and uncomfortable state of things / was produced / by
얼마나 이상하고 불편한 일들이 초래되었는지

the "resting and reveling" process. The days kept getting
"휴식과 흥청망청 즐기기"의 도중에. 하루는 점점 더 길어졌고,

longer and longer, / the weather was unusually variable
날씨는 보통 때와 달리 변덕스러웠다

/ and so were tempers, / an unsettled feeling / possessed
그리고 기분도 그랬다, 진정되지 않은 기분이 모두를 사로잡았고,

everyone, / and Satan found / plenty of mischief / for the
사탄은 찾아냈다 심술거리를

idle hands to do. As the height of luxury, / Meg put out /
게으른 손들이 하는 일에. 사치가 절정에 달했을 때, 메그는 꺼냈다

some of her sewing, / and then found / time hang so heavily
바느질거리를, 그리곤 생각했다 시간이 너무 따분하게 간다고

/ that she fell to / shipping and spoiling her clothes / in her
그래서 그녀는 시작했다 옷을 나르고 못쓰게 하기를

attempts / to furbish them up / à la Moffat. Jo read / till her
시도하다가 멋지게 개조하는 걸 모팻 집안 사람들처럼. 조는 책을 읽었다

eyes gave out / and she was sick of books, / got so fidgety
눈이 침침할 때까지 그리고 책에 질려버려서, 안절부절 하게 되어

/ that even good-natured Laurie / had a quarrel with her, /
심성 고운 로리조차도 그녀와 다투었다,

and so reduced / in spirits / that she desperately wished /
기분이 우울해져서 정신적으로 그녀는 바라기까지 했다

trifle 약간, 하찮은 것 | domestic 집안의 | machinery 기계 | astonish 깜짝 놀라게 하다 | variable 변동이 심한 | furbish 닦다, 윤내다 | fidgety 가만히 못 있는

she had gone with Aunt March. Beth got on pretty well, /
마치 고모랑 가 버릴 걸 하고. 베스는 꽤 잘하고 있었다,

for she was constantly forgetting that / it was to be all play
그녀는 계속해서 잊어버려서 놀기만 하고

/ and no work, / and fell back into / her old ways / now and
일하지 말자는 것을, 돌아가곤 했다 예전 방식으로

then; but something in the air / affected her, / and more
때때로; 하지만 어떤 분위기가 영향을 끼쳐서,

than once / her tranquility was / much disturbed — so
몇 번이나 그녀의 평온함도 방해를 받았다 —무척이나

much / so that on one occasion / she actually shook / poor
그래서 한 번은 그녀가 정말로 흔들면서

dear Joanna / and told her / she was "a fright." Amy fared
불쌍한 조안나를 그리고 말하기도 했다 인형을 "도깨비"라고. 에이미는 최악이었다,

worst of all, / for her resources / were small, / and when
그녀가 할 수 있는 것은 적었기 때문에,

her sister left her / to amuse and care for herself, / she noon
언니가 그녀를 내버려 두고 스스로 즐기고 보살피라고 했을 때, 그녀는 정오가 되

found / that accomplished and important little self / a great
어서야 알았다 교양 있고 중요한 자신이 엄청난 부담

burden. She didn't like dolls, / fairy tales were childish,
이라는 것을. 그녀는 인형을 좋아하지 않았고, 동화책을 유치하다고 여겼다,

/ and one couldn't draw / all the time; tea parties didn't
그래도 그림만 그릴 수는 없었다 하루 종일 내내; 차 모임은 별 것이 아니었고,

amount to much, / neither did picnics / unless very well
소풍도 그랬다 제대로 차린 것이 아니라면.

conducted. "If one could have a fine house, / full of nice
"누군가 멋진 집을 갖고 있다면, 훌륭한 소녀들이 가득한,

girls, / or go traveling, / the summer would be delightful,
또는 여행을 간다면, 여름은 즐거울 거야,

/ but to stay at home / with three selfish sisters / and a
하지만 집에 있는 건 세 명의 이기적인 언니들과

grown-up boy / was enough to try / the patience of a Boaz."
다 큰 소년과 함께 시도하기 충분해 보아스(룻의 두 번째 남편)의 인내심을."

complained Miss Malaprop, / after several days / devoted
말라프로프(극작가 셰리든의 희극 〈연적〉의 인물) 양이 불평했다, 며칠 내내

to pleasure, / fretting, and ennui.
즐겁게 놀고 나서 초조하고 무료하다고 하며.

No one would own that / they were tired of the experiment,
아무도 인정하려고 하지 않았다 그들이 이 실험에 질렸다는 것을,

/ but by Friday night / each acknowledged to herself /
하지만 금요일 밤이 되자 각자 스스로에게 인정했다

that she was glad the week was nearly done. Hoping / to
그녀가 즐긴 한 주가 끝나감을 기뻐한다고. 바라는 마음에

impress the lesson / more deeply, / Mrs. March, who had
이 교훈을 새기길 더 깊이, 유머가 풍부한 마치 부인은,

a good deal of humor, / resolved / to finish off the trial / in
결심했다 실험을 끝내기 위해

an appropriate manner, / so she gave Hannah a holiday /
적당한 방법으로, 그래서 그녀는 한나에게 휴가를 줬고

and let the girls / enjoy the full effect of the play system.
딸들에게 놀이의 효과를 최대한 즐기도록 했다.

When they got up / on Saturday morning, / there was no
그들이 일어났을 때 토요일 아침에, 온기가 없었다

fire / in the kitchen, / no breakfast / in the dining room, /
부엌에, 아침 식사도 없었고 식당에는,

and no mother anywhere to be seen.
어디에도 엄마가 보이지 않았다.

"Mercy on us! What had happened?" / cried Jo, / staring
"이럴 수가! 무슨 일이야?" 조가 소리쳤다,

about her / in dismay.
메그를 쳐다보며 어찌할 바 몰라.

Meg ran upstairs / and soon came back again, / looking
메그는 위층으로 뛰어올라갔다 그리고 곧 다시 돌아왔다, 안심한 듯 보였지만

relieved / but rather bewildered, / and a little ashamed.
다소 당황하고, 좀 부끄러워 보였다.

affect 영향을 미치다 | tranquility 고요, 평온 | burden 부담, 짐 | fret 조마조마하다 | ennui 따분함, 권태감 | trial (최종 결정을 내리기 전의) 시험 | dismay 실망, 경악

"Mother isn't sick, / only very tired, / and she says / she is
"엄마는 편찮으시진 않아, 무척 피곤하신 것 뿐이래, 그리고 엄마가 말씀하시길

going to stay quietly / in her room / all day / and let us do /
조용히 계실 거래 방에서 하루 종일 그리고 우리가 하라고

the best we can. It's a very queer thing / for her to do, / she
할 수 있는 대로. 굉장히 뜻밖이야 엄마가 그러신다는 건,

doesn't act a bit like herself; / but she says / it has been a
조금도 당신답지 않잖아; 하지만 엄마는 말씀하셨어

hard week for her, / so we mustn't grumble / but take care
힘든 한 주를 보냈다고, 그래서 우리가 불평하지 말고 우리 스스로를 돌보도

of ourselves."
록 해야 해."

"That's easy enough, / and I like the idea, / I'm aching for
"간단한데, 난 마음에 들어, 나는 뭔가 엄청 하고 싶어

something to do / — that is, / some new amusement, / you
— 즉, 새로운 놀이 말이야,

know," / added Jo quickly.
알다시피," 조가 재빨리 덧붙였다.

In fact / it was an immense relief / to them all / to have
사실은 그건 커다란 안도감을 주었다 모두에게 조금씩 할 일이

a little work, / and they took hold with a will, / but soon
있다는 것은 말이다, 그리고 그들은 의지를 다졌다, 하지만 곧 진실을

realized / the truth of Hannah's saying, / "Housekeeping
깨달았다, 한나가 한 말의 진실을, "집안일은 장난이 아니야."

ain't no joke." There was plenty of food / in the larder, /
라는. 엄청나게 많은 음식이 있었던 저장고에,

and while Beth and Amy set the table, / Meg and Jo got
베스와 에이미가 테이블을 정리하는 동안에, 메그와 조는 아침을 준비했다,

breakfast, / wondering as they did so / why servants ever
그들이 그렇게 한 일에 궁금해 하며

talked about hard work.
왜 고용인들이 일이 힘들다고 말했었는지.

grumble 투덜거리다 | ache (~하고 싶어) 못 견디다 | larder 식품 저장실 | preside (회의, 의식 등을) 주재하다 | matronly 아줌마 같은 | tray 쟁반 | scorch 그슬리다 | speckle 얼룩지다 | saleratus 베이킹 소다 | repast 식사

"I shall take some up / to Mother, / though she said / we
"뭘 좀 갖다 드릴 거야 엄마한테, 엄마가 말씀하시긴 했지만

were not to think of her, / for she'd take care of herself," /
엄마 생각은 말라고, 엄마도 직접 돌보실 수 있다고 하면서,"

said Meg, / who presided / and felt quite matronly / behind
메그가 말했다, 그녀는 통솔하면서 아줌마 같은 태도로

the teapot.
차주전자 뒤에서.

So a tray was fitted out / before anyone began, / and taken
쟁반에 음식이 차려졌고 시작하기 전에, 먼저 올려보냈다

up with / the cook's compliments. The boiled tea was very
요리사의 인사말과 함께. 뜨거운 차는 매우 썼고,

bitter, / the omelet scorched, / and the biscuits speckled
오믈렛은 탔으며, 비스킷은 베이킹 소다 자국으로 얼룩덜룩 했다,

with saleratus, / but Mrs. March received her repast / with
하지만 마치 부인은 음식을 받아들였다 감사 인

thanks / and laughed heartily / over it / after Jo was gone.
사와 함께 그리고 진심으로 웃었다, 음식에 대해 조가 가고 난 이후에.

Key Expression

be going to

be going to 는 '앞으로 ~을 하겠다'고 의도를 가지고 이미 결정해 둔 상황, 예전에 결심한 미래에 쓰여요.
또한, 현재상황으로 판단했을 때, 앞으로 일어날 것이 확실할 때에도 be going to가 쓰입니다.

ex) I am going to wash the windows later. 나는 있다가 창문을 닦을 거야.
The man can't see the hole in front of him. He is going to fall into the hole.
그 남자는 앞에 있는 구멍을 못 볼 거야. 그는 그 구멍으로 떨어지게 될 거야.

"Poor little souls, / they will have a hard time, / I'm afraid,
"불쌍한 작은 영혼들, 분명히 힘들 거야, 걱정되네,

/ but they won't suffer, / and it will do them good," / she
하지만 그렇게 힘들지는 않을 거야, 그리고 그건 득이 될테니," 그녀가 말

said, / producing the more palatable viands / with which
했다, 입맛에 더 맞는 음식을 차리면서 자신을 위해 미리 준비

she had provided herself, / and disposing of the bad
해 둔, 그리고 형편없는 아침 식사는 버려졌다,

breakfast, / so that their feelings / might not be hurt / — a
아이들의 기분이, 상처받지 않도록

motherly little deception / for which they were grateful.
— 엄마의 작은 속임수였다 그들은 감사히 여겼던.

Many were the complaints below, / and great the chagrin
불만이 가득했다, 그리고 엄청난 안타까움에

/ of the head cook / at her failures. "Never mind, / I'll get
책임 조리사로서 그녀의 실패작에. "신경 쓰지 마, 내가 저녁을

the dinner / and be servant, / you be mistress, / keep your
하고 접대할게, 너희들은 안주인이 되어, 손을 깨끗이 하고,

hands nice, / see company, / and give orders," / said Jo, /
손님을 맞고, 질서를 지켜줘," 조가 말했다,

who knew still less / than Meg / about culinary affairs.
아는 게 훨씬 적은 메그보다 부엌일에 대해서는

This obliging offer / was gladly accepted, / and Margaret
이 친절한 제안은 기쁘게 받아들여졌고,

retired to the parlor, / which she hastily put in order /
마가렛은 은퇴하여 거실로 갔다, 그리고 그곳을 급하게 정리했다,

by whisking the litter / under the sofa / and shutting the
쓰레기를 쑤셔 넣고 소파 밑에 블라인드를 닫고

blinds / to save the trouble of dusting. Jo, with perfect
먼지가 날리는 것을 막기 위해. 조는, 완벽한 신뢰를 가진

faith / in her own powers / and a friendly desire to make
자신의 능력에 싸움을 정리하고 친해지고 싶은 욕망에,

up the quarrel, / immediately put a note / in the office, /
즉시 편지를 넣었다 우편함에,

inviting Laurie to dinner.
로리를 저녁 식사에 초대한다는.

"You'd better see / what you have got / before you think
"보는 게 좋을 거야 뭐가 있는지 친구를 데려오려고 하기 전에,"

of having company," / said Meg, / when informed of / the
메그가 말했다, 생각하여

hospitable but rash act.
친절하지만 경솔한 행동이라고.

"Oh, there's corned beef / and plenty of potatoes, / and I
"오, 소금에 절인 소고기가 있어 감자도 많고,

shall get some asparagus and a lobster, / 'for a relish,' /
아스파라거스랑 랍스터도 먹어야지, '풍미를 위해,'

as Hannah says. We'll have lettuce / and make a salad. I
한나가 말한 것처럼. 우리는 상추도 있으니 샐러드를 만들 거야.

don't know how, / but the book tells. I'll have blancmange
어떻게 하는진 모르지만, 책이 알려 주겠지. 블라망주와 딸기를 먹을 거야

and strawberries / for dessert, / and coffee, too, / if you
디저트로, 커피도 있어,

want to be elegant."
우아해지고 싶으면."

Key Expression

접속사의 개수

접속사는 절과 절을 연결하는 역할을 합니다. 그렇기 때문에 절이 두 개 일 때에는 하나만 올 수 있어요.

ex) Since He was feeling sick, I brought the medicine. (O)
He was feeling sick, I brought the medicine. (O)
Since He was feeling sick, so I brought the medicine. (X)

palatable 맛있는 | **viand** 식품 | **deception** 속임, 사기 | **chagrin** 원통함 | **culinary** 요리의, 음식의 | **relish** (어떤 것을 대단히) 즐기다 | **lettuce** 상추 | **blancmange** 블라망주(우유에 과일향을 넣고 젤리처럼 만들어 차게 먹는 디저트의 일종)

"Don't try too many messes, Jo, / for you can't make
"너무 많이 벌이지 마, 조, 넌 아무것도 만들 수 없잖아

anything / but gingerbread and molasses candy fit to eat. I
생강빵과 당밀 사탕밖에는 말이야

wash my hands / of the dinner party, / and since you have
나는 손 떼겠어 저녁 준비에는, 그리고 네가 로리를 초대한 거니까,

asked Laurie / on your own responsibility, / you may just
네 책임으로써,

take care of him."
접대하도록 해."

"I don't want / you to do anything / but be civil to him /
"바라지 않아 언니가 뭔가 해 주기를 다만 예의를 갖춰 줘

and help to the pudding. You'll give me your advice / if I
푸딩을 거들며. 충고해 줘

get in a muddle, / won't you?" / asked Jo, / rather hurt.
내가 실수를 하게 되면, 알겠지?" 조가 물었다, 좀 상처 받은 듯이.

"Yes, but I don't know much, / except about bread and a
"알겠어, 하지만 나도 많이는 몰라, 빵과 몇 가지 사소한 것들 빼고는.

few trifles. You had better ask / Mother's leave / before
너는 여쭤 보는 게 좋을 거야 엄마가 남겨두었는지

you order anything," / returned Meg prudently.
주문하기 전에." 메그가 신중하게 대답했다.

Key Expression

목적어가 필요한 자동사

자동사가 목적어를 취하기 위해서는 목적어 앞에 반드시 전치사를 써야 해요. 따라서, '네가 걱정된다'라는 표현은 'worry you'가 아닌, 'worry about you'가 되어야 맞는 것입니다.
이 밖에도, 'wait for(~을 기다리다)', 'reply to(~에게 대답하다)', 'apologize to(~에게 사과하다)', 'graduate from(~을 졸업하다)', 'participate in(~에 참여하다)' 등이 있어요.

“Of course I shall. I’m not a fool.” And Jo went off / in a
"물론 그럴 거야. 난 바보가 아니거든." 그리고 조는 나갔다

huff / at the doubts expressed of her powers.
발끈해서 그녀의 능력을 의심하는 것에.

“Get what you like, / and don’t disturb me. I’m going out
"네가 좋아하는 것을 사렴, 그리고 방해하지 말고. 엄마는 저녁 먹으러 나갈

to dinner / and can’t worry about things at home,” / said
거니까 그리고 집안일로 신경 쓸 수 없어," 마치 부인

Mrs. march, / when Jo spoke to her. “I never enjoyed
이 말했다, 조가 엄마에게 얘기했을 때. "나는 절대 집안일을 즐겨서 하진 않

housekeeping, / and I’m going to take a vacation today, /
았으니, 그리고 오늘은 쉴 거란다,

and read, / write, / go visiting, / and amuse myself.”
독서하고, 글을 쓰고, 놀러 가며, 내 자신을 즐길 거야."

The unusual spectacle / of her busy mother / rocking
낯선 모습이 바쁜 엄마의 편히 쉬며

comfortably / and reading / early in the morning / made
책을 읽는 이른 아침부터 조가 느끼게

Jo feel / as if some natural phenomenon had occurred, /
했다 마치 어떤 초자연현상이 일어난 것처럼,

for an eclipse, an earthquake, / or a volcanic eruption /
그 어떤 일식, 지진, 또는 화산 폭발도

would hardly have seemed stranger.
이보다 더 이상해 보이진 않을 것이다.

“Everything is out of sorts, / somehow,” / she said to
"모든 것이 이상해, 어쨌든," 그녀가 자신에게 말했다,

herself, / going downstairs. “There’s Beth crying, / that’s
아래층으로 내려가면서. "베스가 울고 있어, 그건 명백

a sure sign that / something is wrong with this family. If
한 신호야 무슨 일이 우리 가족에게 생겼다는. 만

Amy is bothering, / I’ll shake her.”
약 에이미가 괴롭히고 있다면 내가 혼내주겠어."

gingerbread 생강 쿠키 | molasse 당밀 | prudently 신중하게 | huff (화가 나서) 씩씩거리다 | rock (지각을 구성하는) 암석 | phenomenon 현상 | eclipse 일식, 월식

Feeling very much out of sorts herself, / Jo hurried into
매우 언짢은 기분을 느끼며, 조는 서둘러 응접실로 갔다

the parlor / to find Beth sobbing over / Pip, the canary, /
울고 있는 베스를 발견했다 앵무새 핍 때문에,

who lay dead in the cage / with his little **claws pathetically**
그는 새장에서 죽어 있었다 작은 앞발을 불쌍하게 펼친 채,

extended, / as if **imploring** the food for want / of which he
먹이를 애원하다가 죽어버린 듯이.

had died.

"It's all my fault / — I forgot him — / there isn't a seed
"다 내 잘못이야 — 내가 깜빡 했어 — 한 톨도 물 한 방울도 남아 있

or a drop left. Oh, Pip! Oh, Pip! How could I be so cruel
지 않아. 오, 핍! 오, 핍! 내가 네게 어찌 이렇게 모질게 대했을까?"

to you?" / cried Beth, / taking the poor thing / in her
베스가 울부짖었다, 불쌍한 그의 시체를 손에 들고

hands / and trying to restore him.
살리려고 노력하면서.

Jo peeped into / his half-open eye, / felt his little heart,
조가 살펴보았고 그의 반쯤 뜬 눈을, 심장 소리를 들어보았지만,

/ and finding him **stiff** and cold, / shook her head, / and
뻣뻣하고 차갑게 굳어버렸음을 알아차리고는, 고개를 저었다,

offered her domino box / for a **coffin**.
그리고 도미노 상자를 주었다 관으로 쓰도록.

Key Expression

새 종류에 대해 알아볼까요

sparrow 참새 parrot 앵무새 falcon 매 eagle 독수리 pigeon 비둘기
owl 올빼미 swan 백조 crane 학 duck 오리 turkey 칠면조
ostrich 타조 woodpecker 딱따구리 nightingale 꾀꼬리 crow 까마귀

claw 발톱 | **pathetically** 애절하게 | **implore** 애원하다 | **stiff** 뻣뻣한 | **coffin** 관 | **shroud** 수의 | **undertake** (책임을 맡아서) 착수하다

"Put him in the oven, / and maybe he will get warm and
"오븐에 넣어보자, 따뜻해져서 다시 살아 날 수도 있어,"

revive," / said Amy hopefully.
에이미가 희망적으로 말했다.

"He's been starved, / and he shan't be baked / now he's
"굶어 죽은 거야, 태우기까지 할 수는 없지 지금 죽었는데.

dead. I'll make him a shroud, / and he shall be buried /
나는 수의를 만들어 줄 거야, 그리고 묻어줘야지

in the garden, / and I'll never have another bird, / never, /
정원에, 그리고 다른 새는 절대 기르지 않을 거야, 절대,

my Pip! For I am too bad to own one," / murmured Beth, /
아 핍! 나는 새 한 마리도 키울 수 없는 못된 사람이었어," 베스가 중얼거렸다,

sitting on the floor / with her pet folded in her hands.
바닥에 앉아 앵무새를 손으로 감싼 채.

"The funeral shall be this afternoon, / and we will all go.
"장례식은 오늘 오후가 될 거야, 우리 모두 갈 거고.

Now, don't cry, Bethy; / it's a pity, / but nothing goes right
이제, 그만 울어, 베스; 안 된 일이지만, 이번 주는 아무것도 제대로 되는 게 없어,

this week, / and Pip has had the worst / of the experiment.
그리고 핍 사건이 최악이야 이 실험에서.

Make the shroud / and lay him in my box / and after the
수의를 만들어 입히고 내 상자에 눕히자 저녁 만찬 후,

dinner party, / we'll have a nice little funeral," / said Jo, /
소박하지만 훌륭한 장례식을 치뤄 줄 거야," 조가 말했다,

beginning to feel / as if she had undertaken a good deal.
기분이 들기 시작하면서 마치 여러 차례 치뤄 본 듯.

Leaving the others / to console Beth, / she departed to
다른 사람에게 맡기고 베스를 위로하는 일은, 그녀는 부엌으로 갔다,

the kitchen, / which was in a most discouraging / state of
그곳은 제일 맥 빠지고 혼란스런 상태였다.

confusion. Putting on a big apron, / she fell to work / and
큰 앞치마를 입고, 일하기 시작했고

got the dishes piled up / ready for washing, / when she
접시를 포갰다 설거지를 하려고, 그녀가 알아차렸을 때

discovered that / the fire was out.
불이 나갔다는 걸.

"Here's a sweet prospect!" / muttered Jo, / slamming the
"이거 곤란한 걸!" 조가 투덜거리고는, 스토브 문을 열어젖힌 후,

stove door open, / and poking vigorously / among the
힘차게 찔러 보았다 잿더미 사이를.

cinders.

Having rekindled the fire, / she thought / she would go to
다시 불을 지피고, 그녀는 생각했다 시장에 가야 한다고

market / while the water heated. The walk / revived her
물이 끓는 동안에. 외출은 그녀의 마음을 일깨웠다,

spirits, / and flattering herself that / she had made good
스스로를 칭찬하면서 저렴하게 시장을 잘 봤다고,

bargains, / she trudged home again, / after buying very
집으로 터벅터벅 걸어왔다, 아주 어린 랍스터를 사고

young lobster / some very old asparagus, / and two boxes
굉장히 오래된 아스파라거스와,

of acid strawberries. By the time she got cleared up, / the
신 딸기 두 상자를 사고 나서. 그녀가 다 정리했을 즈음에,

dinner arrived, / and the stove was red-hot. Hannah had
저녁 시간이 되었고, 스토브가 벌겋게 달궈졌다. 한나가 남겼다

left / a pan of bread / to rise, Meg had worked it up early,
빵 한 냄비를 부풀리기 위해, 메그는 일찌감치 그걸 처리하여,

/ set it on the hearth / for a second rising, / and forgotten
벽난로 위에 두고 두 번째 발효를 위해서, 잊어버리고 말았다

it / Meg was entertaining Sallie Gardiner / in the parlor, /
메그는 샐리 가드너를 접대하고 있었기 때문에 거실에서,

when the door flew open / and a floury, crocky, flushed, /
문이 벌컥 열렸을 때 가루 투성이에, 힘 없고, 홍분하고,

and disheveled figure appeared, / demanding tartly —
머리가 헝클어진 인물이 나타나서, 신경질적으로 말했다 —

"I say, / isn't bread 'riz' enough / when it runs over the
"있잖아, 충분히 부푼 것 아니야 냄비에 넘쳐 흐를 정도면?"

pans?"

slamming 슬래밍 | vigorously 격렬하게 | cinder (나무나 석탄이 타고 남은) 재 | acid (맛이) 신 | floury 밀가루가 뒤덮인, 밀가루 같은 | crocky 노후한, 병약한 | flush 붉어지다, (물을 쏟아) 씻어 없애다 | disheveled 헝클어진 | tartly 톡 쏘아 붙이는 | spinster 노처녀, 독신녀 | inquisitive 꼬치꼬치 캐묻는

Sallie began to laugh, / but Meg nodded / and lifted her
샐리가 웃기 시작했지만, 메그가 끄덕이며 눈썹을 치켜 올리자

eyebrows / as high as they would go, / which caused the
가능한 한 높이, 그 유령이 사라져서는,

apparition to vanish / and put the sour bread into the oven /
빵 반죽을 오븐에 넣었다

without further delay. Mrs. March went out, / after peeping
더 이상 지체 없이. 마치 부인이 집을 나섰다, 이곳 저곳을 지켜보고

here and there / to see how matters went, / also saying a
나서 어떻게 일이 되는지 보려고,

word of comfort to Beth, / who sat making a winding sheet,
베스를 위로하는 말을 건넨 후, 앉아서 수의를 만들고 있는,

/ while the dear departed lay in state / in the domino box.
아끼는 고인이 누워 있는 동안 도미노 상자 관에.

A strange sense of helplessness / fell upon the girls / as the
이상한 무력함이 소녀들에게 닥쳤다 잿빛 모자가

gray bonnet vanished round the corner, / and despair seized
시야에서 사라진 것과 동시에, 그리고는 우울함이 찾아왔다

them / when a few minutes later / Miss Crocker appeared, /
몇 분 후에 크로커 양이 나타나서,

and said / she'd come to dinner. Now, this lady was a thin,
말하자 저녁 식사에 올 거라고. 이 여자는 마르고, 의심 많은 노처녀인데,

yellow spinster, / with a sharp nose and inquisitive eyes, /
날카로운 코와 호기심 가득한 눈을 하고 있는,

who saw everything / and gossiped about all she saw. They
그녀는 모든 것을 보고 그녀가 본 모든 것에 관해 떠벌리는 사람이다. 그들은 이

disliked her, / but had been taught to be kind to her, / simply
여자가 싫었지만, 친절하게 대해 주라고 배웠다,

because she was old and poor / and had few friends. So
그저 그녀가 나이가 많고 가난하고 친구가 없단 이유 때문에.

Meg gave her the easy chair / and tried to entertain her, /
메그는 그녀에게 편한 의자를 내 주고 그녀를 재미있게 해 주려고 노력했다,

while she asked questions, / criticized everything, / and told
그녀가 질문을 하는 동안, 모든 것을 비난하며, 사람들에 관

stories of the people / whom she knew.
한 이야기를 들려주는 동안에 자신이 아는.

Language cannot describe / the anxieties, experiences,
말로는 설명할 수 없다 불안함, 경험들, 그리고 노력들

and exertions / which Jo underwent that morning, /
조가 그날 아침 겪은,

and the dinner she served up / became a standing joke.
그리고 그녀가 차린 저녁 식사는 오래도록 웃음거리가 되었다.

Fearing to ask any more advice, / she did her best alone,
더 이상 충고를 구하기 두려워서, 조는 혼자서 최선을 다했다,

/ and discovered that / something more than energy and
그리고 알아차렸다 힘과 선의 이상의 무엇인가가

good will / is necessary / to make a cook. She boiled the
필요하다는 것을 좋은 요리사가 되기 위해. 그녀는 아스파라거스를 삶

asparagus / for an hour / and was grieved to find / the
았다 한 시간 동안이나 그러나 애석하게도 발견했다

heads cooked off / and the stalks harder than ever. The
머리는 떨어져 나가고 국물은 전보다 더 굳었다는 사실을.

bread burned black, / for the salad dressing so aggravated
빵은 까맣게 타 버렸다, 샐러드 드레싱이 그녀를 약오르게 해서

her / that she let everything else go / till she had convinced
다른 모든 것을 내버려 두는 바람에 스스로 확신이 설 때까지

herself / that she could not make it fit to eat. The lobster
음식을 먹을만 하게 만들 수 있다는. 랍스터는 주황색 수수께

was a scarlet mystery / to her, / but she hammered and
끼였다 그녀에게, 하지만 두드리고 쑤셔서

poked / till it was unshelled / and its meager proportions
껍질이 벗겨질 때까지 마른 살점들을 숨겼다

concealed / in a grove of lettuce leaves. The potatoes had
상춧잎으로 덮어서. 감자는 서둘러야 했지만,

to be hurried, / not to keep the asparagus waiting, / and
아스파라거스를 내버려 두지 말고,

were not done at last. The blancmange was lumpy, / and
결국 제대로 되지 못했다. 젤리는 울퉁불퉁했고,

the strawberries / not as ripe as they looked, / having been
딸기는 보이는 것만큼 익지 않았다,

skillfully "deaconed."
노련하게 "눈속임" 당해서.

"Well, they can eat beef and bread and butter, / if they are
"글쎄, 그들은 소고기랑 버터 바른 빵을 먹을 거야, 배고프다면,

hungry, / only it's mortifying / to have to spend your whole
억울했을 뿐이야 아침 나절을 내내 써야 했던 것이

morning / for nothing," / thought Jo, / as she rang the bell
아무것도 아닌 것 때문에," 조는 생각했다, 벨을 울리며

/ half an hour later than usual, / and stood, hot, tired, /
평소보다 30분 늦게, 그리곤 서서, 화가 나고, 피곤하고,

and **dispirited**, / surveying the feast / spread for Laurie, /
풀이 죽어서, 식사를 차리고 로리에게 건넸다,

accustomed to all sorts of elegance, / and Miss Crocker, /
모든 종류의 우아함에 익숙한, 크로커 양은,

whose curious eyes would mark all failures / and whose
호기심 어린 눈으로 모든 실패를 기록하여

tattling tongue would report them / far and wide.
말 많은 혀로 그것을 떠벌리고 다닐 것이다 여기저기.

Key Expression

야채 종류에 대해 알아볼까요

lettuce 상추 carrot 당근 cabbage 양배추 ginger 생강 garlic 마늘
onion 양파 mushroom 버섯 pea 완두콩 eggplant 가지 pumpkin 호박
zucchini 애호박 cucumber 오이 pepper 고추 spinach 시금치 radish 무

exertion 노력, 분투 | **undergo** (특히 안 좋은 일을) 겪다 | **stalk** (식물의) 줄기 | **aggravate** 악화시키다 | **unshell** ~의 껍데기를 벗기다 | **lumpy** 덩어리가 많은 | **skillfully** 솜씨 있게, 교묘하게 | **deacon** 부제(priest 바로 아래 지위) | **dispirited** 의기소침한

Poor Jo / would gladly have under the table, / as one thing
불쌍한 조는 식탁 밑으로 숨고 싶었다, 하나씩 하나씩

after another / was tasted and left, / while Amy giggled,
맛 본 후 남겨졌을 때, 에이미가 키득거린 반면,

/ Meg looked distressed, / Miss Crocker pursed up her
메그는 고통스러워 보였고, 크로커 양은 입술을 오므렸으며,

lips, / and Laurie talked and laughed / with all his might
로리는 웃고 떠들었다 온 힘을 다해

/ to give a cheerful tone / to the festive scene. Jo's one
생기 있는 분위기를 내려고 즐거운 장면에. 조의 한 가지 장점은

strong point / was the fruit, / for she had sugared it well,
과일이었다, 그녀가 설탕을 잘 뿌려 놓았고,

/ and had a pitcher of rich cream / to eat with it. Her hot
맛난 크림도 한 주전자 준비했다 같이 먹을 수 있는. 그녀의 상기된 뺨이

cheeks / cooled a trifle, / and she drew a long breath / as
다소 가라앉았다, 그리고 그녀는 깊은 숨을 쉬었다

the pretty glass plates / went round, / and everyone looked
예쁜 유리 접시가 전달되고, 모두가 상냥하게 바라보자

graciously / at the little rosy islands / floating in a sea of
작은 장미빛 섬을 크림 바다에 떠 있는.

cream. Miss Crocker tasted first, / made a wry face, / and
크로커 양이 처음으로 맛보고, 얼굴을 찡그리며,

drank some water hastily. Jo, / who refused, / thinking
급히 물을 마셨다. 조는, 거부했지만, 충분하지 않다고 생각

there might not be enough, / for they dwindled sadly / after
해서, 슬프게도 점점 줄어들었기 때문에

the picking over, / glanced at Laurie, / but he was eating
골라내고 난 후에, 로리를 힐끔 보았다, 그렇지만 그는 남자답게 먹어 치

away manfully, / though there was a slight pucker / about
우고 있었다, 약간 찌푸린 상이 있었지만

his mouth / and he kept his eye fixed / on his plate. Amy, /
그의 입 언저리에 그리고는 그의 눈을 고정시켰다 접시에. 에이미는,

who was fond of delicate fare, / took a heaping spoonful,
맛있는 음식을 좋아해서, 한 숟가락을 가득 떠 넣더니,

/ choked, / hid her face in her napkin, / and left the table
숨이 넘어 갈 듯하여, 냅킨을 얼굴을 가리고는, 급히 테이블을 떠났다.

precipitately.

"Oh, what is it?" / exclaimed Jo, / trembling.
"오, 뭐지?" 조가 소리쳤다, 떨면서.

"Salt instead of sugar, / and the cream is sour," / replied Meg / with a tragic gesture.
"설탕 대신 소금이네, 그리고 크림은 시어," 메그가 대답했다 비장한 태도로.

Jo uttered a groan / and fell back in her chair, / remembering that / she had given a last hasty powdering / to the berries / out of one of the two boxes / on the kitchen table, / and had neglected / to put the milk in the refrigerator. She turned scarlet / and was on the verge of crying, / when she met Laurie's eyes, / which would look merry / in spite of his heroic efforts; / the comical side of the affair / suddenly struck her, / and she laughed / till the tears ran down her cheeks. So did everyone else, / even "Croaker," / as the girls called the old lady, / and the unfortunate dinner ended gaily, / with bread and butter, olives / and fun.
조가 신음 소리를 내뱉고 의자에 주저앉았다, 기억해 냈으므로 그녀가 마지막에 성급하게 넣은 가루를 딸기에 두 상자 중 하나에서 꺼낸 주방 탁자에 있던, 그리고 잊어버렸었다는 사실을 우유를 냉장고에 넣는 것을. 그녀는 얼굴이 달아올라 울기 직전이 되었다, 로리와 눈을 마주치자, 그 눈은 즐거워 보였으므로 그의 대단한 노력에도 불구하고; 이상한 우스꽝스러움이 갑자기 느껴졌다, 그녀는 웃었다 눈물이 그녀 뺨에 흐를 때까지. 다른 이들도 그랬다, 심지어 "크로커"조차도 자매들이 "투덜이"라고 부르는, 불행한 저녁 식사는 흥겹게 끝났다, 버터 바른 빵과, 올리브 그리고 즐거움과 함께.

graciously 우아하게, 상냥하게 | float (액체 위에) 띄우다 | precipitately 다급히, 갑자기 | verge (풀이 나 있는) 길가 | gaily 명랑하게

"I haven't strength of mind / enough to clear up / now, /
"정신이 없어 모든 것을 잊을 만큼 지금,

so we will sober ourselves / with a funeral," / said Jo, /
그러니 침착해져야겠어 장례식을 하면서," 조가 말하자,

as they rose; and Miss Crocker made ready to go, / being
그들이 일어났고; 크로커 양은 갈 준비를 했다, 말하고 싶어

eager to tell / the new story / at another friend's dinner
못 견디겠는지 새로운 이야기를 다른 친구의 집 저녁 식사 자리에서.

table.

They did sober themselves / for Beth's sake; Laurie dug
그들은 정말로 진지했다 베스를 위해; 로리가 무덤을 팠다

a grave / under the ferns in the grove, / little Pip was laid
숲속 양치 식물 아래, 작은 핍이 눕혀졌다,

in, / with many tears / by his tenderhearted **mistress**, /
눈물과 함께 다정한 주인님의,

and covered with **moss**, / while a **wreath** of violets and
이끼에 덮힌 채, 제비꽃과 별꽃의 화환이 걸리는 동안

chickweed was hung / on the stone / which bore his
비석 위에 묘비명이 쓰여 있는,

epitaph, / composed by Jo / while she struggled with the
조가 만든, 저녁 식사로 힘듦에도 불구하고:

dinner:

Here lies Pip March,
여기 핍 마치가 잠들었도다,

Who died the 7th of June;
6월 7일 우리 곁을 떠난;

Loved and lamented sore,
사랑과 깊은 애도로,

And not forgotten soon.
쉽게 잊혀지지 않으리라.

At the conclusion of the ceremonies, / Beth retired to her
식이 끝나자, 베스가 방으로 가버렸다.

room, / overcome with emotion and lobster; / but there
감정에 압도되 붉은 얼굴로;

was no place of repose, / for the beds were not made, /
하지만 쉴 곳이 없었다, 침대는 정리되어 있지 않았기 때문에,

and she found / her grief much assuaged / by beating up
그녀는 알았다 그녀의 슬픔이 많이 진정됐다는 것을 베개를 두들기고

pillows / and putting things in order. Meg helped / Jo clear
물건을 정리하면서. 메그는 도왔다

away the remains of the feast, / which took half afternoon
조가 남은 음식을 정리하는 것을, 거기에 오후 반나절이 걸렸고

/ and left them so tired / that they agreed to be contented
그들은 너무 피곤해져서 만족하자고 합의했다

/ with tea and toast / for supper. Laurie took Amy to
차와 토스트로 저녁으로는. 로리가 에이미를 태워 주었다,

drive, / which was a deed of charity, / for the sour cream
그것은 동정심에서 나온 행동이었는데, 신 크림이 망친 것 같아서였다

seemed to have had a bad effect / upon her temper. Mrs.
그녀의 기분을.

March came home / to find the three older girls hard at
마치 부인이 귀가해서 세 명의 딸들이 힘들게 일하는 것을 발견했다

work / in the middle of the afternoon, / and a glance at the
한낮에, 찬장을 힐끔 보자

closet / gave her an idea of the success / of one part of the
그녀는 성공했다는 확신이 들었다 자신의 실험 일부가.

experiment.

mistress (사립학교의) 여교사, 여자 주인 | moss 이끼 | wreath (애도의 표시로 바치는) 화환 | chickweed 별꽃 | epitaph 묘비명 | repose 휴식, 수면 | assuage (안 좋은 감정을) 누그러뜨리다

Before the housewives could rest, / several people called, /
주부들이 휴식을 취하기도 전에, 사람들이 방문하여,

and there was a scramble / to get ready to see them; then
쟁탈전이 벌어졌다 그들을 보겠다고 준비하며; 차는 아무도 마시지

tea must be neglected / till the last minute. As twilight
않았다 마지막까지. 황혼이 지고,

fell, / dewy and still, / one by one / they gathered on the
이슬이 맺히자, 하나 둘 씩 자매들은 베란다로 모였다

porch / where the June roses were budding / beautifully, /
6월의 장미가 피어나는 아름답게,

and each groaned or sighed / as she sat down, / as if tired
그리고 각자 신음을 내거나 한숨 쉬며 앉았다, 지치고 힘들다

or troubled.
는 듯이.

"What a dreadful day this has been!" began Jo, / usually
"정말로 끔찍한 하루를 보냈어!" 조가 운을 떼었다,

the first to speak.
평소처럼 말을 시작했다.

"It has seemed shorter than usual, / but so uncomfortable,"
"평소보다 하루가 짧았던 것 같아, 하지만 많이 불편했지,"

/ said Meg.
메그가 얘기했다.

"Not a bit like home," / added Amy.
"조금도 집 같지 않았어," 에이미가 덧붙였다.

"It can't seem so / without Marmee and little Pip," /
"집 같을 수 없어 엄마랑 핍이 없이는,"

sighed Beth, / glancing with full eyes / at the empty cage /
베스가 한숨 쉬었다, 눈을 크게 뜨고 쳐다보며 빈 새장을

above her head.
머리 위에 있는.

"Here's Mother, dear / and you shall have another bird
"엄마 여기 있단다, 애야 그리고 내일 다른 새를 사 줄게,

tomorrow, / if you want it."
네가 원한다면."

As she spoke, / Mrs. March came / and took her place
이렇게 이야기하며, 마치 부인이 다가와 그들 사이에 자리 잡았다.

among them, / looking as if / her holiday had not been
~처럼 보이며 그녀의 휴가가 별로 즐겁지 않았던 듯

much pleasanter / than theirs.
자매들보다.

"Are you satisfied with your experiment, girls, / or do you
"너희들은 그 실험에는 만족하니, 얘들아, 아니면 한 주 더 하

want another week of it?" / she asked, / as Beth nestled up
고 싶니?" 그녀가 물었다, 베스가 엄마에게 바짝 다가가고

to her / and the rest turned toward her / with brightening
나머지는 엄마를 향해 몸을 돌렸다 밝은 얼굴을 하고,

faces, / as flowers turn toward the sun.
태양을 향해 꽃이 피는 것처럼.

"I don't!" / cried Jo decidedly.
"난 안 해요!" 조가 단호하게 소리쳤다.

"Nor I," / echoed the others.
"저도 싫어요," 다른 자매들도 똑같이 대답했다.

"You think, then, / that it is better / to have a few duties /
"그러면, 생각하는 거니, 더 낫다고 할 일이 있고

and live a little for others,/ do you?"
조금은 다른 이를 위해 사는 게, 그런 거니?"

Key Expression

형용사와 부사의 차이

명사에 대해 설명하는 형용사는 명사를 수식하는 것이고, 부사는 동사에 대한 설명으로 동사를 수식하는 것이에요.

ex) Tom is a careful driver. (명사 수식–형용사)
톰은 신중한 운전자야.
Tom drove carefully. (동사 수식–부사)
톰은 신중하게 운전했다.

scramble 쟁탈전, 10대들의 파티(속어) | twilight 황혼 | dewy 이슬에 젖은 | bud 싹트기 시작하는 | groan 끙끙거리다, 신음을 내다

"Lounging and larking / doesn't pay," / observed Jo, /
"빈둥거리며 노는 것은 보람이 없어요," 조가 말했다,

shaking her head. "I'm tired of it / and mean to go to work
머리를 흔들며. "저는 질렸어요 일하러 갈 작 작정이에요

/ at something / right off."
뭐라도 당장."

"Suppose you learn plain cooking; / that's a useful
"간단한 요리를 배우는 걸 생각해 보렴; 그건 쓸모 있는 교양이니까,

accomplishment, / which no woman should be without," /
여자라면 없어서는 안 될,"

said Mrs. March, / laughing inaudibly / at the recollection
마치 부인이 말했다, 들리지 않게 웃으며 조의 식사를 떠올리면서

of Jo's dinner party / for she had met Miss Crocker / and
이미 크로커 양을 만나서

heard her account of it.
그 사건에 대해 들었기 때문에.

"Mother, / did you go away / and let everything be, / just
"엄마, 나가 버리시고 모든 걸 내버려 두신 거죠, 지켜보려고

to see / how we'd get on?" / cried Meg, / who had had
우리가 어떻게 할지?" 메그가 소리쳤다, 하루 종일 의심을 품고 있던.

suspicions all day.

"Yes, / I wanted you to see / how the comfort of all
"그래, 난 너희들이 알길 바랬어 모두의 편안함이 달렸다는 것을

depends on / each doing her share faithfully. While
각자 맡은 일을 성실하게 하는 것에. 한나와 내가 너희들 일

Hannah and I did your work, / you got on pretty well, /
을 하는 동안, 너희들은 잘 지내는 듯했지,

though I don't think you were very happy / or amiable; /
하지만 행복해 보이지 않더구나 상냥하지도 않고;

so I thought, / as a little lesson, / I would show you / what
그래서 생각했지, 작은 교훈을, 보여 주려 했어 무슨 일이

happens / when everyone thinks only of herself. Don't you
일어나는지 모두가 자기 자신만을 생각할 때. 그렇게 느끼지 않니

feel that / it is pleasanter / to help one another, / to have
더 즐겁다고 서로서로 돕고, 매일의 할 일을 갖

daily duties / which make leisure sweet / when it comes, /
는 것이 여가를 더 달콤하게 해 주는 그 시간이 되었을 때,

and to bear and forbear, / that home may be comfortable
그리고 참고 견디는 것이, 집은 편안하고 다정한 곳이라고

and lovely / to us all?"
우리 모두에게?"

"We do, Mother, / we do!: cried the girls.
"그렇게 생각해요, 엄마, 정말요!: 딸들이 외쳤다.

"Then let me advise you / to take up your little burdens
"그럼 충고할게 너희 할 일을 다시 맡아 하라고,

again, / for though they seem heavy sometimes, / they
그것들이 때때로 힘들어 보이지만,

are good for us, / and lighten / as we learn to carry them.
우리를 위해 유익하단다, 그리고 가벼워질 거야 어떻게 해 나갈지 배우게 되면.

Work is wholesome, / and there is plenty for everyone;
일이란 건 유익한 거야, 모두에게 유익한 점이 많지;

/ it keeps us / from ennui and mischief, / is good for
그건 우리가 권태와 나쁜 짓에 빠지지 않게 해 주며, 몸과 마음에 좋고,

health and spirits, / and gives us / a sense of power and
그리고 준단다 힘과 독립심을

independence / better than money or fashion."
돈이나 옷보다 더 좋은."

Key Expression

when it comes to~, 주어 + 동사

이 구문은 '~에 관해서라면, …이다.'라는 의미를 가지고 있어요.

ex) When it comes to learning English, the earlier a child start, the better.
영어를 배우는 것에 관해서라면, 아이가 빨리 시작할수록 더 좋다.

inaudibly 들리지 않게 | **suspicious** 의혹을 갖는, 수상쩍은 | **amiable** 붙임성 있는, 상냥한 | **forbear** (하고 싶은 말이나 행동을) 참다 | **wholesome** 건전한

"We'll work like bees, / and love it too, / see if we don't!"
"우리는 부지런히 일하겠어요, 그리고 좋아할 거예요, 두고 보세요!"

/ said Jo. "I'll learn plain cooking / for my holiday task, /
조가 말했다. "나는 간단한 요리를 배울 거야 휴가 과제로 말이야,

and the next dinner party / I have shall be a success."
다음 저녁 만찬에는 반드시 성공하겠어요."

"I'll make the set of shirts / for Father, / instead of letting
"저는 셔츠를 만들게요 아빠를 위한, 엄마 대신에,

you do it, Marmee. I can / and I will, / though I'm not
제가 할 수 있고 할 거예요. 바느질을 좋아하진 않지만요;

fond of sewing; / that will be better than / fussing over my
더 나은 일이잖아요 내 물건에 수선 피우는 것

own things, / which are plenty nice enough / as they are,"
보다는, 제 것은 충분하니까 나름대로."

/ said Meg.
메그가 말했다.

"I'll do my lessons every day, / and not spend so much
"저는 매일 공부할 거예요, 너무 많은 시간을 들이지 않을 거예요

time / with my music and dolls. I am a stupid thing, /
음악과 인형으로. 전 머리가 나쁘니까,

and ought to be studying, / not playing," / was Beth's
공부해야겠어요, 놀지 말고요," 베스가 결심을 말했다,

resolution, / while Amy followed their example / by
반면에 에이미는 언니들의 본보기를 따랐다

heroically declaring, / "I shall learn to make buttonholes, /
씩씩하게 선언함으로써, "전 단추 구멍 만드는 것을 배울 거예요,

and attend to my parts of speech."
그리고 제 화법에 신경 쓰겠어요."

"Very good! Then I am quite satisfied / with the
"아주 좋구나! 정말 만족스럽구나 이번 실험에,

experiment, / and fancy that we shall not have to repeat
멋진 것은 우리가 그걸 반복할 필요가 없을 것 같구나,

it, / only don't go to the other extreme and delve / like
너무 극단적으로 파고 들지 마라 노예처럼.

slaves. Have regular hours / for work and play, / make
규칙적 시간을 가지렴 일과 놀이에, 하루 하루를 보

each day / both useful and pleasant, / and prove that / you
내렴 두 가지 모두 유용하고 즐겁게, 그래서 증명해 보렴

understand the worth of time / by employing it well. Then
너희들이 시간의 가치를 이해하고 있음을 그것을 훌륭하게 사용함으로써.

youth will be delightful, / old age will bring few regrets, /
그럼 청춘은 더욱 즐거워지고, 노년이 되어도 후회가 없을 것이며,

and life become a beautiful success, / in spite of poverty."
아름답고 성공적인 인생이 된단다, 비록 가난하더라도."

"We'll remember, Mother!" And they did.
"명심하겠어요, 엄마!" 그리고 그들은 그렇게 했다.

Key Expression

attend to : ~ 돌보다, 처리하다

'attend + 동사'는 '참석하다, 출석하다'라는 의미입니다. 참고로 'attend on + 동사'는 '시중들다'라는 뜻입니다.

ax) I will attend a seminar tomorrow morning.
내일 아침에 세미나에 참석할 거야.
The doctor attended on the sick day and night.
그 의사는 환자를 밤낮으로 간호했다

plain 보통의 | delve 동굴

mini test 7

A. 다음 문장을 해석해 보세요.

(1) It's a very queer thing for her to do, she doesn't act a bit like herself.
→

(2) She desperately wished she had gone with Aunt March.
→

(3) A strange sense of helplessness fell upon the girls as the gray bonnet vanished round the corner.
→

(4) Prove that you understand the worth of time by employing it well.
→

B. 다음 주어진 문장이 되도록 빈칸에 써 넣으세요.

(1) 나는 용서를 비는 편이 나을 것이다.

I'd rather ______.

(2) 그녀는 책에 질려버렸다.

She ______ books.

(3) 마치 부인은 유머가 풍부했다.

Mrs. March had ______.

(4) 늘어지게 쉬고 흥청망청 노는 것은 의미가 없어.

Lounging and larking ______.

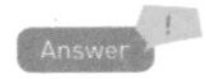

A. (1) 엄마가 그러신다는 건 굉장히 뜻밖이야. 조금도 어머니답지 않으셔. (2) 그녀는 생각다 못해 마치 고모와 가는 편이 나았다고 바랐다. (3) 소녀들에게 눈앞에서 잿빛 모자가 사라진 것 같이 묘한 무력감이 찾아왔다. (4) 시간을 잘 활용함으로써 너희들이 시간의 가치를 이해했다는 것을 증명해 보렴.

C. 다음 주어진 문구가 알맞은 문장이 되도록 순서를 맞춰 보세요.

(1) 제 화법에 주의하겠어요.
(attend / my / I / part of speech / to)
→

(2) 나는 새로운 노래를 배우고 싶어, 그리고 내 학생들은 여름 동안 정비할 필요가 있어.
(and my children need / fitting up for the summer / I want to learn / some new songs,)
→

(3) 그들은 모두 그걸 즐겁게 마시고, 하루 남은 시간을 늘어지게 쉼으로써 그 실험을 시작했다.
(by lounging / for the rest of the day / They all drank it merrily, / and began the experiment)
→

(4) 나는 뭔가 매우 하고 싶다.
(aching / something / I'm / to do / for)
→

D. 의미가 어울리는 것끼리 연결해 보세요.

(1) resource ▶		◀ ① vast; huge; very great
(2) appropriate ▶		◀ ② a source of supply, support, or aid
(3) immense ▶		◀ ③ the end or close
(4) conclusion ▶ particular		◀ ④ suitable or fitting for a purpose, person, occasion

B. (1) be excused (2) was sick of (3) a great deal of humour (4) doesn't pay | C. (1) I attend to my part of speech. (2) I want to learn some new songs, and my children need fitting up for the summer (3) They all drank it merrily, and began the experiment by lounging for the rest of the day. (4) I'm aching for something to do. | D. (1) ② (2) ④ (3) ① (4) ③

8

Secrets
비밀

Jo was very busy / in the garret, / for the October / days
조는 매우 바빴다 다락방에서, 10월이 되자

began to grow chilly, / and the afternoons were short.
날씨는 점점 추워지기 시작했고, 오후는 짧아졌다.

For two or three hours / the sun lay warmly / in the high
두세 시간 동안 햇빛이 따스하게 스며드는 높은 창 안으로,

window, / showing Jo seated on the sofa, / writing busily,
조는 소파 위에 앉아, 부지런히 글을 썼다,

/ with her papers spread out / upon a trunk before her,
원고들을 펼쳐 놓고 앞에 놓인 트렁크 위에,

/ while Scrabble, the pet rat, / promenaded the beams
그 동안 애완생쥐인 스크래블은, 머리 위의 들보를 어슬렁거렸다,

overhead, / accompanied by his oldest son, / a fine young
맏아들을 동반한 채, 멋진 젊은 친구인

fellow, / who was evidently very proud / of his whiskers.
그는 자랑스러워하는 게 분명한 그의 수염을.

Quite absorbed in her work, / Jo scribbled away / till the
일에 완전히 몰두해서, 조는 갈겨썼다

last page was filled, / when she signed her name with a
막장이 다 채워질 때까지, 멋지게 꾸민 글씨체로 서명을 하고는

flourish / and threw down her pen, / exclaiming —
펜을 집어 던지며, 소리 질렀다 —

"There, I've done / my best! If this won't suit / I shall have
"자, 난 마쳤어 최선을 다해서! 만약 이것이 잘 안 되더라도

to wait / till I can do better."
기다릴 수밖에 더 잘할 수 있을 때까지."

Lying back on the sofa, / she read the manuscript
소파 위에 등을 기대며, 그녀는 원고를 꼼꼼하게 읽었다,

carefully through, / making dashes here and there, / and
여기 저기에 줄을 치면서,

putting in many exclamation points, / which looked like
느낌표를 많이 넣었다, 작은 풍선처럼 보이는;

little balloons; / then she tied it up / with a smart red
그러고 나서 그것을 묶은 다음 멋있는 빨간 리본으로,

ribbon, / and sat a minute / looking at it with a sober, /
그리고 잠시 앉았다 진지한 얼굴로 그것을 보며,

wistful expression, / which plainly showed / how earnest
아쉬워하는 표정과, 그 모습을 숨김 없이 보여 주었다 얼마나 성실히

/ her work had been. Jo's desk up here / was an old tin
일했는지를. 여기 조의 책상은 낡은 양철 조리대였다

kitchen / which hung against the wall. In it / she kept her
그것은 벽에 걸려 있던. 그 안에 그녀는 서류들과 두세

papers and a few books, / safely shut away from Scrabble,
권의 책들 넣어서 스크래블로부터 안전하게 보관했다,

/ who, being likewise of a literary turn, / was fond of
스크래블은 문학적 기질도 있는 것인지, 순회도서관을 만드는 것을

making a circulating library of such books / as were left
좋아했다 다니는 길에 놓여진

in his way / by eating the leaves. From this tin receptacle /
낱장들을 갉아 먹음으로써. 이 양철통에서

Jo produced another manuscript, / and putting both in her
조는 또 다른 원고를 꺼내어, 그리고 둘 다 주머니에 넣고,

pocket, / crept quietly downstairs, / leaving her friends /
살금살금 조용하게 내려왔다, 친구들은 버려 두고

to nibble her pens and taste her ink.
그녀의 펜을 갉아 먹고 잉크를 먹도록.

promenade 거닐다 | beam 들보 | scribble 갈겨쓰다 | flourish 과장된 동작 | manuscript 원고 | plainly 분명히, 솔직히, 꾸밈없이 | likewise 또한 | receptacle 그릇, 용기 | nibble 조금씩 먹다

She put on her hat and jacket / as noiselessly as possible,
그녀는 모자를 쓰고 재킷을 입고 가능한 조용하게,

/ and going to the back entry window, / got out upon the
그리고 뒤 창가로 가서, 현관의 지붕 위로 나와,

roof of a low porch, / swung herself down to the **grassy**
풀로 덮인 둑으로 뛰어 내려서는,

bank, / and took a **roundabout** way to the road. Once there,
빙 둘러가는 길을 택해 도로로 들어섰다. 그때 그곳에서,

/ she composed herself, / **hailed** a passing **omnibus**, / and
그녀는 감정을 가다듬고는, 지나가는 합승마차를 불러 세워,

rolled away to town, / looking very merry and mysterious.
시내로 갔다, 즐겁고 신비한 표정으로.

If anyone had been watching her, / he would have thought
만약 누군가 조를 보고 있었다면, 생각했을 것이다

/ her movements decidedly peculiar, / for on **alighting**, /
움직임이 확실히 이상하다고, 빛을 받으며,

she went off / at a great pace / till she reached a certain
조는 걸어갔다 성큼성큼 정확한 지점에 닿을 때까지

number / in a certain busy street; / having found the place /
어느 번화한 거리에서; 그 장소에 찾아가서

with some difficulty, / she went into the doorway, / looked
가까스로, 출입구로 들어갔고,

up the dirty stairs, / and after standing stock still a minute,
더러운 계단을 올려다 본 채, 잠시 동안 꼼짝 않고 서 있다가,

/ suddenly dived into the street / and walked away / as
갑자기 다시 거리로 뛰쳐 나와 떠나버렸다

rapidly as she came. This **maneuver** / she repeated several
올 때처럼 빠르게. 이런 행동이 그녀가 몇 번이나 반복한,

times, / to the great amusement / of a black-eyed young
엄청난 즐거움이었다 검은 눈의 젊은 신사에게

gentleman / lounging in the window of a building opposite.
맞은 편 건물의 창문에 기대 있던.

On returning for the third time, / Jo gave herself a shake,
세 번째 반복했을 때, 조는 몸을 흔들고,

/ pulled her hat over her eyes, / and walked up the stairs, /
모자를 눈 위까지 눌러 쓰고, 계단을 올라갔는데,

looking as if she were going / to have all her teeth out.
마치 그녀는 가는 것처럼 보였다 모든 이를 뽑으러.

There was a dentist's sign, / among others, / which adorned
치과 간판이 있었다, 그 중, 장식이 된 입구,

the entrance, / and after staring a moment / at the pair of
잠시 응시하고 나서 틀니 한 쌍을

artificial jaws / which slowly opened and shut / to draw
그것은 천천히 열렸다 닫혔다 주의를 끌기 위해,

attention / to a fine set of teeth, / the young gentleman
고르고 예쁜 이들로, 그 젊은 신사는 코트를 입고,

put on his coat, / took his hat, / and went down / to post
모자를 들고, 아래로 내려갔다 서 있기 위해서

himself / in the opposite doorway, / saying with a smile and
맞은 편 입구에, 미소를 머금은 채 추위에 떨며 중얼거

a shiver, / "It's like her to come alone, / but if she has a bad
렸다, "혼자 오다니 그녀다운데, 하지만 그녀가 힘들다면

time / she'll need someone / to help her home."
누군가 필요할텐데 그녀를 집에 데려다 줄."

Key Expression

had been + -ing

과거 완료 시제에 어떤 일이 계속 진행중임을 강조하여 표현한 것이에요.
과거완료 진행의 형태
▶ 의문문〉 had + 주어 + been -ing?
▶ 부정문〉 주어 + had + not + been -ing.

ex) We' d been playing tennis / for 2 hour / when it started to rain heavily.
우리는 테니스를 치고 있었다 / 두 시간 동안 / 비가 억수같이 오기 시작했을 때.

grassy 풀로 덮인 | bank 둑, 제방 | roundabout 로터리 | hail (택시, 버스 등에) 신호를 보내다, 부르다 | omnibus 버스 | alighting 빛나는 | maneuver 책략, 술책 | artificial 인공의

In ten minutes / Jo came running downstairs / with a
십 분 후에 조가 계단을 달려 내려왔다

very red face / and the general appearance of a person
얼굴이 새빨개져서 일반적으로 취하는 모습이었다

/ who had just passed through a trying ordeal of some
막 어떤 시련을 겪은 사람들이.

sort. When she saw the young gentleman / she looked
그녀가 젊은 신사를 보았을 때 기쁘지 않은 것처럼,

anything but pleased, / and passed him with a nod; / but
고개만 끄덕이고 지나가 버렸다; 하지만

he followed, / asking with an air of sympathy, / "Did you
그는 뒤따라가서, 친근한 태도로 물으며,

have a bad time?"
"힘들었어?"

"Not very."
"뭐 별로."

"You got through quickly."
"빨리 끝났네."

"Yes, thank goodness!"
"응, 다행이야!"

"Why did you go alone?"
"왜 혼자 갔어?"

"Didn't want anyone to know."
"아무에게도 알리고 싶지 않았거든."

"You're the oddest fellow / I ever saw. How many did you
"넌 정말 특이한 애야 내가 지금껏 본. 몇 개나 뽑았어?"

have out?"

Jo looked at her friend / as if she did not understand
조는 친구의 얼굴을 보았다 마치 이 사람을 이해하지 못하는 것처럼,

him, / then began to laugh / as if mightily amused at
그리고는 웃기 시작했다 뭔가 매우 즐겁다는 듯이.

something.

pass through 지나가다 | ordeal 시련 | mystify 혼란스럽게 만들다

"There are two / which I want to have come out, / but I
"두 개가 있는데 뽑고 싶은 게,

must wait a week."
하지만 일주일은 기다려야 해."

"What are you laughing at? You are up to some mischief,
"왜 웃는 거야? 무슨 장난을 하고 있군, 조."

Jo," / said Laurie, / looking mystified.
로리가 말했다, 얼떨떨하게 보며.

"So are you. What were you doing, sir, / up in that billiard
"너도 그래. 뭐하고 계셨나요, 신사님, 저 위 당구장에 있었어?"

saloon?"

"Begging your pardon, ma'am, / it wasn't a billiard
"무슨 말씀이세요, 숙녀님, 당구장이 아니라,

saloon, / but a gymnasium, / and I was taking a lesson in
체육관이고, 난 펜싱 수업을 받고 있었어."

fencing."

"I'm glad of that."
"그거 잘됐네."

"Why?"
"왜?"

Key Expression

ever

ever는 부사로서, 과거부터 현재까지 (그 사이 막연한 어느 때) '~을 해 본 경험'에 대해 표현해요.
이 밖에도 never, before, ~times, the first time도 같은 의미의 부사입니다.

ex) Have you ever eaten caviar? 캐비어 먹어 본 적이 있어요?
Tom has never driven a car. 톰은 운전을 해 본 적이 없어요.

"You can teach me, / and then when we play Hamlet, /
"날 가르쳐 줄 수 있잖아, 그러면 햄릿을 연극할 때,

you can be Laertes, / and we'll make / a fine thing of the
네가 레어티즈가 될 수 있고, 우린 만들 수 있을 거야 멋진 펜싱 장면을."

fencing scene."

Laurie burst out / with a hearty boy's laugh, / which made
로리는 갑자기 신나게 웃어대기 시작했다,

several passers-by smile / in spite of themselves.
그것은 지나가던 행인들을 미소짓게 했다 자신들도 모르게.

"I'll teach you / whether we play Hamlet or not; / it's
"가르쳐 줄게 햄릿을 하든 안 하든;

grand fun / and will straighten you up capitally. But I don't
그건 재미있고 자세를 훌륭하게 잡도록 해 줄 거니까. 하지만 난 믿지

believe / that was your only reason for saying 'I'm glad' /
않아 '다행이야'라고 말한 이유가 그 뿐이라고는

in that decided way; was it, now?"
결정적으로; 어때, 그렇지?"

"No, / I was glad / that you were not in the saloon, /
"아니야, 기뻤어 네가 당구장에 있지 않은 게,

because I hope / you never go to such places. Do you?"
왜냐하면 난 바라니까 네가 그런 곳에 다니지 않기를 말이야. 넌 다니니?"

"Not often."
"자주 가지는 않아."

Key Expression

부가의문문 만들기

You haven' t seen John today, have you?에서와 같이, 문장 끝에 콤마를 찍고 꼬리표처럼 붙는 의문문을 부가 의문문이라고 해요.
부가의문문을 만드는 방법은, 앞문장이 긍정문이면, 부가의문문은 부정으로, 앞문장이 부정문이면, 부가의문문은 긍정으로 하면 됩니다.

ex) You have been to Paris, haven' t you?
넌 파리에 가 본 적이 있지, 그렇지 않니?
Tom isn' t good at cooking, is he? 톰은 요리를 잘하지 못해, 그렇지?

respectability 존경할 만함, 훌륭함 I nettle ~을 짜증나게 하다

"I wish you wouldn't."
"안 갔으면 좋겠는데."

"It's no harm, Jo. I have billiards at home, / but it's no
"나쁘지 않아, 조. 집에 당구대가 있어, 하지만 재미없지

fun / unless you have good players; / so, as I'm fond of it,
좋은 선수들이 있지 않는 한; 그래서, 난 당구를 좋아하니까,

/ I come sometimes / and have a game / with Ned Moffat
때때로 가서 게임을 해요 네드 모팻이라던가

/ or some of the other fellows."
다른 친구들과 말이야."

"Oh dear, / I'm so sorry, / for you'll get to liking / it
"이런, 유감이지만, 넌 좋아하게 될 것이기 때문에,

better and better, / and will waste / time and money, /
그걸 점점 더, 잃게 될 거야, 시간과 돈을,

and grow like those dreadful boys. I did hope / you'd
그 시시한 사람들과 같이 되어버릴 거야. 난 바랄 뿐이지

stay respectable and be a satisfaction / to your friends," /
네가 품위 있고 감탄할 만한 사람이 되길 네 친구들에게,"

said Jo, / shaking her head.
조가 말했다, 머리를 흔들며.

"Can't a fellow take a little innocent amusement / now
"순순하게 즐기는 것도 할 수 없나

and then / without losing his **respectability**?" / asked
때때로 품위만 잃지 않는다면?" 로리가 물었다,

Laurie, / looking **nettled**.
짜증난 얼굴로.

"That depends upon / how and where he takes it. I don't
"그건 달려 있지 네가 하는 방법과 장소에. 난 좋아하지

like / Ned and his set, / and wish you'd keep out of it.
않아 네드와 그의 친구들을, 네가 그들과 어울리지 않았으면 좋겠어.

Mother won't let us have him / at our house, / though he
엄마는 그를 데려오지 말라고 하셨어 우리 집에, 하지만 그는 오길

wants to come; and if you grow like him / she won't be
원해; 만약 네가 그들처럼 된다면 허락하지 않으실 거야

willing to have us / frolic together / as we do now."
같이 지내는 것을 지금처럼."

"Won't she?" / asked Laurie anxiously.
"그러실까?" 로리가 걱정스러운 듯 물었다.

"No, she can't bear / fashionable young men, / and she'd
"그럼, 엄마는 못 참으실 거야 멋을 부리는 젊은이들을,

shut us all up in bandboxes / rather than have us associate
그리고 우리를 박스 안에 가두실 걸 우리를 그런 사람들이랑 어울리게 할 바에야."

with them."

"Well, she needn't get out / her bandboxes / yet. I'm not
"음, 필요는 없을 것 같아 그 박스들이 아직은.

a fashionable party / and don't mean to be, / but I do like
난 놀기 좋아하는 사람도 아니고 그런 사람이 될 생각도 없으니까, 하지만 건전한 장난들은

harmless larks / now and then, / don't you?"
좋아해 가끔씩, 그렇지 않아?"

"Yes, / nobody minds them, / so lark away, / but don't get
"맞아, 상관없어요, 그런 놀이라면, 하지만 지나치게 하지

wild, / will you? Or there will be an end / of all our good
말아, 알겠죠? 아니면 끝나버릴 거야 우리의 좋은 시간들은."

times."

"I'll be a double-distilled saint."
"난 고결한 성자가 되겠어."

"I can't bear saints: / just be a simple, honest, respectable
"성자는 무리야: 그저 솔직하고, 정직하고, 품위 있는 소년,

boy, / and we'll never desert you. I don't know / what I
그러면 절대 널 저버리지 않을 거야. 잘 모르겠어 내가 뭘 해야 하는지

should do / if you acted like Mr. Kings son; / he had plenty
만약 네가 킹 씨 아들 같은 짓을 한다면 말이야; 그는 많은 돈을 가졌지

of money, / but didn't know / how to spend it, / and got
만, 하지만 잘 몰라 어떻게 써야 하는지,

tipsy and gambled, and ran away, / and forged his father's
그래서 술에 취해 도박하고, 가출해서는, 아버지의 이름을 사칭하고 다니잖아,

name, / I believe, and was altogether horrid."
정말 끔찍한 것 같아."

"You think / I'm likely to do the same? Much obliged."
"네 생각에 나도 그렇게 할 거라는 거지? 참 고맙기도 해라."

"No, I don't — oh, dear, no! — But I hear people
"아니, 아니야 — 오, 이런, 아니야! — 하지만 사람들이 얘기하는 건 들었어

talking about / money being such a temptation, / and I
돈이 그런 유혹이 된다는,

sometimes wish / you were poor; I shouldn't worry then."
그래서 가끔 생각해 네가 가난했으면 좋겠다고; 그럼 걱정할 필요 없을 텐데."

"Do you worry about me, Jo?"
"날 걱정해, 조?"

"A little, / when you look moody or **discontented**, / as you
"조금, 네가 울적하거나 불만스러워 보일 때,

sometimes do; for you've got such a strong will, / if you
넌 가끔 그러니까; 넌 의지가 강하니까,

once get started wrong, / I'm afraid it would be hard / to
일단 잘못된 방향으로 발을 들여 놓으면, 힘들어 질 것 같아서

stop you."
널 막는 일이."

Laurie walked in silence / a few minutes, / and Jo
로리는 말없이 걸었다 잠시 동안, 조는 그를 바라보면서,

watched him, / wishing she had held her tongue, / for his
말을 참는 것이 나았을 거라 생각했다, 그의 눈빛이

eyes looked angry, / though his lips still smiled / as if at
화난 것처럼 보였기 때문에, 그의 입술은 여전히 미소 짓고 있었지만

her warnings.
마치 그녀의 충고를 받아들인 것처럼.

bandbox 판지 상자 | **tipsy** 술이 약간 취한 | **gamble** 도박을 하다 | **oblige** 돕다 | **discontent** 불만

"Are you going to deliver lectures / all the way home?" /
"계속 설교할 거야 집에 가는 내내?"

he asked **presently**.
이윽고 그가 물었다.

"Of course not. Why?"
"당연히 아니지. 왜?"

"Because / if you are, / I'll take a bus; if you are not, /
"왜냐하면 만약 그럴 거라면, 난 버스를 탈래; 그렇지 않을 거라면,

I'd like to walk with you / and tell you something very
너와 함께 걸으며 아주 재미있는 이야기를 해 주려고."

interesting."

"I won't **preach** / any more, / and I'd like to hear the news
"설교하지 않을 거야 더 이상, 그 소식을 듣고 싶은데,

/ **immensely**."
굉장히."

"I haven't got any," / began Jo, / but stopped suddenly, /
"난 아무것도 없는데," 조는 말을 꺼내다가, 갑자기 멈췄다,

remembering that she had.
자신도 비밀이 있다는 것을 기억해 냈기 때문에.

"You know you have / — you can't hide anything, / so up
"넌 가지고 있지 — 숨길 수 없어,

and fess, / or I won't tell," / cried Laurie.
그러니까 털어놔, 아니면 나도 말하지 않겠어," 로리가 소리쳤다.

"Is your secret a nice one?"
"네 비밀이 놀라운 거야?"

"Oh, isn't it! All about people you know, / and such fun!
"오, 그렇고 말고! 전부 네가 아는 사람에 관한 것이고, 그게 아주 재미있어!

You ought to hear it, / and I've been aching to tell it / this
넌 꼭 들어야 해, 말하고 싶어 근질근질 했다고

long time."
오랫동안."

"Come, you begin."
"자, 시작해 봐."

"You'll not say anything about it / at home, / will you?"
"절대 말하지 않을 거지, 집에서, 그럴 거지?"

"Not a word."
"한 마디도 안 할게."

"And you won't tease me in private?"
"그리고 절대 날 놀리지 않기야?"

"I never tease."
"절대 놀리지 않을게."

"Yes, you do. You get everything you want / out of people. I don't know / how you do it, / but you are a born wheedler."
"좋아, 약속한 거야. 넌 원하는 건 뭐든 얻어내는 구나 사람들에게서. 알 수가 없어 어떻게 그렇게 할 수 있는지, 하긴 말재주는 타고 났으니까."

"Thank you. Fire away."
"고맙네. 자 이제 말해 봐."

"Well, I've left two stories / with a newspaperman, / and he's to give his answer / next week," / whispered Jo, / in her confidant's ear.
"음, 난 두 편의 소설을 맡기고 왔어 신문 편집자에게, 그리고 결과는 알려 줄 거야 다음 주에," 조가 속삭였다, 믿음직한 친구의 귀에.

presently 머지않아, 이윽고 | preach 설교하다 | immensely 엄청나게 | wheedler 구슬림, 꾐 | confidant (비밀도 털어놓는 절친한) 친구

"Hurrah for Miss March, / the celebrated American
"마치 양 만세, 미국의 여류 작가 축하해요!"

authoress!" / cried Laurie, / throwing up his hat / and
로리가 환호하며, 그의 모자를 던졌다가

catching it again, / to the great delight of two ducks, / four
다시 받았고, 오리 두 마리도 크게 기뻐했다, 고양이 네

cats, five hens, and half a dozen Irish children, / for they
마리와 암탉 다섯 마리, 그리고 아일랜드 어린이 여섯 명도,

were out of the city now.
두 사람은 교외에 있었으므로.

"Hush! It won't come to anything, / I dare say, / but I
"쉿! 아무 연락도 오지 않을 거야, 아마, 하지만 시도하지도

couldn't rest till I had tried, / and I said nothing about it /
않고 가만히 있을 순 없었어, 난 아무 말도 안 했어

because I didn't want anyone else to be disappointed."
왜냐하면 다른 사람들까지 실망시키고 싶지는 않았으니까."

"It won't fail. Why, Jo, / your stories are works of
"실패하지 않을 거야. 왜, 조, 네 소설은 셰익스피어의 작품이나 마찬가지라고

Shakespeare / compared to half the rubbish / that is
형편없는 것에 비교하면

published every day. Won't it be fun / to see them in print, /
매일 출판되고 있는. 굉장히 즐거울 거야 신문에 실리는 걸 본다면,

and shan't we feel proud of our authoress?"
그럼 우리 모두 우리의 여류작가를 자랑스러워 할 수 있는 거지?"

Jo's eyes sparkled, / for it is always pleasant / to be believed
조의 눈은 빛났다, 왜냐하면 항상 즐거운 일이니까 신뢰받는다는 것은,

in, / and a friend's praise is always sweeter / than a dozen
그리고 친구의 칭찬이 훨씬 멋지니까

newspaper puffs.
수상자의 신문광고보다.

"Where's your secret? Play fair, Teddy, / or I'll never believe
"네 비밀은 뭐야? 공평하게 해, 테디, 아니면 다시는 널 믿지 않겠어,"

you again," / she said, / trying to extinguish / the brilliant
그녀가 말했다, 없애려고 시도하며 엄청난 기대감을

hopes / that blazed up / at a ward of encouragement.
타올라버린 격려의 말에 힘입어.

authoress 여류 작가 | puff (담배나 파이프를) 뻐끔뻐끔 피우다 | blaze up 확 불길이 일다, 불같이 화를 내다 | ward 피보호자

"I may get into a scrape / for telling, / but I didn't
"궁지에 빠질지 모르겠지만 말한다면, 하지만 말 안 한다고 약속한 것

promise not to, / so I will, / for I never feel easy in my
도 아니니, 말할게, 왜냐하면 기분이 불안했거든

mind / till I've told you / any plumy bit of new I get. I
네게 말하기 전까지 내가 얻은 괜찮은 소식을.

know / where Meg's glove is."
난 알아 메그의 장갑이 어디 있는지."

"Is that all?" / said Jo, / looking disappointed, / as Laurie
"그 뿐이야? 조가 말했다, 실망한 눈치로, 로리는 끄덕이고

nodded and twinkled / with a face full of mysterious
눈을 반짝였다 신비로운 지혜로 가득 찬 얼굴로.

intelligence.

"It's quite enough for the present, / as you'll agree / when
"지금은 별 게 아니겠지, 인정하게 될 거야

I tell you / where it is."
내가 말해 주면 그게 어디 있는지."

"Tell, then."
"말해 봐, 그럼."

Laurie bent, / and whispered three words / in Jo's ear, /
로리는 허리를 굽혀, 세 마디를 속삭였다 조의 귀에 대고,

which produced a comical change. She stood and stared
그러자 이상한 변화가 나타났다. 그녀는 서서 그를 뚫어지게 보았다

at him / for a minute, / looking both surprised and
잠시 동안, 놀라는 한편 불쾌하다는 표정으로,

displeased, / then walked on, / saying sharply, / "How do
그리고 나서 다시 걷기 시작했다, 날카로운 말투로 물으며,

you know?"
"어떻게 알았어?"라고.

"Saw it."
"그걸 봤지."

"Where?"
"어디에서?"

"Pocket."
"주머니에서."

"All this time?"
"항상?"

"Yes, isn't that romantic?"
"응, 낭만적이지 않아?"

"No, it's horrid."
"아니, 끔찍한 걸."

"Don't you like it?"
"그런 게 싫어?"

"Of course I don't. It's ridiculous, / it won't be allowed.
"물론 싫지. 어리석은 짓이야, 그건 참을 수 없어.

My patience! What would Meg say?"
이런! 메그가 뭐라고 할까?"

"You are not to tell anyone. Mind that."
"누구에게도 말하지 말아. 꼭 그래야 해."

"I didn't promise."
"난 약속 안 했어."

"That was understood, / and I trusted you."
"이해하잖아, 널 믿고 얘기했다는 걸."

"Well, I won't / for the present, / anyway, / but I'm
"좋아, 하지 않을게 당분간은, 어쨌든, 난 싫고,

disgusted, / and wish you hadn't told me."
내게 말하지 않는 게 나았어."

"I thought / you'd be pleased."
"난 생각했어 네가 기뻐할 거라고."

Key Expression

감정을 유발하는 타동사에서 나온 -ing 형용사 & -ed 형용사

▶-ing 형용사는 수식 받는 명사가 그 행위를 할때 쓰여요.
ex) tiring (사람을) 피곤하게 하는/ exciting (사람을) 신나게 하는
▶-ed 형용사는 수식 받는 명사가 그 행위를 당할 때 쓰입니다.
ex) tired 피곤하게 된/ excited 신나게 된, 흥분된, 신이 난
이 형용사가 사물을 수식할 경우에는 -ing 형용사만 가능해요

ex) I heard surprising news. 난 놀라운 소식을 들었다.

scrape 문지름, 상처, 곤경 | plumy 부푼, 포동포동한 | displease 불쾌하게 만들다

"At the idea / of anybody coming to take Meg away?
"그 생각에 누군가가 메그를 데리러 온다는?

No, thank you."
그런 얘긴 됐어."

"You'll feel better about it / when somebody comes to
"네 기분도 나아질 텐데 누군가가 널 데리러 온다면."

take you away."

"I'd like to see / anyone try it," / cried Jo fiercely.
"보고 싶네 누가 그럴지," 조는 화내며 말했다.

"So should I!" And Laurie chuckled / at the idea.
"나도 그래!" 그리고 로리는 킥킥 웃었다 그 생각에.

"I don't think secrets agree with me, / I feel rumpled
"비밀은 나랑 맞지 않나 봐, 기분이 엉망진창이야

up in my mind / since you told me that," / said Jo rather
네가 그렇게 말해서," 조가 불쾌하다는 듯이.

ungratefully.

"Race down this hill / with me, / and you'll be all right,"
"언덕까지 달리기 하자 나와 같이, 그러면 모든 게 나아질 거야,"

/ suggested Laurie.
로리가 제안했다.

Key Expression

나무의 이름을 알아볼까요

pine 소나무 nut pine 잣나무 juniper 향나무
oak 떡갈나무 poison oak 옻나무 zelkova tree 느티나무
ginkgo tree 은행나무 palm tree 야자나무 bamboo 대나무
mulberry tree 뽕나무 apricot tree 살구나무 Japanese apricot tree 매화나무
spindle tree 사철나무 wisteria 등나무

fiercely 사납게 | chuckle 빙그레 웃다 | invitingly 유혹적으로, 솔깃하게 | ruddy 불그레한 | capital 훌륭한 | cherub 천사, 천사 같은 아기

No one was in sight, / the smooth road sloped invitingly
보는 사람은 아무도 없었고, 매끈한 길이 유혹하듯 기울어져 있었으므로

/ before her, / and finding the temptation irresistible, / Jo
조 앞에, 거부할 수 없는 유혹이란 것을 알았다.

darted away, / soon leaving hat and comb / behind her /
조는 냅다 달렸고, 모자도 빗이 날아가고 그녀의 뒤로

and scattering hairpins / as she ran. Laurie reached the
헤어핀도 마구 흩어졌다 달려감에 따라. 로리가 먼저 목적지에 도착했고

goal first / and was quite satisfied / with the success of
꽤 만족스러워 했다 그의 처방이 성공했음에,

his treatment, / for his Atalanta came panting up / with
그의 아틀란타인 조가 숨을 헐떡이며 달려오고 있었기 때문에

flying hair, / bright eyes, / ruddy cheeks, / and no signs of
나부끼는 머리와, 빛나는 눈동자, 불그레한 볼과, 울적함도 없이

dissatisfaction / in her face.
그녀의 얼굴에.

"I wish I was a horse, / then I could run for miles / in this
"내가 말이었다면 좋을 텐데, 그렇다면 수 마일을 달릴 수 있었을 거야 이런 시원한

splendid air, / and not lose my breath. It was capital, / but
공기 속에서, 숨도 차지 않을 테고 말이지. 기분 좋았어,

see what a guy it's made me. Go, / pick up my things,
날 어떻게 만들었는지 좀 보라고. 가서, 내 것을 주워다 줘,

/ like a cherub as you are," / said Jo, / dropping down /
아기 천사처럼," 조가 말했다, 털썩 앉으며

under a maple tree, / which was carpeting the bank / with
단풍나무 아래, 푹신하게 깔려 있는

crimson leaves.
붉은 잎이.

Laurie leisurely departed / to recover the lost property, /
로리는 여유롭게 떠났다 잃어버린 물건을 찾기 위해서,

and Jo bundled up her braids, / hoping no one would pass
조는 그녀의 머리를 묶었다, 누구도 지나가지 않길 바라면서

by / till she was tidy again. But someone did pass, / and
깔끔하게 할 때까지. 하지만 누군가 지나갔는데,

who should it be but Meg, / looking particularly ladylike
그것은 다름아닌 메그였다, 특별히 숙녀 같은 모습으로

/ in her state and festival suit, / for she had been making
태도와 외출복 차림으로, 그녀는 계속 여기 저기 들려야 했으므로.

calls.

"What in the world / are you doing here?" / she asked, /
"도대체 이런 데서 뭐하고 있니?" 그녀가 물었다,

regarding her disheveled sister / with well-bred surprise.
헝클어진 모습의 동생에 대해서 얌전하고 놀란 눈으로.

"Getting leaves," / meekly answered Jo, / sorting the
"단풍잎을 줍고 있어," 얌전하게 대답했다, 한 줌의 단풍잎을 고르며

rosy handful / she had just swept up.
지금 막 긁어 모은.

"And hairpins," / added Laurie, / throwing half a dozen
"그리고 머리핀도," 로리가 덧붙였다, 대여섯 개의 헤어핀을 던지며

/ into Jo's lap. "They grow on this road, Meg; / so do
조의 무릎에. "이런 건 이 길에서도 자라거든, 메그;

combs and brown straw hats."
그리고 빗과 갈색 밀짚모자도 말이야."

"You have been running, Jo. How could you? When will
"달리기 했구나, 조. 어떻게 그러니? 언제 그만둘래

you stop / such romping ways?" / said Meg reprovingly,
그런 철 없는 행동을?" 메그가 꾸짖듯이 말하며,

/ as she settled her cuffs / and smoothed her hair, / with
단추를 채워 주고 머리를 쓰다듬어 주었다,

which the wind had taken liberties.
바람이 제멋대로 해 놓은.

braid (실을 꼬아서 만든) 장식용 수술 | well-bred 좋은 가문에서 자란 | reprovingly 꾸짖듯이, 비난조로

"Never till I'm stiff and old / and have to use a crutch.
"내가 뻣뻣하고 늙어서 목발을 사용할 때까지 절대 그만두지 않아.

Don't try to make me grow up / before my time, Meg: /
어른처럼 만들려 하지 마 어른이 되기 전에, 메그:

it's hard enough / to have you change / all of a sudden; /
충분히 고통스러워 언니가 변한 것 만으로도 갑자기;

let me be a little girl / as long as I can."
날 아이로 내버려 둬 가능한 한."

As she spoke, / Jo bent over the leaves / to hide the
조는 그렇게 말하며, 낙엽 쪽으로 몸을 구부렸다

trembling of her lips, / for lately she had felt / that
입술이 떨리는 것을 숨기기 위해, 최근에 그녀는 느꼈기 때문이다

Margaret was fast getting to be a woman, / and Laurie's
메그가 빠르게 어른이 되어가는 것을, 로리의 비밀 이야기는

secret / made her dread the separation / which must
그녀가 그 이별을 두려워하게 만들었다

surely come some time / and now seemed very near. He
언젠가 반드시 오겠지만 지금은 매우 가까이 온 것 같아서.

saw the trouble on her face / and drew Meg's attention
로리는 조의 괴로워 하는 얼굴을 보고 메그의 관심을 돌리려고

from it / by asking quickly, / "Where have you been
서둘러 질문했다, "어디 다녀왔어,

calling, / all so fine?"
그렇게 치장하고?"

Key Expression

사역동사 let

let은 '허락하다, 내버려두다'라는 의미를 가지고 있는 사역동사입니다.
사역동사는 5형식 동사로 쓰입니다.
let과 같은 사역동사로는 make, have가 있어요.

ex) Her parents don't let her go out alone.
그녀의 부모들은 그녀가 혼자 밖에 나가도록 허락하지 않았다.
He didn't let me go to the party.
그는 내가 파티에 가지 못하게 했다.

"At the Gardiners', / and Sallie has been telling me / all
"가드너 씨 댁에, 샐리가 말해 줬어

about Belle Moffat's wedding. It was very splendid, / and
벨 모팻의 결혼식에 대해서 말이야. 정말 굉장했고,

they have gone to spend the winter / in Paris. Just think how
그들은 겨울을 보내기로 했대 파리에서. 정말 근사할 거야

delightful / that must be!"
분명!"

"Do you envy her, Meg?" / said Laurie.
"부러워, 메그?" 로리가 말했다.

"I'm afraid I do."
"그런 것 같아."

"I'm glad of it!" / muttered Jo, / tying on her hat with a jerk.
"그거 반갑네!" 조가 중얼거렸다, 모자를 확 잡아당겨 매면서.

"Why?" / asked Meg, / looking surprised.
"왜?" 메그가 물었다, 놀란 표정으로.

"Because if you care much about riches, / you will never /
"왜냐하면 언니가 부자들에게 관심이 많다면, 언니는 절대

go and marry a poor man," / said Jo, / frowning at Laurie, /
가난한 남자에게 가거나 결혼하지 않을 테니까." 조가 말했다, 로리에게 얼굴을 찌푸리며,

who was mutely warning her / to mind what she said.
조용히 그녀에게 경고하고 있었던 말조심 하라고.

"I shall never / 'go and marry' anyone," / observed Meg, /
"난 하지 않을 거야 아무랑 '결혼하지 않을 거야'," 메그가 말하며,

walking on with great dignity / while the others followed, /
품위 있게 걷기를 계속했다 반면에 다른 두 사람은 따라 갔다,

laughing, whispering, skipping stones, / and "behaving like
웃고, 속삭이기도 하고, 돌멩이를 걷어 차기도 하면서, "어린 애처럼 행동하며,"

children," / as Meg said to herself, / though she might have
메그가 생각하기에, 그녀도 함께하고 싶은 유혹을 느끼긴 했

been tempted to join them / if she had not had her best dress
지만 그녀가 가장 좋은 드레스만 입지 않았다면.

on.

frowning 찌푸린 얼굴의 | scandalize (충격적인 행동으로) 분개하게 만들다 | shriek (흥분, 공포감으로 날카롭게) 소리를 지르다 | disapproving 탐탁찮아 하는

For a week or two, / Jo behaved so queerly that / her
1~2주일 동안, 조의 행동이 아주 이상해서

sisters were quite bewildered. She rushed to the door
자매들은 매우 당황했다. 그녀는 현관으로 달려들었고

/ when the postman rang, / was rude to Mr. Brooke /
우체부가 오면, 브룩 선생님께는 무례했고

whenever they met, / would sit looking at Meg / with a
만날 때마다, 메그를 바라보며 앉아있다가

woe-begone face, / occasionally jumping up / to shake and
몹시 슬픈 얼굴로, 갑자기 달려들어 악수를 하거나 입맞

then to kiss her / in a very mysterious manner; / Laurie
춤을 퍼붓기도 했다 매우 이상한 태도로;

and she were always making signs / to one another, / and
로리와 그녀는 신호를 주고 받았다 서로에게,

talking about "Spread Eagles" / till the girls declared /
그리고 "날개 펼친 독수리" 얘기를 했다 자매들은 선언할 때까지

they had both lost their wits. On the second Saturday /
둘 다 정신이 이상해졌다고. 두 번째 주 토요일에

after Jo got out of the window, / Meg, as she sat sewing
조가 창문으로 빠져 나간 뒤 맞는, 메그는, 창가에서 바느질 하며 앉아 있다가,

at her window, / was scandalized / by the sight / of Laurie
분개했다 그 광경을 보고는 로리가 조를 뒤

chasing Jo / all over the garden / and finally capturing her
쫓고 정원 여기 저기에서 마침내 조를 잡는 광경을

/ in Amy's bower. What went on there, / Meg could not
에이미의 정자에서. 거기서 무엇을 하는지, 메그는 볼 수 없었으나,

see,/ but shrieks of laughter were heard, / followed by the
자지러지게 웃는 소리가 들렸고, 소근거리는 소리가 이어졌다

murmur of voices / and a great flapping of newspapers.
신문을 뒤적이는 소리와.

"What shall we do with that girl? She never will behave /
"저 아이를 어쩌면 좋을까? 절대 행동하지 않으려고 하니

like a young lady," / sighed Meg, / as she watched the race
숙녀처럼," 메그는 한숨을 쉬었다, 달리기를 지켜 보며

/ with a disapproving face.
탐탁지 않은 얼굴을 하고.

"I hope she won't; / she is so funny and dear / as she is," /
"난 조가 그렇게 되지 않으면 좋겠어; 꽤 재미있고 친근하잖아 그녀답게,"

said Beth, / who had never betrayed / that she was a little
베스가 말했다, 베스는 절대 드러내지 않았다 자신이 상처 받은 것을

hurt / at Jo's having secrets with anyone but her.
조가 그녀 이외의 사람과 비밀을 가지고 있는 것에.

"It's very trying, / but we never can make her / commy la
"괴로운 일이지만, 우리가 만들 수 없으니까 요조숙녀로,"

fo," / added Amy, / who sat making some new frills / for
에이미가 덧붙였다, 앉아서 새 주름 장식을 만드는 중인 혼자서,

herself, / with her curls tied up / in a very becoming way
고수머리를 묶어 올린 채 아주 어울리는 모습으로 — 두 가지의 조화가

— two agreeable things / which made her feel unusually
보통 때와 달리 우아하고 여성스러운 느낌이었다.

elegant and ladylike.

In a few minutes / Jo bounced in, / laid herself on the sofa,
몇 분 지나자 조가 뛰어 들어와서, 소파에 드러눕더니,

/ and affected to read.
읽는 척 했다.

"Have you anything interesting there?" / asked Meg / with
"뭐 재미있는 거라도 있니 거기에?" 메그가 물었다

condescension.
상냥하게.

"Nothing but a story; / won't amount to much, / I guess," /
"소설 한 편뿐이야; 대단한 것 같진 않아, 내 생각엔,"

returned Jo, / carefully / keeping the name of the paper out
조가 대답했다, 조심스럽게 신문에 쓰인 이름이 보이지 않게.

of sight.

"You'd better read it aloud; / that will amuse us / and keep
"그걸 큰 소리로 읽어 주는 게 좋겠어 우리를 즐겁게 해 줄 거고 언니도 장난치지

you out of mischief," / said Amy / in her most grown-up
못할 테니까," 에이미가 말했다 아주 어른 같은 목소리로.

tone.

"What's the name?" / asked Beth, / wondering why / Jo
"제목이 뭐야?" 베스가 물었다, 왜 그러는지 궁금해하며

kept her face behind the sheet.
조가 신문 뒤로 얼굴을 가리는 게.

"The Rival Painters."
"맞수의 화가들."

"That sounds well; / read it," / said Meg.
"재미있을 것 같네; 읽어 줘," 메그가 말했다.

With a loud "Hem!" / and a long breath, / Jo began to read
크게 "에헴!"하고 헛기침을 하고 깊게 숨을 들이 쉬고는, 조는 읽기 시작했다

/ very fast. The girls listened with interest, / for the tale
빠른 속도로. 자매들은 흥미진진하게 들었다, 그 이야기는 낭만적이

was romantic, / and somewhat pathetic, / as most of the
었지만, 약간 애처롭기도 했다, 대부분의 등장인물이 죽어서

characters died / in the end.
마지막에는.

"I like that about the splendid picture" / was Amy's
"난 멋진 그림에 대한 부분이 좋아" 에이미가 만족스러운 반응을

approving remark, / as Jo paused.
보였다, 조가 잠시 멈췄을 때.

Key Expression

keep~out of mischief : ~가 말썽부리지 못하게 하다

keep~out of mischief는 '~가 말썽부리지 못하게 하다' 혹은 '~을 비행에서 벗어나게 하다'라는 의미가 있어요.

ex) Keep children out of mischief.
아이들에게 장난을 못하게 해라.

ladylike 숙녀다운 | affect 영향을 미치다 | condescension 겸손 | rival 경쟁자 | pathetic 불쌍한, 한심한

"I prefer the lovering part. Viola and Angelo are two
"난 사랑하는 장면이 더 좋아. 비올라와 안젤로는 우리가 가장 좋아하는 이름이

of our favorite names, / isn't that queer?" / said Meg, /
잖아, 이거 묘하지 않아?" 메그가 말했다,

wiping her eyes, / for the "lovering part" was tragical.
눈물을 훔치며, "사랑의 장면"이 가장 비극적이었기 때문에.

"Who wrote it?" / asked Beth, / who had caught a
"누가 그걸 썼어?" 베스가 물었다, 조의 얼굴을 언뜻 훔쳐보며.

glimpse of Jo's face.

The reader suddenly sat up, / cast away the paper, /
조가 갑자기 일어나 앉더니, 신문을 던지고,

displaying a flushed countenance, / and with a funny
상기된 얼굴을 드러내면서, 엄숙과 흥분이 섞인 묘한 표정으로

mixture of solemnity and excitement / replied in a loud
큰 소리로 대답했다,

voice, / "Your sister."
"네 언니가."

"You?" / cried Meg, / dropping her work.
"네가?" 메그가 소리쳤다, 일감을 떨어뜨리며.

"It's very good," / said Amy critically.
"아주 좋아," 에이미는 비평가처럼 말했다.

"I knew it! I knew it! Oh, my Jo, / I am so proud!" And
"난 알고 있었어! 그럴 줄 알았어! 오, 정말, 조, 정말 자랑스러워!"

Beth ran to bug her sister / and exult over / this splendid
베스가 달려들어 조를 껴안고 크게 기뻐했다 이 빛나는 성공을.

success.

glimpse 잠깐 봄 | solemnity 침통함, 근엄함, 의식 절차 | exult 기뻐서 어쩔 줄 모르다 | graciously 우아하게, 고맙게도 | heroine 여자 주인공 | peacock (수컷) 공작 | triumphantly 의기양양하여

Dear me, / how delighted they all were, / to be sure! How
정말, 그들 모두 얼마나 기뻐했는지, 틀림없이!

Meg wouldn't believe it / till she saw the words / "Miss
메그는 믿으려 하지 않았다 그 단어를 보기 전까지

Josephine March," / actually printed in the paper; / how
"조세핀 마치 양,"이라는 신문에 분명히 실려 있는 것을;

graciously Amy criticized / the artistic parts of the story,
에이미는 고맙게도 평가를 내리며 소설의 예술적인 부분에 대해,

/ and offered hints for a sequel, / which unfortunately /
속편을 써 보라고 제안했다, 하지만 불행하게도

couldn't be carried out, / as the hero and heroine were
이행할 수는 없었다, 주인공들이 죽었기 때문에;

dead; / how Beth got excited, / and skipped / and sang
베스는 얼마나 흥분했는지, 뛰어다니며 기쁘게 노래를 불렀다

with joy; / how Hannah came in to exclaim / "Shakes
한나도 들어와서는 놀라 소리쳤다 "셰익스피어가 살아

alive, / well I never!" / in great astonishment at / "that Jo's
있다니, 이럴 줄 꿈에도 몰랐네!"라고 몹시 놀라서 "조가 한 일에";

doin's"; / how proud Mrs. March was / when she knew it; /
어찌나 마치 부인은 자랑스러워 했는지 그 사실을 알았을 때;

how Jo laughed, / with tears in her eyes, / as she declared
조는 얼마나 웃었는지, 눈물을 흘리며, 겉치레꾼이 되는 게 낫겠다

she might as well be a peacock / and done with it; / and
고 말하며 그렇게 되어진 걸 수도 있다;

how the "Spread Eagle" might be said to flap his wings
"날개 펼친 독수리"가 의기양양하게 날개를 펄럭이는 듯 했다

triumphantly / over the House of March, / as the paper
마치 가의 위에, 원고가 전해짐에 따라

passed / from hand to hand.
손에서 손으로.

"Tell us all about it." "When did it come?" "How much
"전부 얘기해 봐." "그거 언제 왔어?"

did you get for it?" "What will Father say?" "Won't
"얼마나 돈을 받니?" "아버지는 뭐라고 하실까?"

Laurie laugh?" / cried the family, / all in one breath / as
"로리가 웃지 않을까?" 식구들이 외쳤다, 한번에

they clustered about Jo, / for these foolish, affectionate
조에 대해서 한 무더기로, 이 순박하고, 다정한 사람들은

people / made a jubilee of every little household joy.
가족의 작은 기쁨을 축제 분위기로 만들었다.

"Stop jabbering, girls, / and I'll tell you everything," /
"조용히 해 봐, 얘들아, 전부 다 얘기할게."

said Jo, / wondering if / Miss Burney felt any grander
조가 말했다, 궁금해 하며 버니 양은 〈에블리나〉가 더 낫다고 느꼈는지

over her Evelina / that she did over her "Rival Painters."
실제로 신문에 실은 "맞수의 화가들"보다.

Having told how she disposed of her tales, / Jo added,
그녀의 소설들을 어떻게 처리했는지 말한 후에, 조가 덧붙였다,

/ "And when I went to get my answer, / the man said /
"내가 대답을 들으러 갔을 때, 그 사람이 말했어

he liked them both, / but didn't pay beginners, / only
둘 다 좋은데, 하지만 신인에겐 원고료를 주지 않는다고, 단지 신문에

let them print in his paper, / and noticed the stories. It
실어줄 뿐이라고, 그리고 작품에 대해 언급했어.

was good practice, / he said, / and when the beginners
이건 좋은 연습이 될 거라고, 그가 말했어, 신인들도 실력이 오르면,

improved, / anyone would pay. So I let him have / the
원고료를 받을 수 있다고. 그래서 그에게 맡겼어

two stories, / and today / this was sent to me, / and
두 소설 모두, 그리고 오늘 이것이 내게 온 거야,

Laurie caught me with it / and insisted on seeing it, / so
로리가 이걸 갖고 나를 잡고는 보여 달라고 고집 부려서, 그래서 보여 줬지;

I let him; / and he said / it was good, / and I shall write
그랬더니 그가 말했어 좋은 작품이라고, 난 계속 쓸 거야,

more, / and he's going to get the next paid for, / and I am
그가 다음부터는 원고료를 받을 거라고 했으니까, 난 너무 행복해,

so happy, / for in time / I may be able to support myself /
그때가 되면 난 스스로 살아갈 수 있을 것이고

and help the girls."
너희를 도울 수 있을 거야."

Jo's breath gave out here, / and wrapping her head in the
조는 여기서 숨을 내쉬더니, 신문에 얼굴을 묻었다

paper, / she **bedewed** her little story / with a few natural
그녀의 소설을 적셨다 자연스럽게 흘러내린 눈물로;

tears; / for to be independent / and earn the praise / of
독립을 하게 되고 칭찬을 얻는 것은

those she loved / were the dearest wishes of her heart,/
그녀가 사랑하는 사람들의 그녀가 진심으로 가장 원하던 소원이었고,

and this seemed to be the first step toward / that happy
이로써 첫걸음을 내디딘 듯 보였기 때문에

end.
행복한 결말을 향해.

Key Expression

시간을 나타내는 전치사

in은 월, 계절, 연, 세기 등 비교적 긴 시간을 표시한다.
예를 들면, in the 21st century(21세기에), in the past(과거에), in the 1990s(1990년대에)라고 합니다.
또한 on은 특정 날짜나 요일에, at은 시각에 씁니다.

ex) He arrived in January.
그는 1월에 도착했다.
He went there at 10 o' clock on May 1st in 2002.
그는 2002년 5월 1일 10시에 거기로 갔다.

jubilee (특히 25주년이나 50주년) 기념일 | **household** (한 집에 사는 사람들을 일컫는) 가정 | **jabber** (흥분해서 알아듣기 힘들게) 지껄이다 | **dispose** 배치하다 | **bedew** 눈물로 적시다

mini test 8

A. 다음 문장을 해석해 보세요.

(1) He would have thought her movements decidedly peculiar.

→

(2) It's like her to come alone, but if she has a bad time she'll need someone to help her home.

→

(3) This maneuver she repeated several times.

→

(4) I have billiards at home, but it's no fun unless you have good players.

→

B. 다음 주어진 문장이 되도록 빈칸에 써 넣으세요.

(1) 10월이 시작되었기 때문에 점점 추워지고, 오후는 짧아졌다.

For the October days began ________, and the afternoons were short.

(2) 갑자기 다시 거리로 뛰어나와 아까와 같이 빠르게 떠나 버렸다.

Suddenly dived into the street and walked away ________ ________.

(3) 이건 정말 재미있고, 자세도 훌륭하게 잡아줄 거예요.

It's grand fun and will ________ capitally.

(4) 그녀는 우리가 그들과 사귄다면 차라리 우리들을 박스 안에 가둬버릴 거예요.

She'd shut us all up in bandboxes rather than have us ________ ________ them.

A. (1) 그는 그녀의 움직임이 확실히 이상하다고 생각했을 것이다. (2) 혼자 오다니 그녀답네. 만약 힘든 시간을 보낸다면 집에 데려다 줄 누군가 필요할거야. (3) 그녀는 이런 동작을 몇 번 반복하고 있었다. (4) 난 당구대가 집에 있지만, 좋은 선수들이 있지 않는 한 그건 재미없어요. | B. (1) to grow chilly (2) as

C. 다음 주어진 문구가 알맞은 문장이 되도록 순서를 맞춰보세요.

(1) 난 당신이 당구장에 있었다는 게 기쁘네요, 왜냐하면 당신이 그런 곳에 다니지 않길 바라기 때문이에요.
(because I hope / that you were not in the saloon, / I was glad / you never go to such places)
→

(2) 비밀이 나와 맞는다고 생각하지 않고, 당신이 그렇게 말해서 난 엉망진창 된 것 같은 마음이네요.
(secrets agree with me, / since you told me that, / I don't think / I feel rumpled up in my mind)
→

(3) 내가 말이었다면 좋을 텐데, 그렇다면 이런 시원한 공기 속에서, 더 멀리 달릴 수 있었을 거에요.
(in this splendid air, / then I could run / for miles / I was a horse, / I wish / and not lose my breath)
→

(4) 로리가 이걸 가지고 나를 잡고는 보여 달라고 고집 부렸어.
(and insisted on / seeing it / Laurie caught me with it)
→

D. 의미가 어울리는 것끼리 연결해 보세요.

(1) chilly ▶ ◀ ① unable to do it or do not succeed in doing it
(2) harm ▶ ◀ ② mildly cold or producing a sensation of cold
(3) fail ▶ ◀ ③ to bring into a more desirable
(4) improve ▶ ◀ ④ physical injury or mental damage

rapidly as she came (3) straighten you up (4) associate with | C. (1) Because I hope you never go to such places. (2) I feel rumpled up in my mind since you told me that (3) I wish I was a horse, then I could run for miles in this splendid air. (4) Laurie caught me with it and insisted on seeing it. | D. (1) ② (2) ④ (3) ① (4) ③